公務員
採用試験
対策シリーズ

東京都の
公務員採用試験
（教養試験）

23特別区の
I類（過去問題集）

2025

公務員試験研究会　編　　協同出版

まえがき

　公務員は，国や地方の行政諸機関に勤務し，営利を目的とせず，国民や住民などの幸せのため，政策・諸事務を円滑に実施・進行して，社会の土台作りを行うことを職務としています。昨今では，少子高齢化の進行や公務のDX化，国際競争力の低下などの社会情勢の変化に伴って，行政の果たす役割はますます多岐にわたり，重要さを増しています。行政改革が常に論議されているのは，どのような情勢においても安心した生活が送れるよう，公務員に対して国民や市民が，期待を寄せているからでしょう。

　公務員になるためには，基本的には公務員採用試験に合格しなければなりません。公務員採用試験は，公務に携わる広い範囲の職種に就きたい人に対して課される選抜競争試験です。毎年多数の人が受験をして公務員を目指しているため，合格を勝ち取るのは容易ではありません。そんな公務員という狭き門を突破するためには，まずは自分の適性・素養を確かめると同時に，試験内容を十分に研究して対策を講じておく必要があります。

　本書ではその必要性に応え，公務員採用試験に関する基本情報や受験自治体情報はもちろん，「教養試験」，「論作文試験」，「面接試験」について，最近の出題傾向を分析した上で，ポイント，問題と解説，対応方法などを掲載しています。これによって短期間に効率よく学習効果が現れ，自信をもって試験に臨むことができると確信しております。なお，本書に掲載の試験概要や自治体情報は，令和5（2023）年に実施された採用試験のものです。最新の試験概要に関しましては，各自治体HPなどをよくご確認ください。

　公務員を目指す方々が本書を十分活用され，公務員採用試験の合格を勝ち取っていただくことが，私たちにとって最上の喜びです。

公務員試験研究会

東京都の公務員採用試験対策シリーズ

23特別区のⅠ類 (過去問題集)

◆ **目 次** ◆

第1部

試験の概要

- 公務員試験とは
- ［参考資料］
  試験情報と自治体情報

公務員試験とは

◆ 公務員とはどんな職業か

　一口でいえば，公務員とは，国家機関や地方公共団体に勤務する職員である。

　わが国の憲法では第15条で，「公務員を選定し，及びこれを罷免することは，国民固有の権利である」としたうえで，さらに「すべて公務員は，全体の奉仕者であつて，一部の奉仕者ではない」と定めている。

　また，その職務および人事管理などについては「国家公務員法」および「地方公務員法」という公務員に関する総合法規により，詳細に規定されている。たとえば「この法律は，……職員がその職務の遂行に当り，最大の能率を発揮し得るように，民主的な方法で，選択され，且つ，指導さるべきことを定め，以て国民に対し，公務の民主的且つ能率的な運営を保障することを目的とする」（「国家公務員法」第1条）と述べられ，その職務や人事管理についてはっきりと規定されているのである。すなわち，公務は民主的な方法で選択され，また国民に対しては，民主的・能率的な公務の運営が義務づけられているといえよう。

　現在の公務員の基本的性格を知るにあたって，戦前の公務員に触れておこう。戦前，すなわち明治憲法の時代には，公務員は「官吏」または「公吏」などと呼ばれ，「天皇の使用人，天皇の奉仕者」ということになっていた。したがって，官吏の立場は庶民の上に位置しており，封建時代の“お役人”とほとんど変わらない性格を帯びていた。つまり，民主主義に根ざしたものではなく，天皇を中心とした戦前の支配体制のなかで，その具体的な担い手になっていたといえるだろう。

　戦後，制度が一新されて「官吏」は「公務員」と名を変え，その基本的性格もすっかり変化した。つまり，公務員の「公」の意味が「天皇」から「国民」に変わり，国民によって選定された全体の奉仕者という立場が明確にされたのである。

　なお，公務員という職業は，その職務遂行にあたって国民に大きな影響をおよぼすものであるから，労働権・政治行為などの制限や，私企業からの隔離などの諸制限が加えられていることも知っておく必要がある。

◆ 公務員の種類と職務

(1) 公務員の種類

　本書は，23特別区のＩ類をめざす人のための参考書だが，ここでは公務員の種類の全体像をごく簡単に紹介しておこう。一般に公務員は国家公務員と地方公務員に大別でき，さらに一般職と特別職とに分けられる。

① 国家公務員と地方公務員

　　国家公務員とは，国家公務員法の適用を受け（＝一般職），国家機関である各省庁やその出先機関などに勤務し，国家から給与を受ける職員をさす。たとえば，各省庁の地方事務局などに勤務する者も，勤務地が地方であっても国家公務員である。

　　一方，地方公務員は，地方公務員法の適用を受け（＝一般職），各地方公共団体に勤務し，各地方公共団体から給与を受ける職員である。具体的には，都道府県や市町村の職員などを指している。

② 一般職と特別職

　　国家公務員と地方公務員は，それぞれ一般職と特別職に分けられる。人事院または各地方公共団体の人事委員会（またはそれに準ずるところ）を通じて採用されるのが一般職である。

　　特別職とは，国家公務員なら内閣総理大臣や国務大臣・国会職員などであり，地方公務員なら知事や収入役などである。それぞれ特別職は国家公務員法および地方公務員法に列記され，その特別職に属さないすべての職を一般職としている。

③ 上級職，中級職，初級職

　　採用試験の区分であると同時に，採用後の職務内容や給与等の区分でもある。採用試験はこの区分に合わせて実施される。地域によっては，その名称も異なる。

(2) 地方公務員の対象となる職務

　地方公務員試験に合格して採用されると，各地方の職員として，事務および調査・研究または技術的業務などに従事することになる。

　公務員採用にあたって公開平等に試験を実施し，成績の良い者から順に採用することを徹底していて，民間企業の採用によくみられる「指定校制」などの"制限"は原則としてない。もちろん，出身地・思想・信条などによる差

別もない。これは公務員採用試験全般にわたって原則的に貫かれている大きな特徴といえよう。

◆「教養試験」の目的と内容

(1)「教養試験」の目的

　教養試験は，国家公務員，地方公務員の，高校卒程度から大学卒程度までのあらゆる採用試験で，職種を問わず必ず行われている。教養試験は，単なる学科試験とは異なり，今後ますます多様化・複雑化していく公務員の業務を遂行していくのに必要な一般的知識と，これまでの学校生活や社会生活の中で自然に修得された知識，専門分野における知識などが幅広く身についているかどうか，そして，それらの知識をうまく消化し，社会生活に役立てる素質・知的能力をもっているかどうかを測定しようとするものである。

　このことについては，公務員試験の受験案内には，「公務員として必要な一般的知識および知能」と記されている。このため，教養試験の分野は，大きく一般知識と一般知能の2つの分野に分けられる。

　一般知識の分野は，政治，法律，経済，社会，国際関係，労働，時事問題などの社会科学と，日本史，世界史，地理，思想，文学・芸術などの人文科学，物理，化学，生物，地学，数学などの自然科学の3つの分野からなっている。

　一般知識の分野の特徴は，出題科目数が非常に多いことや，出題範囲がとても広いことなどであるが，内容としては高校で学習する程度の問題が出題されているので，高校の教科書を丹念に読んでおくことが必要である。

　一般知能の分野は，文章理解，数的推理，判断推理，資料解釈の4つの分野からなっている。

　一般知能の分野の問題は，身につけた知識をうまく消化し，どれだけ使いこなせるかをみるために出題されているため，応用力や判断力などが試されている。そのため，知能検査に近い問題となっている。

　したがって，一般知識の分野の問題は，問題を解くのに必要な基本的な知識が身についていなければ，どんなに頭をひねっても解くことはできないが，一般知能の分野の問題は，問題文を丁寧に読んでいき，じっくり考えるようにすれば，だれにでも解くことができるような問題になっている。

(2)「一般知識分野」の内容

一般知識分野は，さらに大きく3分野に分けて出題される。

社会科学分野	われわれの社会環境，生活環境に密着した分野で，政治，経済，社会，労働，国際，時事などに分かれる。学校で学んだこと，日々の新聞などから知ることができる内容等が中心で，特に専門的な知識というべきものはほぼ必要がない。
人文科学分野	歴史・地理・文化・思想・国語など，人間の文化的側面，内容的要素に関する知識を問うもので，専門的知識よりも幅広いバランスのとれた知識が必要である。
自然科学分野	数学・物理・化学・生物・地学などを通じて，科学的で合理的な側面を調べるための試験で，出題傾向的には，前二者よりもさらに基本的な問題が多い。

以上が「一般知識分野」のあらましである。これらすべてについて偏りのない実力を要求されるのだから大変だが，見方を変えれば，一般人としての常識を問われているのであり，これまでの生活で身につけてきた知識を再確認しておけば，決して理解・解答ができないということはない問題ばかりである。

(3)「一般知能分野」の内容

一般知能分野は，さらに大きく4分野に分けて出題される。

文章理解	言語や文章についての理解力を調べることを目的にしている。現代文や古文，漢文，また英語などから出題され，それぞれの読解力や構成力，鑑賞力などが試される。
判断推理	論理的判断力，共通性の推理力，抽象的判断力，平面・空間把握力などを調べるもので，多くの出題形式があるが，実際には例年ほぼ一定の形式で出題される。
数的推理	統計図表や研究資料を正確に把握，解読・整理する能力をみる問題である。
資料解釈	グラフや統計表を正しく読みとる能力があるかどうかを調べる問題で，かなり複雑な表などが出題されるが，設問の内容そのものはそれほど複雑ではない。

　一般知能試験は，落ち着いてよく考えれば，だいたいは解ける問題である点が，知識の有無によって左右される一般知識試験と異なる。

　教養試験は，原則として5肢択一式，つまり5つの選択肢のなかから正解を1つ選ぶというスタイルをとっている。難しい問題もやさしい問題も合わせて，1問正解はすべて1点という採点である。5肢択一式出題形式は，採点時に主観的要素が全く入らず，能率的に正確な採点ができ，多数の受験者を扱うことができるために採用されている。

◆「適性試験」「人物試験」の目的と内容

(1)「適性試験」の目的と内容

　適性試験は一般知能試験と類似しているが，一般知能試験がその名のとおり，公務員として，あるいは社会人としてふさわしい知能の持ち主であるかどうかをみるのに対し，適性試験では実際の職務を遂行する能力・適性があるかどうかをみるものである。

　出題される問題の内容そのものはきわめて簡単なものだが，問題の数が多い。これまでの例では，時間が15分，問題数が120問。3つのパターンが10題ずつ交互にあらわれるスパイラル方式である。したがって，短時間に，できるだけ多くの問題を正確に解答していくことが要求される。

　内容的には，分類・照合・計算・置換・空間把握などがあり，単独ではなくこれらの検査が組み合わさった形式の問題が出ることも多い。

(2)「人物試験」の目的と内容

　いわゆる面接試験である。個別面接，集団面接などを通じて受験生の人柄，つまり集団の一員として行動できるか，職務に意欲をもっているか，自分の考えを要領よくまとめて簡潔に表現できるか，などを評価・判定しようとするものである。

　質問の内容は，受験生それぞれによって異なってくるが，おおよそ次のようなものである。

> ① 公務員を志望する動機や理由などについて
> ② 家族や家庭のこと，幼いときの思い出などについて
> ③ クラブ活動など学校生活や友人などについて
> ④ 自分の長所や短所，趣味や特技などについて
> ⑤ 時事問題や最近の風俗などについての感想や意見

　あくまでも人物試験であるから，応答の内容そのものより，態度や話し方，表現能力などに評価の重点が置かれている。

◆「論作文試験」の目的と内容

(1)「論作文試験」の目的

　「文は人なり」という言葉があるが，その人の人柄や知識・教養，考えなどを知るには，その人の文章を見るのが最良の方法だといわれている。その意味で論作文試験は，第1に「文章による人物試験」だということができよう。

　また公務員は，採用後に，さまざまな文章に接したり作成したりする機会が多い。したがって，文章の構成力や表現力，基本的な用字・用語の知識は欠かせないものだ。しかし，教養試験や適性試験は，国家・地方公務員とも，おおむね択一式で行われ解答はコンピュータ処理されるので，これらの試験では受験生のその能力・知識を見ることができない。そこで論作文試験が課せられるわけで，これが第2の目的といえよう。

(2)「論作文試験」の内容

　公務員採用試験における論作文試験では，一般的に課題が与えられる。つまり論作文のテーマである。これを決められた字数と時間内にまとめる。国家・地方公務員の別によって多少の違いがあるが，おおよそ1,000〜1,200字，60〜90分というのが普通だ。

　公務員採用試験の場合，テーマは身近なものから出される。これまでの例では，次のようなものだ。

① 自分自身について	「自分を語る」「自分自身のPR」「私の生きがい」「私にとって大切なもの」
② 学校生活・友人について	「学校生活をかえりみて」「高校時代で楽しかったこと」「私の親友」「私の恩師」
③ 自分の趣味など	「写真の魅力」「本の魅力」「私と音楽」「私と絵画」「私の好きな歌」
④ 時事問題や社会風俗	「自然の保護について」「交通問題を考える」「現代の若者」
⑤ 随想，その他	「夢」「夏の1日」「秋の1日」「私の好きな季節」「若さについて」「私と旅」

　以上は一例で，地方公務員の場合など，実に多様なテーマが出されている。ただ，最近の一般的な傾向として，どういう切り口でもできるようなテーマ，たとえば「山」「海」などという出題のしかたが多くなっているようだ。この題で，紀行文を書いても，人生論を展開しても，遭難事故を時事問題風に扱ってもよいというわけである。一見，やさしいようだが，実際には逆で，それだけテーマのこなし方が難しくなっているともいえよう。

　次に，試験情報と自治体情報を見てみよう。

23特別区の試験情報

令和5年度

特別区（東京23区）職員
Ⅰ類　採用試験案内

◆この採用試験は、特別区、特別区人事・厚生事務組合、特別区競馬組合及び東京二十三区清掃一部事務組合
（以下「特別区等」という。）が採用する職員の採用候補者を決定するために実施するものです。

TOKYO
23区

令和5年3月17日
特別区人事委員会

◆　「Ⅰ類採用試験」に申し込んだ人は、試験区分や受験の有無に関わらず、「経験者採用試験・選考」及
び「就職氷河期世代を対象とする採用試験」に申し込むことはできません。（併願不可）

1　主な日程（全試験区分共通）

申込受付期間	3月17日（金）午前10時　～　4月3日（月）午後5時（受信有効） **注意事項** インターネット申込みにより、時間に余裕をもって申し込んでください。 第2次試験（口述試験）で参考資料として使用する「面接カード」（土木造園（土木）、 土木造園（造園）、建築、機械、電気は「自己PRシート」）も申込時に入力をしてい ただきます。 ※使用可能機器等の注意事項については、申込画面の案内をご確認ください。
第1次試験	◆試験日 4月30日（日） 【事務、福祉、心理、衛生監視（衛生）、衛生監視（化学）、保健師】 午前9時30分集合　～　午後4時45分（保健師は午後4時15分）終了予定 【土木造園（土木）、土木造園（造園）、建築、機械、電気】 午後0時40分集合　～　午後3時05分終了予定 ◆合格発表日 6月23日（金）午前10時
第2次試験	◆試験日 7月9日（日）　～　7月19日（水）の間で指定する1日
最終合格発表	◆合格発表日 【土木造園（土木）、土木造園（造園）、建築、機械、電気】 7月26日（水）午前10時 【事務、福祉、心理、衛生監視（衛生）、衛生監視（化学）、保健師】 8月3日（木）午前10時

※新型コロナウイルス感染症の拡大状況等によっては、試験日程等が変更になる可能性があります。試験当日の
対応を含む最新情報は、特別区人事委員会ホームページ（以下「ホームページ」という。）等をご確認ください。

2　試験区分及び採用予定数

試験区分	採用予定数	試験区分	採用予定数	試験区分	採用予定数	試験区分	採用予定数
事　務	1,181名程度	建　築	101名程度	福　祉	141名程度	衛生監視（化学）	5名程度
土木造園（土木）	94名程度	機　械	18名程度	心　理	20名程度	保健師	105名程度
土木造園（造園）	25名程度	電　気	22名程度	衛生監視（衛生）	39名程度		

3　申込みにあたっての注意事項

　次の注意事項を読んだうえ、受験を希望する試験区分の受験資格（2・3ページ参照）をよく確認してから申し込んでくだ
さい。
　(1)　受験を希望する試験区分の受験資格に該当する人で、活字印刷文による出題に対応できる人が受験できます。
　　　①「事務」の試験区分においては、点字による出題に対応できる人も受験できます。
　　　②受験資格のうち年齢要件については、次のア又はイの要件に該当する人も含みます。
　　　ア　平成14年（2002年）4月2日以降に生まれた人で、学校教育法に基づく大学（短期大学を除く。）を卒業した人
　　　　　（令和6年3月までに卒業見込みの人を含む。）
　　　イ　アと同等の資格があると当人事委員会が認める人
　(2)　地方公務員法等で競争試験を受けること等ができないとされる人（8ページ参照）は、受験できません。
　(3)　現に特別区等の職員である人は、受験できません。別に定める能力認定実施要綱に従って、所属の人事担当課を通じ
て申し込んでください。ただし、現に特別区等の職員で、教育公務員、特別職非常勤職員、臨時的任用職員、会計年度
任用職員又は「地方公共団体の一般職の任期付職員の採用に関する法律」若しくは「地方公務員の育児休業等に関する
法律」の規定に基づき採用されている任期付職員は受験できます。
　※　申込内容等の記載事項に虚偽がある場合は、採用候補者名簿から削除されることがあります（6ページ「6」参照）。

11

4 受験資格及び特別区等の採用予定

表の説明

採用予定は、令和5年3月1日現在のもので、変更することがあります。

- 若干名…令和6年度の採用予定数が、1～4名程度であることを示します。
- ○ 印…令和6年度に採用を予定していることを示します。
- 無 印…令和6年度に採用を予定していないことを示します（今後採用の必要が生じた場合は採用を行うこともあります）。
- 人厚組合 特別区人事・厚生事務組合／ 競馬組合 特別区競馬組合／ 清掃組合 東京二十三区清掃一部事務組合

事務（採用予定数 1,181名程度）

受験資格：日本国籍を有する人で、次の年齢要件に該当する人
★平成4年(1992年)4月2日から平成14年(2002年)4月1日までに生まれた人

特別区等の採用予定数（名程度）

千代田区	中央区	港区	新宿区	文京区	台東区	墨田区	江東区	品川区	目黒区	大田区	世田谷区	渋谷区
37	40	67	50	45	17	40	66	52	41	84	83	62

中野区	杉並区	豊島区	北区	荒川区	板橋区	練馬区	足立区	葛飾区	江戸川区	人厚組合	競馬組合	清掃組合
25	66	46	64	25	50	45	63	70	34	若干名	若干名	5

土木造園（土木）（採用予定数 94名程度）

受験資格：日本国籍を有する人で、次の年齢要件に該当する人
★平成4年(1992年)4月2日から平成14年(2002年)4月1日までに生まれた人

特別区等の採用予定

千代田区	中央区	港区	新宿区	文京区	台東区	墨田区	江東区	品川区	目黒区	大田区	世田谷区	渋谷区
○	○	○	○	○	○	○	○	○	○	○	○	○

中野区	杉並区	豊島区	北区	荒川区	板橋区	練馬区	足立区	葛飾区	江戸川区	人厚組合	競馬組合	清掃組合
○	○	○	○	○	○	○	○	○	○			○

土木造園（造園）（採用予定数 25名程度）

受験資格：日本国籍を有する人で、次の年齢要件に該当する人
★平成4年(1992年)4月2日から平成14年(2002年)4月1日までに生まれた人

特別区等の採用予定

千代田区	中央区	港区	新宿区	文京区	台東区	墨田区	江東区	品川区	目黒区	大田区	世田谷区	渋谷区
		○										

中野区	杉並区	豊島区	北区	荒川区	板橋区	練馬区	足立区	葛飾区	江戸川区	人厚組合	競馬組合	清掃組合
○		○							○			

建築（採用予定数 101名程度）

受験資格：日本国籍を有する人で、次の年齢要件に該当する人
★平成4年(1992年)4月2日から平成14年(2002年)4月1日までに生まれた人

特別区等の採用予定

千代田区	中央区	港区	新宿区	文京区	台東区	墨田区	江東区	品川区	目黒区	大田区	世田谷区	渋谷区
○	○	○	○	○	○	○	○	○	○	○	○	○

中野区	杉並区	豊島区	北区	荒川区	板橋区	練馬区	足立区	葛飾区	江戸川区	人厚組合	競馬組合	清掃組合
○	○	○	○	○	○	○	○	○	○	○		○

機械（採用予定数 18名程度）

受験資格：日本国籍を有する人で、次の年齢要件に該当する人
★平成4年(1992年)4月2日から平成14年(2002年)4月1日までに生まれた人

特別区等の採用予定

千代田区	中央区	港区	新宿区	文京区	台東区	墨田区	江東区	品川区	目黒区	大田区	世田谷区	渋谷区
				○	○			○		○		

中野区	杉並区	豊島区	北区	荒川区	板橋区	練馬区	足立区	葛飾区	江戸川区	人厚組合	競馬組合	清掃組合
							○					○

電気（採用予定数 22名程度）

受験資格：日本国籍を有する人で、次の年齢要件に該当する人
★平成4年(1992年)4月2日から平成14年(2002年)4月1日までに生まれた人

特別区等の採用予定

千代田区	中央区	港区	新宿区	文京区	台東区	墨田区	江東区	品川区	目黒区	大田区	世田谷区	渋谷区
○		○		○				○		○		

中野区	杉並区	豊島区	北区	荒川区	板橋区	練馬区	足立区	葛飾区	江戸川区	人厚組合	競馬組合	清掃組合
○							○	○	○	○		○

| 福　祉
採用予定数
141名程度 | 受験資格 | 国籍を問わず（＊）、社会福祉士若しくは児童指導員の資格を有する又は保育士となる資格を有し都道府県知事の登録を受けている人で、次の年齢要件に該当する人
★平成6年（1994年）4月2日から平成14年（2002年）4月1日までに生まれた人
なお、年齢要件を満たし、令和6年3月31日までに国家試験等により上記の資格を取得見込みの人も受験できます。ただし、保育士となる資格を有する人で都道府県知事の登録を受けていない又は保育士となる資格を取得見込みの人は、令和6年3月31日までに都道府県知事の登録を受ける必要があります。 |

特別区等の採用予定	千代田区	中央区	港区	新宿区	文京区	台東区	墨田区	江東区	品川区	目黒区	大田区	世田谷区	渋谷区
	○	○	○	○	○	○	○	○	○	○	○	○	○
	中野区	杉並区	豊島区	北区	荒川区	板橋区	練馬区	足立区	葛飾区	江戸川区	人厚組合	競馬組合	清掃組合
	○	○	○	○	○	○	○	○	○	○	○		

| 心　理
採用予定数
20名程度 | 受験資格 | 国籍を問わず（＊）、学校教育法に基づく大学（短期大学を除く。）の心理学科を卒業した人又はこれに相当する人で、次の年齢要件に該当する人
★昭和59年（1984年）4月2日以降に生まれた人
なお、「これに相当する人」とは、大学において心理学科に類する学科・専攻・コース等を卒業した人又は大学院において心理学を専攻する課程若しくはこれに類する課程を修了した人（いずれも令和6年3月までに卒業・修了見込みを含む。）を指します。 |

特別区等の採用予定	千代田区	中央区	港区	新宿区	文京区	台東区	墨田区	江東区	品川区	目黒区	大田区	世田谷区	渋谷区
	○	○		○		○	○		○	○	○		○
	中野区	杉並区	豊島区	北区	荒川区	板橋区	練馬区	足立区	葛飾区	江戸川区	人厚組合	競馬組合	清掃組合
	○	○		○		○	○	○		○			

| 衛生監視
（衛生）
採用予定数
39名程度 | 受験資格 | 日本国籍を有し、食品衛生監視員及び環境衛生監視員の両資格を有する人で、次の年齢要件に該当する人
★平成6年（1994年）4月2日から平成14年（2002年）4月1日までに生まれた人
なお、上記の国籍、年齢要件を満たし、令和6年3月31日までに上記の両資格を取得見込みの人も受験できます。 |

特別区等の採用予定	千代田区	中央区	港区	新宿区	文京区	台東区	墨田区	江東区	品川区	目黒区	大田区	世田谷区	渋谷区
	○	○	○	○	○	○	○	○	○	○	○	○	○
	中野区	杉並区	豊島区	北区	荒川区	板橋区	練馬区	足立区	葛飾区	江戸川区	人厚組合	競馬組合	清掃組合
	○	○	○	○	○	○	○	○	○	○			

| 衛生監視
（化学）
採用予定数
5名程度 | 受験資格 | 日本国籍を有する人で、次の年齢要件に該当する人
★平成6年（1994年）4月2日から平成14年（2002年）4月1日までに生まれた人 |

特別区等の採用予定	千代田区	中央区	港区	新宿区	文京区	台東区	墨田区	江東区	品川区	目黒区	大田区	世田谷区	渋谷区
	中野区	杉並区	豊島区	北区	荒川区	板橋区	練馬区	足立区	葛飾区	江戸川区	人厚組合	競馬組合	清掃組合
													5名程度

| 保健師
採用予定数
105名程度 | 受験資格 | 国籍を問わず（＊）、保健師の免許を有する人で、次の年齢要件に該当する人
★昭和59年（1984年）4月2日から平成14年（2002年）4月1日までに生まれた人
なお、年齢要件を満たし、国家試験に合格し免許の交付を申請中の人及び令和6年の春までに行われる国家試験により上記の免許を取得見込みの人も受験できます。 |

特別区等の採用予定	千代田区	中央区	港区	新宿区	文京区	台東区	墨田区	江東区	品川区	目黒区	大田区	世田谷区	渋谷区
		○	○	○	○	○	○	○	○	○	○	○	○
	中野区	杉並区	豊島区	北区	荒川区	板橋区	練馬区	足立区	葛飾区	江戸川区	人厚組合	競馬組合	清掃組合
	○	○	○	○	○	○	○	○	○	○			

＊　受験できる日本国籍を有しない人の範囲は、「出入国管理及び難民認定法別表第二（永住者、日本人の配偶者等、永住者の配偶者等、定住者）に掲げる在留資格を有する人及び日本国との平和条約に基づき日本の国籍を離脱した者等の出入国管理に関する特例法に定める特別永住者」とします。

5　試験の内容及び合格発表

			第　1　次　試　験
日 時			**4 月 30 日（日）** 【事務、福祉、心理、衛生監視（衛生）、衛生監視（化学）、保健師】 午前 9 時 30 分集合　〜　午後 4 時 45 分（保健師は午後 4 時 15 分）終了予定 【土木造園（土木）、土木造園（造園）、建築、機械、電気】 午後 0 時 40 分集合　〜　午後 3 時 05 分終了予定
会 場			**原則として都内** ◆4 月 17 日（月）午前 10 時以降に交付する受験票で試験会場を通知します。 ◆指定された試験会場の変更はできません。 ◆**試験会場及び会場の最寄駅付近で、有料で合否の連絡を請け負う業者が勧誘を行っていることがありますが、当人事委員会とは一切関係ありません**（試験当日に当人事委員会が現金を請求することはありません。）。
方 法	試 験 区 分		内　　　容
	事　　務	教 養 試 験 （2 時 間）	一般教養についての五肢択一式（48 題中 40 題解答） ①知能分野（28 題必須解答） 　文章理解（英文を含む。）、判断推理、数的処理、資料解釈及び空間把握 ②知識分野（20 題中 12 題選択解答） 　人文科学　4 題・・・倫理・哲学、歴史及び地理 　社会科学　4 題・・・法律、政治及び経済 　自然科学　8 題・・・物理、化学、生物及び地学 　社会事情　4 題・・・社会事情
		専 門 試 験 （1 時間 30 分）	一般行政事務に必要な基礎知識についての五肢択一式（55 題中 40 題選択解答） 出題分野(11 分野・各 5 題)は別表（5 ページ）のとおりです。
		論　　文 （1 時間 20 分）	課題式（2 題中 1 題選択解答） 字数は 1,000 字以上 1,500 字程度
	土木造園(土木) 土木造園(造園) 建　　築 機　　械 電　　気	専 門 試 験 （1 時間 30 分）	それぞれの試験区分に必要な専門的知識についての記述式、語群選択式等 （6 題中 4 題選択解答） 出題分野は別表（5 ページ）のとおりです。
	福　　祉 心　　理 衛生監視(衛生) 衛生監視(化学)	教 養 試 験 （2 時 間）	事務と同じ問題です。
		専 門 試 験 （1 時間 30 分）	それぞれの試験区分に必要な専門的知識についての記述式、語群選択式等 （6 題中 4 題選択解答） 出題分野は別表（5 ページ）のとおりです。
		論　　文 （1 時間 20 分）	事務と同じ問題です。
	保健師	教 養 試 験 （2 時 間）	事務と同じ問題です。
		専 門 試 験 （1 時 間）	保健師として必要な専門的知識についての記述式、語群選択式等（3 題必須解答） 出題分野は別表（5 ページ）のとおりです。
		論　　文 （1 時間 20 分）	課題式（2 題中 1 題選択解答） 字数は 1,000 字以上 1,500 字程度

◆この試験の出題の程度は、大学卒業程度のものです。
◆五肢択一式試験の成績が一定点に達しない場合、その他の試験は採点の対象となりません。
◆試験問題は、持ち帰ってください。
◆五肢択一式問題のみ正答を、第 1 次試験終了後に公表します。予定日時は次のとおりです。
　①ホームページ　5 月 10 日（水）午前 10 時　〜　5 月 17 日（水）午前 10 時
　②各区役所及び特別区自治情報・交流センター（東京区政会館 4 階）（各試験問題の閲覧も可）
　　5 月 12 日（金）
◆過去の試験問題及び五肢択一式問題の正答は、各区役所及び特別区自治情報・交流センター（東京区政会館 4 階）で閲覧できます。
　また、過去の試験問題はホームページにも掲載しています（ただし、著作権等により掲載していない問題

	もあります。）。
合格発表	**6月23日（金）午前10時**
	◆合格発表方法（窓口等への掲示は行いません。） ・ホームページ（合格者の受験番号を掲載） ・郵送（第1次試験の受験者全員に、合否の結果を通知） 　6月29日（木）までに届かない場合は、6月30日（金）以降に特別区人事委員会事務局任用課に照会してください。 ◆不合格の場合は、希望者に対し、総合得点及び順位を通知します。

	第 2 次 試 験
日時	**7月9日（日）〜7月19日（水）の間で指定する1日** ※指定された日時の変更はできません。
会場	**原則として都内** ◆試験日、集合時間及び試験会場は、第1次試験結果通知と併せてお知らせします。
方法	**口述試験** **人物及び職務に関連する知識等についての個別面接**

	最 終 合 格 発 表
日時・方法	**【土木造園（土木）、土木造園（造園）、建築、機械、電気】** **7月26日（水）午前10時** **【事務、福祉、心理、衛生監視（衛生）、衛生監視（化学）、保健師】** **8月3日（木）午前10時** ◆第1次試験、第2次試験及び資格審査の結果を総合的に判定し、最終合格者を決定します。 ◆合格発表方法（窓口等への掲示は行いません。） ・ホームページ（合格者の受験番号を掲載） ・郵送（第2次試験の受験者全員に、合否の結果を通知） ◆希望者に対し、第1次試験と第2次試験の総合得点及び順位を通知します。

※個人別成績に関する情報提供の申出については、第1次試験の教養試験（土木造園（土木）、土木造園（造園）、建築、機械、電気はアンケート）の際、解答用紙に希望の有無をマークしていただきます。

※試験当日は、交通機関の運行に遅延・中止（見合わせ）等が発生することもありますので、試験会場までの経路を複数確認しておくとともに、時間に余裕をもって試験会場に到着できるようにしてください。

※身体上の理由等により自動車等による試験会場への来場が必要な場合は、申し込む際に必ず特別区人事委員会事務局任用課へ連絡してください。

別 表	第1次試験における専門試験の出題分野

試験区分	出 題 分 野
事　　務	憲法、行政法、民法①［総則・物権］、民法②［債権・親族・相続］、ミクロ経済学、マクロ経済学、財政学、経営学、政治学、行政学、社会学
土木造園（土木）	応用力学、土質工学、測量、土木施工、道路・橋梁、都市計画
土木造園（造園）	造園史、造園計画、造園植物、植栽・土壌肥料学、生態学、造園施工・管理
建　　築	建築史、建築計画、都市計画、建築設備、建築構造、建築施工、建築法規
機　　械	物理、材料力学、熱力学・熱機関、流体力学・流体機械、計測・制御、機械材料
電　　気	電気・電子回路、電気磁気学、材料・制御（電気応用を含む。）、電気機器、発送配電、情報・通信
福　　祉	社会学概論、社会福祉論、社会心理学、児童心理学、ケースワーク
心　　理	一般心理学、応用心理学、臨床心理学
衛生監視（衛生）	公衆衛生学、微生物学、化学、食品衛生学、環境衛生学
衛生監視（化学）	有機化学、無機化学、分析化学、物理化学、生化学、応用化学
保 健 師	公衆衛生看護学、疫学・保健統計学、保健医療福祉行政論

6 採用の方法及び時期

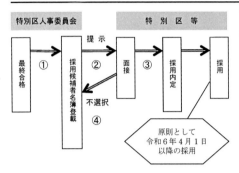

① 最終合格者は、試験区分別の採用候補者名簿に高点順に登載されます。

② 特別区人事委員会は、原則として採用候補者の希望区を考慮し、特別区等へ高点順に提示します。
なお、希望者の集中等の状況によっては、希望どおりに提示できない場合があります。

③ 提示を受けた特別区等は、面接を行い、その結果に基づいて採用候補者に内定を出します。

④ 提示された特別区等で不選択になった場合は、欠員状況に応じて、再び他の特別区等へ提示します。ただし、欠員状況によっては提示されず、その結果採用されない場合もあります。
なお、名簿の有効期間は原則1年間です。

● 申込内容等の記載事項に虚偽がある場合又は受験資格として必要な資格・免許を取得できなかった場合は、採用候補者名簿から削除されることがあります。

7 受験手続

(1) 申込方法

インターネット申込みにより、時間に余裕をもって申し込んでください。
第2次試験（口述試験）で参考資料として使用する「面接カード」（土木造園（土木）、土木造園（造園）、建築、機械、電気は「自己PRシート」）も申込時に入力をしていただきます。

◇**申込受付期間：3月17日（金）午前10時から4月3日（月）午後5時まで【受信有効】**

◇**申込URL：https://www.union.tokyo23city.lg.jp/jinji/jinjiiinkaitop/**

◆上記URL（ホームページ）へアクセスし、画面の指示に従ってすべての必要事項を正しく入力し、受付期間中に送信してください。

◆**申込みの際に設定されたID及び設定したパスワードは受験票のダウンロードに必要となりますので、必ず控えをとって保管してください。パスワード等の照会は、理由を問わず応じられません。**

◆受験票を印刷する必要があります（下記(2)参照）。

◆申込登録の際に入力した内容（面接カード・自己PRシートを除く）は提示の際に特別区等へ提供します。

◆申込内容の修正や入力内容についての問合せには応じられないため、入力内容に誤りがないか確認し、申込登録完了画面は必ず印刷及び保存してください。

◆システム障害対応のために申込受付期間中にシステムを停止する場合や、使用している機器や通信回線上の障害等が発生した場合のトラブルについては、一切責任を負いません。

◆インターネットでの申込みができない場合は、特別区人事委員会事務局任用課へ連絡してください。

※注意事項

◆重複申込みは、受信の早いもののみ有効とします。

◆受験資格の審査を行うため、申込み時に登録した電話番号に連絡する場合があります。

◆第1次試験において、**点字による受験を希望する場合（「事務」に限る。）は、申込画面の所定欄に必ずチェックするとともに、申し込む際に必ず特別区人事委員会事務局任用課へ連絡してください。**
申込画面の所定欄にチェックがない場合及び任用課への連絡がない場合は、点字による受験は認めません。

◆車いす又は補装具の使用等、試験の際に身体的配慮が必要な場合は、試験会場準備のため、**申し込む際に必ず特別区人事委員会事務局任用課へ連絡してください。**

---

(2) 受験票の交付

受験票の送信日	4月17日（月）　午前10時以降

◆上記日時に受験票発行通知メールを送信します。メール受信後に、受験票をダウンロード・印刷してください。

◆受験票に必要事項を記入し、写真1枚（最近3ヵ月以内に撮影したもの、ﾀﾃ4cm×ﾖｺ3cm）、上半身、脱帽、正面向き、背景無地）を必ず貼付のうえ、試験当日に会場へ持参してください。

◆4月17日（月）に受験票発行通知メールが届かない場合は、4月18日（火）午前10時以降にホームページからダウンロード可能となりますので、受験票をダウンロード・印刷してください。
※プリンターをお持ちでない場合は、印刷機器がある施設（学校等）や、コンビニエンスストア等のプリントサービスを利用し、印刷してください。

8 初任給等

初 任 給	約 225,800 円（保健師：約 228,000 円）

◆この初任給は令和5年4月1日現在の給料月額に地域手当を加えたものです。職務経験等がある人は、一定の基準により加算される場合があります。
◆この初任給のほか、条例等の定めるところにより、扶養手当、住居手当、通勤手当、期末・勤勉手当等が支給されます。
※採用前に給与改定等があった場合には、その定めるところによります。
※勤務時間等のその他の勤務条件は、ホームページ上のパンフレット等に掲載しています。

参考　主な勤務予定先及び職務内容

試験区分	主な勤務予定先（例示）	主な職務内容
事　務	本庁各課、出張所、保健所、福祉事務所	● 一般行政事務等
土木造園（土木） 土木造園（造園）	都市計画課、都市整備課、土木工事課、道路整備課、公園緑地課	● 道路・橋梁・河川等の計画・設計・施工・維持管理等 ● 公園・児童遊園等の新設・改修の計画・設計・施工・維持管理等 ● 街路樹等の設計・施工・維持管理、樹木等の保護 ● まちづくり計画、まちづくり団体に対する支援等
建　築	都市計画課、都市整備課、建築課、営繕課	● 都市計画・再開発・開発指導等の都市整備等 ● 公共建築物の計画・設計・施工・維持管理等 ● 建築確認、違反建築物の調査・是正指導
機　械	建築課、営繕課、環境課、清掃工場	● 機械設備の計画・設計・施工・監督・維持管理等
電　気	建築課、営繕課、清掃工場	● 電気設備の計画・設計・施工・監督・維持管理等
福　祉	福祉事務所、高齢福祉課、心身障害者福祉センター、子ども家庭支援センター、児童相談所	● 心身障害者（児）等に対する社会生活訓練・作業訓練・機能回復訓練等における日常生活の介助を伴う指導・相談等 ● 高齢者に対する作業・生活指導及び事業の企画・立案・実施 ● 児童の健全育成・生活指導等
心　理	子ども家庭支援センター、心身障害者福祉センター、教育センター、児童相談所	● 福祉施設等における相談業務 ● 児童・保護者に対する面接・検査による心理診断等
衛生監視（衛生）	保健所、環境課、衛生試験所	● 飲食店（風俗営業等取締法にいう風俗営業を含む。）・食品製造業・販売業等に対する設備・食品・添加物・容器等の衛生状態についての立入検査・業務指導等 ● 理容所・美容所・クリーニング所・公衆浴場・旅館・興行場・プール・特定建築物・受水槽を持つ建物等に対する衛生状態についての立入検査・業務指導等 ● 大気汚染・交通騒音・振動等騒音・振動に対する対策等の実施 ● 薬事衛生・医事衛生に関する営業施設等に対する立入検査・業務指導等
衛生監視（化学）	清掃工場	● 清掃工場等の大気汚染・水質汚濁・騒音・振動等環境に関する調査・対策等の実施及び環境汚染物質の分析・測定・検査等
保健師	保健所、保健センター、心身障害者福祉センター、児童相談所等	● 母子保健・成人保健・高齢者保健・精神保健等の相談、健康診査、家庭訪問等 ● 地域の健康問題の把握と施策化

※清掃工場や児童相談所など配属先や職務内容により、交代制勤務や夜間勤務の可能性があります。

●令和2年度～令和4年度　Ⅰ類採用試験【一般方式】実施状況

試験区分	令和2年度				令和3年度				令和4年度			
	採用予定数	受験者数	最終合格者数	合格倍率	採用予定数	受験者数	最終合格者数	合格倍率	採用予定数	受験者数	最終合格者数	合格倍率
事　務	906 名程度	8,121 名	1,741 名	4.7 倍	874 名程度	9,019 名	1,881 名	4.8 倍	983 名程度	8,417 名	2,308 名	3.6 倍
土木造園（土木）	48	201	66	3.0	53	214	109	2.0	64	135	82	1.6
土木造園（造園）	6	44	12	3.7	8	47	18	2.6	17	45	32	1.4
建　築	50	101	40	2.5	53	100	59	1.7	62	75	55	1.4
機　械	16	57	16	3.6	13	54	27	2.0	15	49	31	1.6
電　気	21	72	23	3.1	13	72	24	3.0	19	56	32	1.8
福　祉	87	347	165	2.1	114	399	211	1.9	125	411	229	1.8
心　理	26	170	45	3.8	24	156	60	2.6	21	137	44	3.1
衛生監視（衛生）	33	120	72	1.7	29	117	52	2.3	34	128	74	1.7
衛生監視（化学）	5	42	7	6.0	5	47	7	6.7	5	38	10	3.8
保健師	78	291	155	1.9	111	376	212	1.8	109	370	207	1.8

試験の申込みをした人は必ず受験してください

　特別区職員採用試験は、皆さんの申込みによって試験の準備が進められます。これらは、区民の方に納めていただく税金を使って行われるものです。貴重な税金を有効に活用するためにも、**試験の申込みをした人は必ず受験してください**。

参考 特別区等一覧表

区 名 等	本 庁 所 在 地	職員数（名）	U R L
千代田区	千代田区九段南1－2－1	1,199	https://www.city.chiyoda.lg.jp/
中 央 区	中央区築地1－1－1	1,639	https://www.city.chuo.lg.jp/
港 区	港区芝公園1－5－25	2,235	https://www.city.minato.tokyo.jp/
新 宿 区	新宿区歌舞伎町1－4－1	2,825	https://www.city.shinjuku.lg.jp/
文 京 区	文京区春日1－16－21	2,002	https://www.city.bunkyo.lg.jp/
台 東 区	台東区東上野4－5－6	1,925	https://www.city.taito.lg.jp/
墨 田 区	墨田区吾妻橋1－23－20	1,873	https://www.city.sumida.tokyo.jp/
江 東 区	江東区東陽4－11－28	2,638	https://www.city.koto.lg.jp/
品 川 区	品川区広町2－1－36	2,714	https://www.city.shinagawa.tokyo.jp/
目 黒 区	目黒区上目黒2－19－15	2,061	https://www.city.meguro.tokyo.jp/
大 田 区	大田区蒲田5－13－14	4,235	https://www.city.ota.tokyo.jp/
世田谷区	世田谷区世田谷4－21－27	5,499	https://www.city.setagaya.lg.jp/
渋 谷 区	渋谷区宇田川町1－1	2,037	https://www.city.shibuya.tokyo.jp/
中 野 区	中野区中野4－8－1	2,085	https://www.city.tokyo-nakano.lg.jp/
杉 並 区	杉並区阿佐谷南1－15－1	3,504	https://www.city.suginami.tokyo.jp/
豊 島 区	豊島区南池袋2－45－1	1,999	https://www.city.toshima.lg.jp/
北 区	北区王子本町1－15－22	2,766	https://www.city.kita.tokyo.jp/
荒 川 区	荒川区荒川2－2－3	1,807	https://www.city.arakawa.tokyo.jp/
板 橋 区	板橋区板橋2－66－1	3,708	https://www.city.itabashi.tokyo.jp/
練 馬 区	練馬区豊玉北6－12－1	4,396	https://www.city.nerima.tokyo.jp/
足 立 区	足立区中央本町1－17－1	3,480	https://www.city.adachi.tokyo.jp/
葛 飾 区	葛飾区立石5－13－1	3,008	https://www.city.katsushika.lg.jp/
江戸川区	江戸川区中央1－4－1	3,707	https://www.city.edogawa.tokyo.jp/top.html
特別区人事・厚生事務組合	千代田区飯田橋3－5－1	267	https://www.union.tokyo23city.lg.jp/index.html
特別区競馬組合	品川区勝島2－1－2	84	https://www.tokyocitykeiba.com/
東京二十三区清掃一部事務組合	千代田区飯田橋3－5－1	1,166	https://www.union.tokyo23-seisou.lg.jp/

＊ 職員数は、令和5年1月1日現在のものです。
＊ 東京二十三区清掃一部事務組合の主な勤務先は、本庁及び23区内の各清掃工場等です。
＊ 就業場所は、原則敷地内禁煙です。

地方公務員法第16条

次の各号のいずれかに該当する者は、条例で定める場合を除くほか、職員となり、又は競争試験若しくは選考を受けることができない。
一　禁錮以上の刑に処せられ、その執行を終わるまで又はその執行を受けることがなくなるまでの者
二　当該地方公共団体において懲戒免職の処分を受け、当該処分の日から二年を経過しない者
三　人事委員会又は公平委員会の委員の職にあって、第六十条から第六十三条までに規定する罪を犯し、刑に処せられた者
四　日本国憲法施行の日以後において、日本国憲法又はその下に成立した政府を暴力で破壊することを主張する政党その他の団体を結成し、又はこれに加入した者

(注) 民法の一部を改正する法律（平成11年法律第149号）附則第3条第3項の規定により従前の例によることとされる準禁治産者は受験できません。

個人情報の取扱いについて

　個人情報については、特別区人事・厚生事務組合個人情報の保護に関する条例による適正管理を行っています。当人事委員会では、提出された関係書類やそれに基づき作成した資料等を厳重に管理するとともに、特別区等の採用関係機関以外の第三者には提供いたしません。また、規定の保存年限経過後には、速やかに適切な方法で廃棄しています。

注意事項

　カンニング等の不正行為が発覚した場合、受験は無効とします。

問合せ先　**特別区人事委員会事務局任用課採用係**
〒102－0072　千代田区飯田橋3－5－1
【電　　話】(03)5210－9787(直通)　※受付時間：平日 8:30～17:15
【ホームページ】https://www.union.tokyo23city.lg.jp/jinji/jinjiiinkaitop/
　　　　　　　　（上記ホームページから採用試験の申込みができます。
　　　　　　　　また、よくある質問と回答も掲載しています。）
【Ｔ ｗ ｉ ｔ ｔ ｅ ｒ】@23city__saiyou

23特別区の自治体情報

第1章　特別区の決算状況と課題

> ○　令和3年度普通会計決算の各種財政指標の状況を見ると、実質収支比率は適正範囲とされる3〜5％を上回り、財政構造の弾力性を示す経常収支比率は78.6％と改善した。また、資金繰りの程度を示す実質公債費比率は、改善傾向となっている。

＜財政指標の推移＞　　　　　　　　　　　　　　　　　　　　　　　　　（単位：％）

区　　分	26年度	27年度	28年度	29年度	30年度	元年度	2年	3年度
実質収支比率	5.7	5.7	5.0	6.1	5.2	5.4	7.0	8.6
経常収支比率	80.7	77.8	79.3	79.8	79.1	79.2	81.9	78.6
実質公債費比率	-1.8	-2.3	-2.8	-3.2	-3.4	-3.5	-3.4	-3.3

注）各比率は、全特別区の加重平均である。

1．区税収入の推移

> 区税収入は、納税義務者数の増加等により、11 年連続で増となった。
> しかし、ウクライナ情勢等に伴う世界的な物流の混乱や、物価高騰の影響など、様々な懸念材料を抱えており、景気の影響を受けやすい特別区の税収動向は予断を許さない状況にある。

○ 区税収入は、特別区税の約 9 割を占める特別区民税が、納税義務者数の増加等により、前年度から約 54 億円、0.5％の増で、区税収入全体で約 105 億円、0.9％の増となった。

○ 区税は歳入の基幹収入であるが、景気の影響を受けやすい。物価高騰の影響などにより、今後の景気情勢が不透明であることから、税収の動向は予断を許さない状況にある。

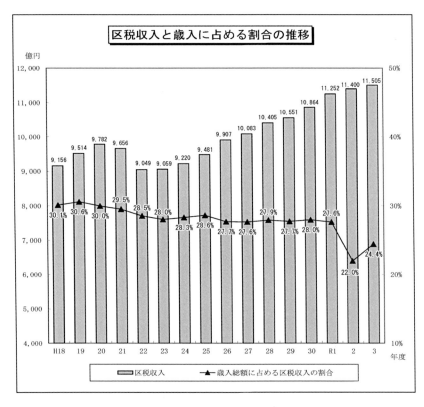

区税収入と歳入に占める割合の推移

(注)　令和2年度及び3年度は、新型コロナウイルス感染症対策に係る国庫支出金等の特定財源が大きく増となったため、区税収入の割合が下がっている。

２．歳入総額の推移

> 　歳入総額は、特別給付金関連の臨時的な要因の終了等により、11年ぶりに前年
> 度を下回った。
> 　歳入の柱である区税収入は11年連続の増、特別区財政調整交付金は、企業収益
> の堅調な推移を背景にした市町村民税法人分の増加などにより、令和元年度の水
> 準に回復した。しかし、特別区は景気変動の波を受けやすい歳入構造となってお
> り、将来を見据えた持続可能な財政運営が求められる。

○　区税収入は、特別区民税が0.5％の増、区税収入全体でも0.9％の増となった。

○　国・都支出金は、臨時的要因を含む令和2年度と比較すると29.3％の減となっ
　たが、例年よりも高い水準が続いている。

○　特別区の歳入構造は景気変動の波を受けやすいことから、将来を見据えた持続
　可能な財政運営が求められる。

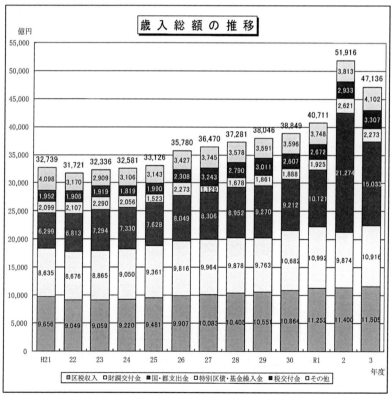

（注）「その他」には、使用料・手数料、分担金・負担金、寄附金、財産収入、繰越金、諸収入が含まれる。

３．性質別歳出の推移

> 歳出総額は、補助費等の減少により前年を下回った。しかし、これは特別定
> 額給付金給付事業の終了等によるものであり、物価高騰対策等、今後も歳出を
> 押し上げる要因が山積している。

○　扶助費は、新型コロナウイルス感染症対策に係る給付事業等により、15.5%の増
　　となった。

○　人件費は、退職金の減少等により、0.9%の減となった。

○　補助費等は、特別定額給付金給付事業の終了等により、77.4%の減となった。

○　今後も少子高齢化対策費や医療・介護関係経費の増加、首都直下地震への備え、
　　公共施設の更新等に加え、新型コロナウイルス感染症対策経費や物価高騰対策等、
　　歳出を押し上げる要因が山積している。

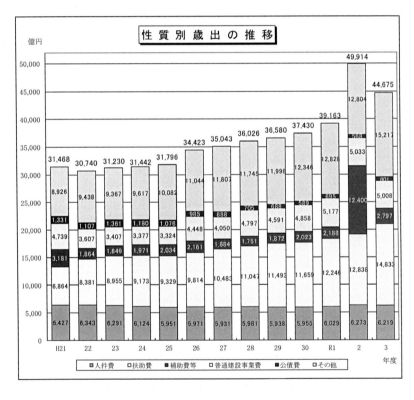

（注）　補助費等は、令和２年度に限り実施された特別定額給付金事業により急激に増減している。

22

４．実質的な義務的経費に要する一般財源負担額の推移

> 　扶助費が増加しており、実質的な義務的経費に要する一般財源負担は、ここ４年は増加傾向にある。

○　義務的経費とされる人件費、公債費、扶助費に医療・介護保険への公費負担を加えた実質的な義務的経費について、一般財源による負担の状況を見ると、ここ４年増加傾向で、1.4兆円に迫る規模になっており、全体として高い水準が続いている。

○　これは、新型コロナウイルス感染症対策に係る給付事業等により、扶助費が増加したことによるものである。

○　社会保障関係経費については、今後も増加が見込まれることから、特別区の財政運営を更に圧迫することが予測される。

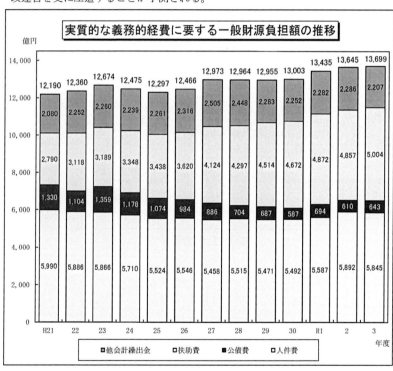

（注）他会計繰出金・・・国民健康保険事業会計、老人保健医療事業会計（平成22年度で会計廃止）、後期高齢者医療事業会計、介護保険事業会計（保険事業勘定）への繰出金

5．実質収支比率、経常収支比率の推移

> 実質収支比率は 1.6 ポイント増の 8.6%となり、適正範囲とされる 3%～5%を上回った。また、経常収支比率は 3.3 ポイント減の 78.6%となった。

○　財政の健全性を測る指標を見ると、実質収支比率は概ね適正範囲とされる 3%～5%を上回った。経常収支比率は、区税や特別区財政調整交付金の増に伴う経常一般財源等の増加により、2 年ぶりに 70%台に改善した。

○　経常収支比率については、概ね適正な水準とされている範囲内にあるものの、地方交付税が交付されない特別区の財政は、景気変動による税収の動向に大きく左右される。特別区民税・特別区財政調整交付金を基幹収入としていることから、景気後退期には、経常収支比率が全国都市と比べて急激に悪化する傾向もあり、予断を許さない状況にある。

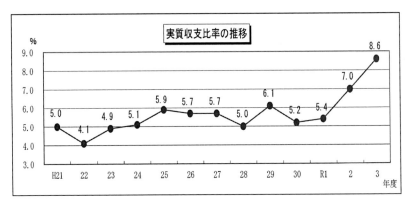

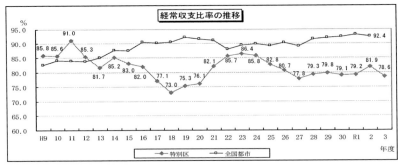

(注)　「全国都市」とは、政令指定都市、中核市、特例市（平成 27 年度以降は施行時特例市）及び特別区を除く市をいう。
(参考)　経常収支比率＝経常経費充当一般財源等／経常一般財源等×100
　　　　経常収支比率は、比率が高いほど財政構造の硬直化が進んでいることを表す。

6．法人税収の影響

> 多くの企業が集積する特別区は、法人税収の変動の影響を受けやすい財政構造である。経常収支比率は2年ぶりに70％台に回復したが、市町村民税法人分の一部国税化の影響による減収に加え、新型コロナウイルス感染症や物価高騰の影響等により、今後の景気情勢が不透明であることから、予断を許さない状況にある。

○　特別区財政調整交付金の原資である市町村民税法人分等と経常収支比率の関係を見ると、概ね当該税収が増えると経常収支比率が下がり（改善）、反対に当該税収が減ると比率が上がっている（悪化）ことが分かる。

○　経常収支比率は、平成21年度に、景気低迷の影響等で市町村民税法人分が大きく落ち込み、急激に悪化した。令和3年度は企業収益の堅調な推移を背景にした市町村民税法人分の増加により、経常収支比率は前年度比で減となっている。

○　特別区の財政は、市町村民税法人分の一部国税化の影響に加え、新型コロナウイルス感染症や物価高騰の影響等により、今後の景気情勢が不透明であることから、予断を許さない状況にある。

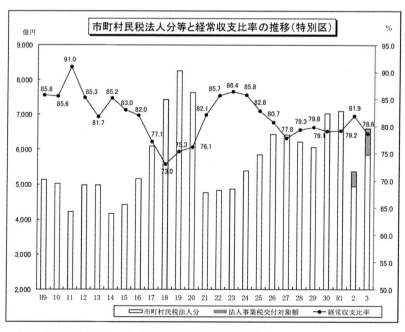

市町村民税法人分等と経常収支比率の推移（特別区）

（注）法人事業税交付対象額は、令和2年度より特別区財政調整交付金の原資に加わった。
（参考）経常収支比率＝経常経費充当一般財源等／経常一般財源等×100
　　　　経常収支比率は、比率が高いほど財政構造の硬直化が進んでいることを表す。

第2章　財政健全化の取組み状況

○　特別区は、限られた財源の中で膨大な行政需要に対応するため、職員数の削減等、積極的に行財政改革に取り組んでいる。

1．職員数の削減

> 特別区は、全国市町村を上回るペースで職員数の削減を進めてきている。

○ 特別区の職員数は、平成 12 年度の清掃事業移管（7,826 人）に伴い、一旦増加したものの、平成 15 年度には清掃事業移管前の規模を下回った。近年は、東京2020 オリンピック・パラリンピック競技大会の開催準備、待機児童対策、児童相談所開設準備等の行政需要に対応するため、微増となっているが、削減率は全国市町村を上回っている。

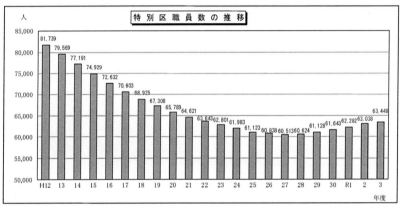

※職員数は地方公共団体定員管理調査による（教育長を含む）。

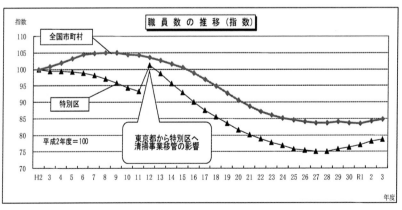

※全国市町村は地方公共団体定員管理調査による全国市町村職員数の総数。
　但し、平成29年度に道府県から政令指定都市に移譲された県費負担教職員数は除いている。

2．職員数の削減による効果

> 特別区は、職員数の削減により捻出した財源を、住民サービスの維持・向上に活用している。

○ 特別区は、職員数の削減によって得られた行政改革の効果を喫緊の課題である少子高齢化対策に振り向けるとともに、住民サービスの維持・向上に取り組んでいる。

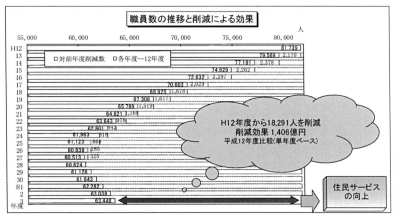

※削減効果は、平成12年度からの職員削減数の合計18,291人に、令和3年度都区財政調整における標準給与額（標準給：7,686,397円）を乗じて算出

○ 特別区は、事務能率の向上を図り職員数の削減を進める一方、大都市需要として特に区民ニーズの高い、保育園等の子育て支援や高齢社会対応等の福祉分野においては、需要に対応するための人員を確保している。

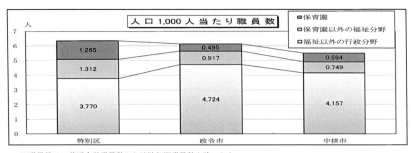

※職員数は、普通会計職員数から消防部門職員数を除いたもの。
※職員数（令和3年4月1日時点）、人口（令和3年1月1日時点）
※政令市の福祉以外の行政分野は、平成29年度に道府県から政令指定都市に移譲された県費負担教職員数は除いている。

３．区税徴収率

> 区税徴収率は、各区の収納強化策が奏功し、11 年連続で上昇した。また、累積滞納額は減少を続けている。

○ 各区では、差し押さえの強化や徴収嘱託員の活用、コンビニエンスストア収納、クレジットカードによる収納、インターネット公売等、区税の収納強化に努めている。

○ そのため、区税の徴収率は 11 年連続で上昇した。また、累積滞納額は減少傾向にある。

○ しかし、新型コロナウイルス感染症の影響や物価高騰等により、今後の景気情勢が不透明であり、区税徴収は厳しい局面となる可能性もあることから、より一層の徴収努力が必要となっている。

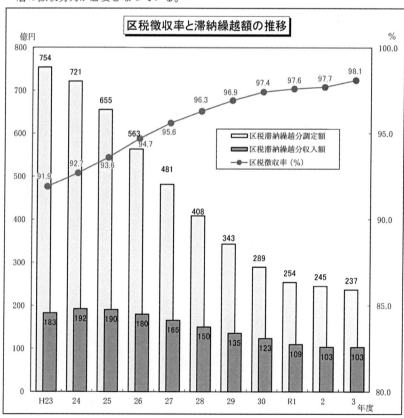

区税徴収率と滞納繰越額の推移

第3章　特別区の財政負担状況

○　特別区は、引き続き扶助費が増加するとともに、大量の公共施設の更新需要等、今後財政負担の増大が想定されることから、より一層の効率化と財源確保が求められる。

1．扶助費と他会計繰出金の増加

> 　扶助費の総額は、年々増加しており、財政圧迫の要因となっている。また、実質的な義務的経費である医療・介護保険制度への繰出金も特別区財政圧迫の要因の一つとなっている。

○　社会保障制度の一環として支出される扶助費は、待機児童解消に向けた取組みや、新型コロナウイルス感染症対策に係る給付事業を中心に、引き続き高水準で推移している。

○　他会計繰出金は、高齢化に伴う要介護者数の増加等により、介護保険事業会計への繰出金が増加する一方、被保険者数の減少や法定外繰入金の縮減の取組みにより国民健康保険事業会計への繰出金が減少したことで、概ね減少傾向にあるが、今後の高齢化等の社会情勢に鑑みると引き続き高止まりの状況になることが見込まれる。

○　急激な高齢化の進行も相まって、扶助費や医療・介護関係経費の増加が特別区財政をさらに圧迫していくことが懸念される。

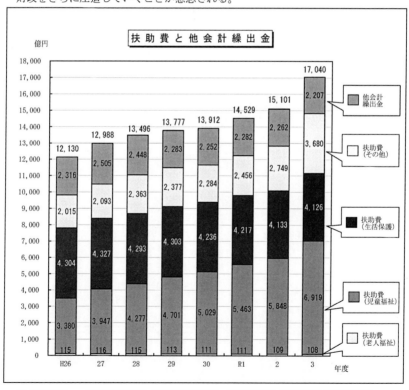

（注）他会計繰出金・・・国民健康保険事業会計、後期高齢者医療事業会計、介護保険事業会計、介護保険事業会計（保健事業勘定）への繰出金

2．更新時期を迎える公共施設と改築経費

> 特別区が保有する公共施設の多くが更新時期を迎えており、その改築・改修
> 等に伴う経費の増加が特別区財政を圧迫する恐れがある。

○　令和4年3月現在、特別区の保有する公共施設の総床面積は、義務教育関係施設
（小・中学校）で 8,007,560 ㎡（3,579 施設）、本庁舎、福祉関係施設、図書館等
の公共施設で 12,162,462 ㎡（12,373 施設）となっている。

○　2041 年までの 20 年間に築 50 年を迎える施設は、小・中学校で 5,820,302 ㎡・
2,761 施設（施設数全体の約 77%）、本庁舎等は 6,673,350 ㎡・6,881 施設（施設
数全体の約 56%）であり、その改築に要する経費は、合わせて約 6.7 兆円と見込
まれる。

○　特別区の財政運営は、この膨大な改築需要に備えるため、後年度を見通した、
より一層の効率化と財源確保が必要となる。

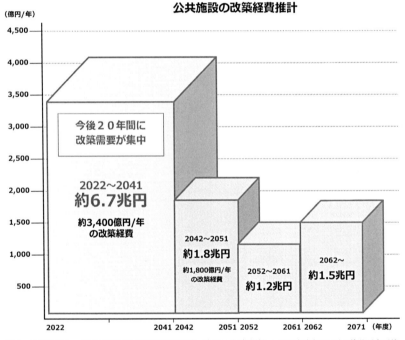

公共施設の改築経費推計

※1　改築経費は、「特別区保有施設等に関する調査（令和4年度実施）」の調査時点における施設延床面積
　　に、特別区の決算単価を乗じて算出。（国・都支出金等は控除していない。）
※2　耐用年数は一律 50 年とし、2021 年度以前に築 50 年を迎えた施設の改築経費は、2022～2041 年度の改築
　　経費に含めている。
※3　小・中学校の施設数は、校舎・屋内運動場・プールをそれぞれ1施設としてカウントしている。

３．災害リスクに備える財政需要

　特別区は、日本全体を支える首都機能を守ると共に、住む人・働く人・訪れる人の安全・安心を確保するため、首都直下地震への対応等、防災・減災対策が急務となっており、それらに対応するための膨大な財政需要が見込まれている。

○　大規模災害時に建物倒壊や焼失等大きな被害を引き起こす、著しく危険な木造住宅棟は、特別区が全国の１割を占めており、早期の解消が必要である。
○　災害時の緊急輸送路としての都市計画道路を整備することは、首都機能や企業活動の早期復興・再開にも繋がるが、特別区の都市計画道路の完成率は 66％であり、全てを整備するためには、5兆円を超える費用が見込まれる。

密集市街地　地区数

全国
111地区

特別区 17地区

密集市街地　面積

全国
2,219ha

特別区 247ha

※国土交通省「地震時等に著しく危険な密集市街地について」を基に作成。

都市計画道路の整備状況

	区部	東京都
計画延長	1,768km	3,205km
完成延長	1,168km	2,067km
完成率	66.0%	64.5%
整備標準単価	90億円/km	—

※国土交通省「令和3年都市計画現況調査」を基に作成。
※区部の整備標準単価は、特別区長会事務局試算。

第4章　特別区を取り巻く現状

○　特別区は、人口や企業の極度の集中等に起因する様々な行政課題を抱えており、これらの課題の解決に向けて取り組んでいる。

1．人口推移の状況

> 他の大都市に比べて人口が大きく増加し、特別区には、より一層人口が集中している状況にある。

○ 令和 2 年の国勢調査では、特別区の人口は 973 万人で、前回の調査時よりも 46 万人も増加している。

○ 主な大都市と比較しても特別区の人口の増加率は高く、特別区により一層人口が集中している状況にある。

○ なお、住民基本台帳人口移動報告（2021 年結果）によると、特別区は平成 9 年以降 25 年連続で転入超過となっている。

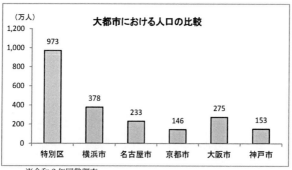

※令和 2 年国勢調査

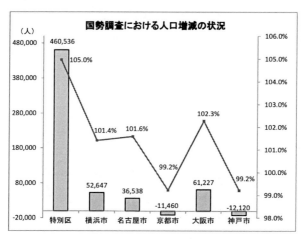

※令和 2 年国勢調査における平成 27 年国勢調査時からの人口の増減及び増減率

2．企業集中及び流入人口の状況

> 　特別区の区域には極めて多くの企業が集中している。そのため、都内だけでなく、周辺の県からも多くの人々が通勤や通学で流入し、昼間人口は 1,200 万人を超えている。

○　特別区の区域には、全国の事業所の約 1 割に当たる 66 万を超える事業所があり、従業者数も 830 万人を超える等、極めて多くの企業が集中している。

○　そのため、特別区の区域には、都内だけでなく周辺の県からも含めて 300 万人を超える人々が通勤・通学で流入し、昼間人口は 1,200 万人を超えている（※令和2 年国勢調査より）。

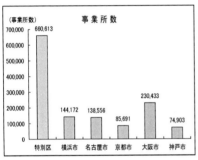

※令和 3 年経済センサス-活動調査(速報集計)　　　※令和 3 年経済センサス-活動調査(速報集計)

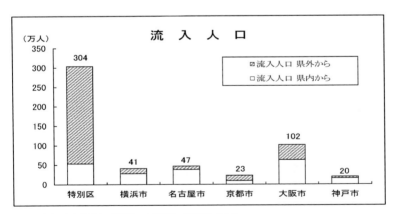

※令和 2 年国勢調査：常住地又は従業地・通学地による人口

３．地価や消費者物価の状況

> 　特別区は人口と企業の集中等により、地価や物価が高く、行政経費を引き上げる要因となっている。

○　人口や企業の極度の集中は、地価や物価を引き上げている。

○　地価・物価の高騰は特別区の行政経費を引き上げ、公共施設用地の確保も容易ではない。

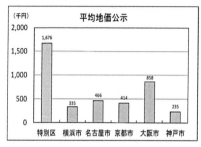

※令和3年地価公示

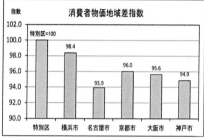

※令和3年平均消費者物価地域差指数

４．生活保護の状況

> 　生活保護の受給世帯数は高止まりの状況となっていることから、歳出に占める生活保護費の割合は高い状況にある。

○　特別区における生活保護費の令和2年度決算額は約4,450億円で、歳出総額（約3兆7,166億円）の約12.0％を占める。

○　平成21年度からの11年間で、生活保護世帯数が約4万世帯増加している。

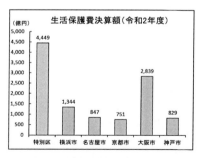

※令和2年度地方財政状況調査

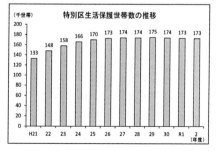

※東京都「福祉・衛生 統計年報」

5．介護保険要介護認定者の状況

> 特別区における要介護認定者は 40 万人を超え、今後も要介護認定者数の増加も見込まれていることから特別区の財政への影響が懸念される。

○　特別区における要介護認定者数は 40 万人を超え、他の大都市地域と比べて突出している。

○　今後、さらに高齢化が進み、要介護認定者数の増加も見込まれていることから、介護関係経費の増加による特別区の財政への影響が懸念される。

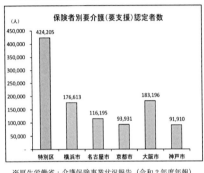

※厚生労働省：介護保険事業状況報告（令和 2 年度年報）　　※住民基本台帳による東京都の世帯と人口（区部）

6．待機児童の状況

> 特別区の令和 4 年 4 月現在の待機児童数は、32 人となり大幅に減少しているが、多様な子育てニーズに対応するため、今後も引き続き支援策の充実を図る必要がある。

○　令和 4 年 4 月 1 日現在の特別区の待機児童数は、保育所増設などの取組みの結果、ピーク期の平成 29 年度比で 5,600 人以上減少している。

○　こうした取組み等を背景に児童福祉費は毎年増加しており、今後も当面年少人口が減少に転じる見込みはなく、多様な子育てニーズに対応した支援策の充実を図る必要がある。

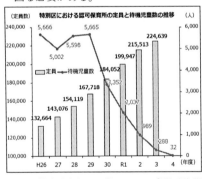

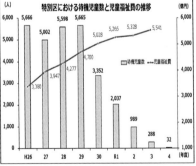

※東京都「都内の保育サービスの状況について」、「福祉・衛生 統計年報」　　※東京都「特別区決算状況（普通会計決算）」
※令和 4 年度定員数は未公表（令和 4 年 11 月現在）

「特別区財政の現状と課題（令和 3 年度決算）」より抜粋

第2部

教養試験
実施問題

※1　解答時間は2時間。

※2　問題は全48問あり。うち問題番号 [1] － [28] までの28問は必須問題。問題番号 [29] － [48] までの20問は選択問題。選択問題は，20問のうち12問を任意に選択して解答する。解答数が12問を超えた分は採点されない。

[1]　次の文の主旨として，最も妥当なのはどれか。

　人が芸術的行為をするようになって，人間は生まれました。人の間と書いて人間と読みますが，人と人の心のコミュニケーションが芸術の内実です。つまり，芸術とは人間のことと言えるのです。したがって，芸術にまったく無関係な人間は存在しないことになります。

　話は少し逸れるかもしれませんが，戦争は絶対に許される行為ではありません。しかし，武器はしばしば美しく芸術的です。どこの美術館でも，鎧兜や刀剣は芸術品として扱われています。これは何を意味するのでしょう。

　武器は，相手を殺戮するよりも，「生きて帰る」という切実な生きることへの希求が第一義にあるととらえたら，どうでしょう。惚れ惚れするほど美しい刀や鎧を戦場で見て，人はこれで「さて，誰を殺そうか」とは思わないものです。これを見て，とにかく美しければ美しいほど，「とにかく使わずに無事に帰りたい」と，祈るような気持ちに至るのでしょう。戦国武将の刀も鎧も，進退極まった時以外は使われていません。「刀を抜く時は最後の最後」ということです。

　いつの時代も，やむをえず送り込まれた戦場から生きて帰るための，生死に関わる切実な道具が武器だったということなのでしょう。だからこそ，命を守る武器は「美しい」のです。そして「美しい」武器は，戦いを望まないのです。「美」を通してはっと我に返る，「何をやろうとしているのか」と人間の心を取り戻すために，鎧兜は美しいのだと私は考えています。

　芸術はたとえ戦場においても，生きようとする人々と共にあり，その気持ちを支える道具であったわけです。無自覚であろうが何であろうが，芸術に無関係でいられる人の一生はありえないということです。

　　　　　　　　　　　　　　　　（千住博「芸術とは何か」による）

　1　人と人の心のコミュニケーションが芸術の内実であり，芸術とは人間のことである。

2 武器はしばしば美しく芸術的だが，戦争は絶対に許される行為ではない。

3 武器は，相手を殺戮するよりも，生きて帰るという切実な生きることへの希求が第一義にある。

4 命を守る武器は美しいものであり，美しい武器は戦いを望まない。

5 芸術はたとえ戦場においても，生きようとする人々と共にあり，芸術に無関係でいられる人の一生はありえない。

2 次の文の主旨として，最も妥当なのはどれか。

子どもの本について広く行われてきたのは，子どもの本を段階的に囲って，年齢や学年によって区切って，大人の本へむかう入門か何かのように，本に親しませるための過程的な考え方で，子どもの本をとらえる考え方です。しかし，そういうふうに考えるのでなく，子どもの本という本それ自体を，本のあり方の一つとして考えなければならない。そう思うのです。

大人の本の世界の前段階にあるというのでなく，大人の本の世界とむきあっているもう一つの本の世界としての，それ自体が自立した世界をもつ，子どもの本という本のあり方です。

年齢や段階といった考え方を第一にするのは，言葉について言えば，間違いです。そうしたやり方が，どれほど言葉のありようをゆがめるか。何歳でこの文字を覚えなければいけない，あの言葉を覚えなければいけないというふうに決めるのは，逆に言えば，知らない言葉に対する新鮮な好奇心をうばってゆく危うさももっています。

何事も段階的にということを前提に考えることは，何事も制限的にしかとらえることをしないということです。そんなふうに制限的な考え方が最初に当然とされてしまうと，子どもの本と付きあうことにおいてもまた，子どもっぽさを優先とする考え方が，どうしても支配的になってしまいがちです。

子どもの本のあり方をいちばん傷つけてしまいやすいのは，何にもまして子どもっぽさを優先する，大人たちの子どもたちについての先入観だと，わたしは思っています。子どもっぽさというのは，大人が子どもに求める条件であり，子どもが自分に求めるのは，子どもっぽさではありません。子どもが自分に求めるのは，自分を元気づけてくれるもの，しかし大人たちはもうそんなものはいらないとだれもが思い込んでいるもの，もしこういう言葉で言っていいのなら，子どもたちにとっての理想主義です。

（長田弘「読書からはじまる」による）

1　子どもの本について，年齢や学年によって区切って，大人の本へ向かう入門のように捉えられてきた。
2　子どもの本自体を，自立した世界をもつ本のあり方の一つとして考えなければならない。
3　言葉について，年齢や段階といった考え方を第一にするのは間違いである。
4　何事も段階的を前提とする考えは，何事も制限的にしか捉えられない。
5　子どもの本のあり方を一番傷つけてしまいやすいのは，子どもっぽさを優先する，大人たちの子どもたちについての先入観である。

③　次の文の主旨として，最も妥当なのはどれか。

　乱読を通してわかったことがあります。言葉にするのも，恥ずかしいほど単純な真実です。読書とは，要するに他者を受けいれることなのです。若いときはまだ，一定の限られた状況のなかでしか，他者を受けいれることはできませんでした。しかも，その受けいれ方というのがいかにも偏っていて，どの出会いを喜ぶにしても哀しむにしても，どこかつねに排他的な感情を伴っていました。愛着のすぐあとに嫌悪が襲ってくるのです。他者を理解しようという努力を伴わないため，他者の受けいれは，つねに一方的な感情のはけ口になってしまいます。

　もっとも，第一印象による好き嫌いの選別は，若い人の特権です。若い人は，逆説的ですが，往々にして防衛的です。しかし人は老いてくると，ある種の捨て身の境地に入り，他者を受けいれることに前向きになります。読書に照らしていえば，どんな文体にたいしても好みを調律させていける。苦手だ，嫌いだと最初は思った文体ほど好きになる傾向があります。川上未映子の『夏物語』では，関西弁をふんだんに取り込んだ，ダイナミックな文体の虜になりました。昔は苦手だった関西弁が，いつのまにかとても耳に心地よく響くのです。逆に，極度に人工的で，かつ巧緻をきわめた文体でつづられた二〇二一年の芥川賞受賞作，石沢麻依の『貝に続く場所にて』に対しては，つよい執念で臨みました。東日本大震災時に津波に呑まれて行方不明となった青年の霊が，ドイツ・ゲッティングンの町に現れる。その紹介文を読んだだけで，否も応もなく本能を揺さぶられたのです。

（亀山郁夫「人生百年の教養」による）

1　読書とは，他者を受け入れることである。

2　他者を理解しようという努力を伴わないと，他者の受入れは，常に一方的な感情のはけ口になる。

3　第一印象による好き嫌いの選別は，若い人の特権である。

4　人は老いてくると，ある種の捨て身の境地に入り，他者を受け入れることに前向きになる。

5　好みを調律させていけば，苦手だ，嫌いだと最初は思った文体ほど好きになる。

4　次の短文A〜Fの配列順序として，最も妥当なのはどれか。

A　「面白さ」の要素として「突飛」なものがある。

B　「意外性」は，なんらかの予測があるところに提示され，そのズレで面白さが誘発されるが，「突飛」というのは，もっと不意打ちに近いものだ。

C　だが，人によっては「面白い」と感じる要因の一つとなりうる。

D　多くの人はあっけにとられ，ただ驚くばかりかもしれない。

E　「突飛」な「面白さ」は，「意外性」による「面白さ」とは，少し違っているように思える。

F　予測もしないところへ，まったく違った方向から飛んでくるようなものである。

（森博嗣「面白いとは何か？面白く生きるには？」による）

1　A − B − F − C − D − E

2　A − C − F − D − E − B

3　A − D − B − F − E − C

4　A − E − B − F − D − C

5　A − F − E − D − C − B

5 次の文の空所A～Cに該当する語の組合せとして，最も妥当なのほどれか。

　最近，デザインの本質は，仮想的推論ではないかと考えている。簡単に言うと「だったりして」と考えてみることである。　A　でも論理でもない。誰も見たことがない発想やかたち，関係性や問題を「こうだったりして」と，仮想しヴィジュアライズしてみせるのがデザインである。

　もしもすべてのクルマが自動運転で，互いにぶつかり合わず，交通状況を判断して自走することができるなら，都市や道路はどう設計できるだろうか。おそらくは，道路そのものをつくらず，フラットに整地された地面に，一定の間隔でランダムに建築が作られ，交差点も信号もない建築のすき間を，水中の魚類のようにすれ違いながら，クルマたちは最短ロースを進むだろう。

　マカロニは，粉体となった食物原料にかたちが与えられたものだ。これは一定の体積を持つ粘性のある物体に，できるだけ大きな表面積や，熱の通りやすさ，　B　，ソースの付着しやすさなどを見いだすデザインである。美しさや見飽きないかたちなど，美意識が付加されるところがデザインだと思っていた。

　しかし，この美意識のよりどころこそ，数学的直感に近いかもしれない。うれしい　C　のある気づきであり，目覚めである。

（原研哉「デザインのめざめ」による）

	A	B	C
1	経験	生産性	緊張感
2	経験	普遍性	立体感
3	考察	生産性	立体感
4	知識	独自性	親近感
5	知識	普遍性	緊張感

6 次の英文中に述べられていることと一致するものとして，最も妥当なのはどれか。

From the time he was 16, Einstein often enjoyed thinking about what it might be like to ride a beam of light. In those days, it was just a dream, but he returned to it, and it changed his life.

One day in the spring of 1905, Einstein was riding a bus, and he looked back at a big clock behind him. He imagined what would happen if his bus were going as fast as the speed of light.

When Einstein began to move at the speed of light, the hands of the clock stopped moving! This was one of the most important moments of Einstein's life!

When Einstein looked back at the real clock, time was moving normally, but on the bus moving at the speed of light, time was not moving at all. Why? Because at the speed of light, he is moving so fast that the light from the clock cannot catch up to him. The faster something moves in space, the slower it moves in time.

This was the beginning of Einstein's special theory of relativity. It says that space and time are the same tiling. You cannot have space without time, and you cannot have time without space. He called it "space-time*."

No scientist has ever done anything like what Einstein did in that one year. He was very ambitious. Einstein once said, "I want to know God's thoughts..."

（Jake Ronaldson「英語で読むアインシュタイン」による）

＊ space-time………時空

1　16歳の頃から，アインシュタインはしばしば，光に乗ったらどう見えるのかと想像で楽しんでおり，その空想が彼の人生を変えた。

2　アインシュタインは，光の速度で移動を始めることを想像したとき，時計を持つ手の動きを止めた。

3　アインシュタインが振り返ると，時間は通常どおり動いていたが，バスの中の現実の時計は完全に止まっていた。

4　アインシュタインがどんなに速く移動しても，時計からの光に追いつくことはできなかった。

5　科学者は，アインシュタインが成し遂げたことを1年でできると，意欲満々だった。

7 次の英文中に述べられていることと一致するものとして，最も妥当なのはどれか。

Diana was reading a book in the living room when the visitors entered. She was a very pretty little girl, with her mother's black eyes and hair, and a happy smile she got from her father.

"Diana, take Anne out and show her your flower garden...She reads entirely too much," Mrs. Barry added to Marilla. "I'm glad she has a friend to play outside with."

Out in the garden, the girls stood among the flowers looking at each other shyly. "Oh, Diana," said Anne at last, "Do you like me enough to be my best friend?"

Diana laughed. Diana always laughed before she spoke. "Why, I guess so. I'm glad you've come to live at Green Gables. There isn't any other girl who lives near enough to play with."

"Will you swear to be my friend forever and ever?" Anne demanded.

Diana looked shocked. "It's bad to swear."

"Oh, no, not like that. I mean to make a promise."

"Well, I don't mind doing that," Diana agreed with relief. "How do you do it?"

"We must join hands, like this. I'll repeat the oath first. I solemnly swear to be faithful to my friend, Diana Barry, as long as the sun and moon shall shine. Now you say it with my name."

Diana repeated it, with a laugh. Then she said:

"You're a strange girl, Anne. But I believe I'm going to like you real well."

"We're going to play again tomorrow," Anne announced to Marilla on the way back to Green Gables.

(L.M.Montgomery：森安真知子「英語で読む赤毛のアン」による)

1　ダイアナは，父から黒い髪と目を，母から楽しげなほほえみを受け継いだ。

2　バリー夫人は，ダイアナに，アンと花壇で本を読んでくるように言った。

3 アンは、ダイアナに親友になってくれるほど好きかと尋ねたところ、ダイアナは声をあげて笑った。

4 ダイアナは、先にアンに忠実であることを誓い、次にアンに同じことを自分に誓うように言った。

5 アンは、ダイアナは変わった子だが、明日も遊ぶことにしたと帰る途中にマリラに言った。

8 次の英文の空所ア、イに該当する語の組合せとして、最も妥当なのはどれか。

When I started writing songs as a teenager, and even as I started to achieve some renown* for my abilities, my aspirations for these songs only went so far. I thought they could be heard in coffee houses or bars, maybe ［　ア　］ in places like Carnegie Hall*, the London Palladium*. If I was really dreaming big, maybe I could imagine getting to make a record and then hearing my songs on the radio. That was really the big prize in my mind. Making records and hearing your songs on the radio meant that you were reaching a big audience and that you might get to keep doing what you had set out to do.

Well, I've been doing what I set out to do for a long time, now. I've made dozens of records and played thousands of concerts all around the world. But it's my songs that are at the vital center of almost everything I do. They seemed to have found a place in the lives of many people throughout many different cultures and I'm grateful for that.

But there's one thing I must say. As a performer I've played for 50,000 people and I've played for 50 people and I can tell you that it is harder to play for 50 people. 50,000 people have a singular persona, not so with 50. Each person has an individual, separate identity, a world unto themselves. They can perceive things more clearly. Your honesty and how it relates to the depth of your talent is tried. The fact that the Nobel committee is so ［　イ　］ is not lost on me.

(Bob Dylan：畠山雄二「英文徹底解読　ボブ・ディランのノーベル文学賞受賞スピーチ」による)

* renown………名声　　* Carnegie Hall………カーネギーホール
* London Palladium………ロンドンパラディアム

	ア	イ
1	earlier	small
2	earlier	traditional
3	later	formal
4	later	small
5	later	traditional

9　次の日本語のことわざ又は慣用句と英文との組合せA〜Eのうち，双方の意味が類似するものを選んだ組合せとして，妥当なのはどれか。

A　犬猿の仲　　　　　　　── To set the wolf to keep the sheep.
B　吠える犬は嚙みつかぬ　── They agree like cats and dogs.
C　猫も杓子も　　　　　　── Everyone that can lick a dish.
D　猫に鰹節　　　　　　　── Barking dogs seldom bite.
E　窮鼠猫を嚙む　　　　　── Despair gives courage to a coward.

1　A　C
2　A　D
3　B　D
4　B　E
5　C　E

48

10 A〜Fの6チームが，次の図のようなトーナメント戦でソフトボールの試合を行い，2回戦で負けたチーム同士で3位決定戦を，1回戦で負けたチーム同士で5位決定戦を行った。今，次のア〜エのことが分かっているとき，確実にいえるのはどれか。ただし，図の太線は，勝ち進んだ結果を表すものとする。

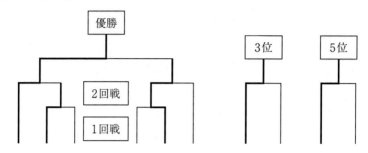

ア　Bは，0勝2敗であった。
イ　Cは，Cにとって2試合目にEと対戦した。
ウ　Dは，Eに負けて1勝1敗であった。
エ　Fは，1勝2敗であった。

  1　Aは，6位であった。
  2　Bは，5位であった。
  3　Cは，4位であった。
  4　Dは，3位であった。
  5　Eは，2位であった。

11 ある暗号で「えちご」が「4・1・5，7・2・10，(5・2・5)」，「こうずけ」が「10・1・10，3・1・5，(3・3・5)，9・1・10」で表されるとき，同じ暗号の法則で「1・2・5，(3・2・10)，1・2・10」と表されるのはどれか。

  1　「むさし」
  2　「かずさ」
  3　「さがみ」
  4　「いずも」
  5　「さつま」

12 4人の大学生A〜Dが，英語，中国語，ドイツ語，フランス語の4つの選択科目のうちから2科目を選択している。今，次のア〜オのことが分かっているとき，確実にいえるのはどれか。

ア　A，C，Dは，同じ科目を1つ選択しているが，もう1つの科目はそれぞれ異なっている。

イ　英語とフランス語を両方選択している人はいない。

ウ　BとDは，同じ科目を1つ選択しているが，その科目はBが選択している英語以外である。

エ　Aの選択した2科目のうち，1科目はBと同じであり，もう1科目はCと同じであるが，ドイツ語は選択していない。

オ　3人が選択した同じ科目は1つであるが，4人が選択した同じ科目はない。

1　Aは英語，Bは中国語，Dはドイツ語を選択している。

2　Aはフランス語，Bはドイツ語，Cは中国語を選択している。

3　Aは中国語とフランス語，Cは中国語とドイツ語を選択している。

4　Bはドイツ語，Cはフランス語，Dは中国語を選択している。

5　Bはフランス語，Cはドイツ語，Dは中国語を選択している。

13 区民マラソンにA〜Fの6人の選手が参加した。ある時点において，DはCより上位で，かつ，AとBの間にいて，AはCとEの間にいて，Fに次いでEがいた。この時点での順位とゴールでの着順との比較について，次のア〜カのことが分かっているとき，ゴールでの着順が1位の選手は誰か。

ア　Aは，2つ順位を上げた。

イ　Bは，3つ順位を下げた。

ウ　Cは，1つ順位を上げた。

エ　Dは，同じ順位のままだった。

オ　Eは，2つ順位を下げた。

カ　Fは，2つ順位を上げた。

1　A

2　C

3　D

4　E

5　F

[14] 次の図のように，道路に面して①～⑧の家が並んでおり，A～Hの8人がそれぞれ1人住んでいる。今，次のア～カのことが分かっているとき，確実にいえるのはどれか。ただし，各家の玄関は，道路に面して1つであり，敷地の角に向いていないものとする。

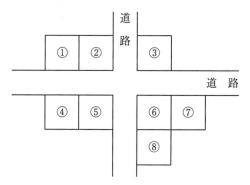

ア　Aの家は，2つの道路に面している。

イ　BとEの家は，道路を挟んだ真向かいにある。

ウ　CとEの家は隣接しており，CとHの家は道路を挟んだ真向かいにある。

エ　Dの家の玄関の向く方向に家はない。

オ　Fの家の玄関は，Eの家を向いている。

カ　Gの家に隣接する家の玄関は，Bの家を向いている。

  1　AとGの家は，隣接している。

  2　BとDの家は，隣接している。

  3　FとHの家は，隣接している。

  4　Aの家は，③の家である。

  5　Bの家は，⑤の家である。

15 ある会場で行われたボクシングの試合の観客1,221人に，応援する選手及び同行者の有無について調査した。今，次のA～Dのことが分かっているとき，同行者と応援に来た観客の人数はどれか。ただし，会場の観客席には，指定席と自由席しかないものとする。

A 観客はチャンピオン又は挑戦者のどちらかの応援に来ており，挑戦者の応援に来た観客は246人だった。

B チャンピオンの応援に来た自由席の観客は402人で，挑戦者の応援に来た指定席の観客より258人多かった。

C チャンピオンの応援にひとりで来た指定席の観客は63人で，挑戦者の応援に同行者と来た自由席の観客より27人少なかった。

D チャンピオンの応援に同行者と来た自由席の観客は357人で，挑戦者の応援に同行者と来た指定席の観客より231人多かった。

1 867人
2 957人
3 993人
4 1,083人
5 1,146人

16 次の図のように，短辺の長さが12cm，長辺の長さが16cmの長方形ABCDの内部に点Eがある。三角形ADEと三角形BCEとの面積比が1対2，三角形CDEと三角形ABEとの面積比が1対3であるとき，三角形ACEの面積はどれか。

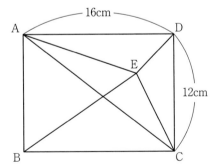

1 26cm²
2 32cm²
3 36cm²
4 40cm²
5 46cm²

17 4で割ると1余り，5で割ると2余り，6で割ると3余る自然数のうち，最も小さい数の各位の数字の和はどれか。

1 6

2 9

3 12

4 15

5 18

18 A，B，Cの3つの地点がある。AB間及びAC間は，それぞれ直線道路で結ばれ，その道路は，地点Aで直交し，AB間は12km，AC間は9kmである。地点Bと地点Cには路面電車の停留場があり，両地点は直線の軌道で結ばれている。X，Yの2人が地点Aから同時に出発し，Xは直接地点Bへ向かい，Yは地点Cを経由し地点Bへ向かった。Xは時速10kmの自転車，YはAC間を時速20kmのバス，CB間を時速18kmの路面電車で移動したとき，地点Bでの2人の到着時間の差はどれか。ただし，各移動の速度は一定であり，乗り物の待ち時間は考慮しないものとする。

1 3分

2 5分

3 9分

4 12分

5 17分

19 1個のサイコロを6回振ったとき，3の倍数が5回以上出る確率はどれか。

1 $\dfrac{1}{3}$

2 $\dfrac{4}{243}$

3 $\dfrac{1}{729}$

4 $\dfrac{13}{729}$

5 $\dfrac{5}{972}$

20 A駅，B駅及びC駅の3つの駅がある。15年前，この3駅の利用者数の合計は，175,500人であった。この15年間に，利用者数は，A駅で12%，B駅で18%，C駅で9%それぞれ増加した。増加した利用者数が各駅とも同じであるとき，現在のA駅の利用者数はどれか。

1　43,680人

2　46,020人

3　58,500人

4　65,520人

5　78,000人

21 次の表から確実にいえるのはどれか。

アジア5か国の外貨準備高の推移

(単位　100万米ドル)

国　　名	2016年	2017	2018	2019	2020
日　　本	1,189,484	1,233,470	1,240,133	1,286,164	1,345,523
イ　ン　ド	341,989	390,245	375,365	433,366	550,184
韓　　国	366,466	384,620	398,944	403,867	437,282
タ　　イ	166,388	196,367	199,537	217,056	248,993
中　　国	3,032,563	3,161,830	3,094,781	3,130,526	3,241,940

1　2017年から2019年までの3年における日本の外貨準備高の1年当たりの平均は，1兆2,500億米ドルを下回っている。

2　2019年のインドの外貨準備高の対前年増加額は，2016年のそれの20%を下回っている。

3　2020年の韓国の外貨準備高の対前年増加率は，2017年のそれより大きい。

4　表中の各年とも，タイの外貨準備高は，日本のそれの15%を上回っている。

5　2020年において，中国の外貨準備高の対前年増加率は，日本の外貨準備高のそれより大きい。

22 次の表から確実にいえるのはどれか。

葉茎菜類の収穫量の対前年増加率の推移

(単位　％)

品　　目	平成28年	29	30	令和元年	2
こ ま つ な	△1.6	△1.3	3.1	△0.6	6.1
ほうれんそう	△1.4	△7.8	0.1	△4.6	△1.8
ブロッコリー	△5.7	1.6	6.4	10.2	2.9
た ま ね ぎ	△1.7	△1.2	△5.9	15.5	1.7
に ん に く	2.9	△1.9	△2.4	3.0	1.9

(注) △は，マイナスを示す。

1　令和2年において，「ほうれんそう」の収穫量及び「たまねぎ」の収穫量
は，いずれも平成28年のそれを下回っている。

2　表中の各年のうち，「にんにく」の収穫量が最も多いのは，平成28年で
ある。

3　令和2年において，「ほうれんそう」の収穫量は，「ブロッコリー」のそ
れを下回っている。

4　「たまねぎ」の収穫量の平成30年に対する令和2年の増加率は，「ブロッ
コリー」の収穫量のそれの1.5倍より大きい。

5　平成28年の「こまつな」の収穫量を100としたときの令和元年のそれの
指数は，100を上回っている。

23 次の図から確実にいえるのはどれか。

書籍新刊点数の推移

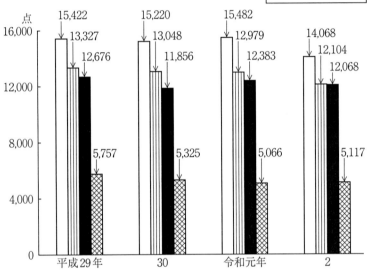

1 平成29年から令和2年までの4年における「自然科学」の書籍新刊点数の1年当たりの平均は，5,300点を下回っている。

2 「社会科学」の書籍新刊点数の平成29年に対する令和2年の減少率は，8％を下回っている。

3 平成30年において，「芸術・生活」の書籍新刊点数の対前年減少量は，「文学」のそれの2.5倍を上回っている。

4 平成30年の「文学」の書籍新刊点数を100としたときの令和2年のそれの指数は，95を上回っている。

5 令和元年において，図中の書籍新刊点数の合計に占める「芸術・生活」のそれの割合は，30％を超えている。

24 次の図から確実にいえるのはどれか。

高齢者の消費生活相談件数の構成比の推移

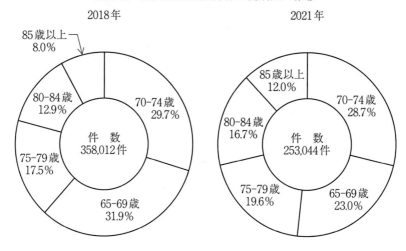

2018年

2021年

1 2018年における「70-74歳」の相談件数に対する「80-84歳」の相談件数の比率は，2021年におけるそれを上回っている。

2 図中の各区分のうち，2018年に対する2021年の相談件数の減少数が最も大きいのは，「70-74歳」である。

3 2021年の「85歳以上」の相談件数は，2018年のそれの1.1倍を上回っている。

4 消費生活相談件数の合計の2018年に対する2021年の減少数に占める「65-69歳」のそれの割合は，50％を超えている。

5 2018年の「75-79歳」の相談件数を100としたときの2021年のそれの指数は，80を上回っている。

25 次の図Ⅰのような展開図のサイコロ状の正六面体がある。この立体を図Ⅱのとおり，互いに接する面の目の数が同じになるように4個並べたとき，A，B，Cの位置にくる目の数の和はどれか。

図Ⅰ

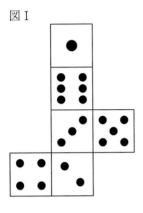

図Ⅱ

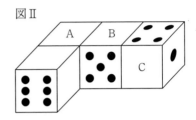

1　9

2　11

3　12

4　13

5　17

26 次の図のように，正方形の紙を点線に従って矢印の方向に谷折りをし，できあがった三角形の斜線部を切り落として，残った紙を元のように広げたときにできる図形はどれか。

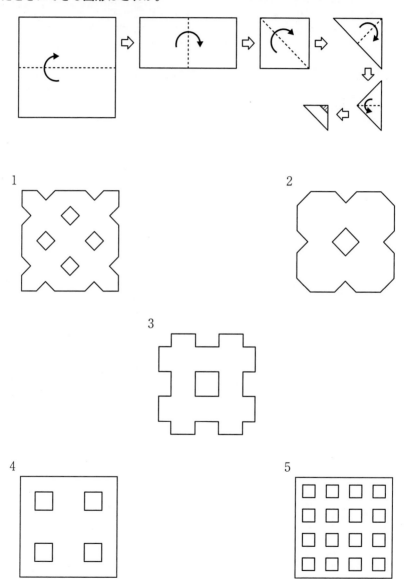

1

2

3

4

5

27 次の図のように，縦4cm，横8cm，高さ4cmの直方体がある。辺GH
の中点を点Pとして，この直方体を点C，F，Pを通る平面で切断したと
き，その断面の面積はどれか。

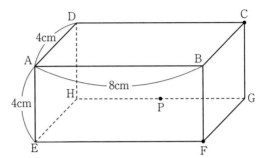

1 $4\sqrt{3}$ cm²

2 $8\sqrt{3}$ cm²

3 $16\sqrt{3}$ cm²

4 $4\sqrt{6}$ cm²

5 $8\sqrt{6}$ cm²

28 次の図のように，一辺の長さ a の正方形を組み合わせた図形がある。
今，この図形が直線上を矢印の方向に滑ることなく1回転したとき，点P
が描く軌跡の長さはどれか。ただし，円周率は π とする。

1 $\dfrac{7+4\sqrt{2}}{4}\pi a$

2 $(2+\sqrt{2})\pi a$

3 $\dfrac{1+\sqrt{2}+\sqrt{5}}{4}\pi a$

4 $\dfrac{5+\sqrt{2}+\sqrt{5}}{4}\pi a$

5 $\dfrac{5+4\sqrt{2}+\sqrt{5}}{4}\pi a$

[29] 我が国における労働者の権利の保障に関する記述として，妥当なのは
どれか。

 1　団結権とは，労働者が労働組合を結成する権利であり，警察職員を含
　めた全ての地方公務員に適用される。

 2　団体交渉権とは，労働組合が使用者と交渉する権利であり，地方公営
　企業の職員には，労働協約の締結権がある。

 3　争議権による正当な争議行為については，労働組合に民事上の免責が認
　められるが，刑事上の免責は認められない。

 4　労働基準監督署は，労働関係調整法に基づき設置されており，労働関
　係調整法の施行を監督している。

 5　労働紛争の迅速な解決のため，2006年から，労働委員会のあっせん，
　調停及び仲裁により争議を調整する労働審判制度が開始された。

[30] 我が国の地方自治に関する記述として，妥当なのはどれか。

 1　地方自治法は，都道府県を普通地方公共団体と定め，特別区及び市町
　村を特別地方公共団体と定めている。

 2　地方公共団体の事務には，自治事務と法定受託事務があり，旅券の交
　付や戸籍事務，病院・薬局の開設許可などが法定受託事務に該当する。

 3　地方交付税交付金とは，地方公共団体間の財政格差を是正するために，
　国が使途を指定して交付する補助金である。

 4　地方公共団体の議会は首長の不信任決議権を持ち，首長は議会の解散
　権を持つが，首長は議会の議決に対して拒否権を行使することはできない。

 5　行政機関を監視し，住民からの苦情申立てを処理するためのオンブズ
　パーソン制度が一部の地方公共団体で導入されている。

[31] 東西冷戦に関する記述として，妥当なのはどれか。

 1　第二次世界大戦で連合国であったアメリカと枢軸国であったソ連の両国
　の対立は，戦後，資本主義と社会主義の対立となり，これを冷戦と呼ぶ。

 2　アメリカは，1947年に，西欧諸国に対する経済復興のためのトルーマ
　ン＝ドクトリンや，共産主義封じ込め政策であるマーシャル＝プランを発
　表した。

 3　アメリカと西欧諸国はNATOを結成し，これに対抗したソ連と東欧諸
　国は軍事同盟であるCOMECONを結成した。

4　1962年のキューバ危機では，米ソは核戦争の危機に直面し，この対立を新冷戦と呼ぶ。

5　ソ連の共産党書記長に就任したゴルバチョフはペレストロイカを進め，米ソ首脳はマルタ会談で冷戦終結を宣言した。

---

32 我が国の農業と食料問題に関する記述として，妥当なのはどれか。

1　食生活の変化により，米の供給が過剰となったため，1970年から米の生産調整である減反政策が始まり，現在まで維持されている。

2　農業経営の規模拡大のため，2009年の農地法改正により，株式会社による農地の借用が規制された。

3　6次産業化とは，1次産業である農業が，生産，加工，販売を一体化して事業を行うことにより，付加価値を高める取組である。

4　農林業センサスにおける農家の分類では，65歳未満で年間60日以上農業に従事する者がいない農家を，準主業農家という。

5　食の安全に対する意識の高まりなどから，地元の農産物を，地元で消費するフェアトレードが注目されている。

---

33 中国の思想家に関する記述として，妥当なのはどれか。

1　荀子は，性悪説を唱え，基本的な人間関係のあり方として，父子の親，君臣の義，夫婦の別，長幼の序，朋友の信という五倫の道を示した。

2　墨子は，孔子が唱えた他者を区別なく愛する仁礼のもとに，人々が互いに利益をもたらし合う社会をめざし，戦争に反対して非攻論を展開した。

3　朱子は，理気二元論を説き，欲を抑えて言動を慎み，万物に宿る理を窮めるという居敬窮理によって，聖人をめざすべきだと主張した。

4　老子は，人間の本来の生き方として，全てを無為自然に委ね，他者と争わない態度が大事であり，大きな国家こそが理想社会であるとした。

5　荘子は，ありのままの世界では，万物は平等で斉しく，我を忘れて天地自然と一体となる境地に遊ぶ人を，大丈夫と呼び，人間の理想とした。

---

34 国風文化に関する記述として，妥当なのはどれか。

1　末法思想を背景に浄土教が流行し，源信が「往生要集」を著し，極楽往生の方法を説いた。

2　和歌が盛んになり，紀貫之らが最初の勅撰和歌集である万葉集を編集

し，その後も勅撰和歌集が次々に編集された。

3　貴族の住宅として，檜皮葺，白木造の日本風で，棚，付書院を設けた書院造が発達した。

4　仏師定朝が乾漆像の手法を完成させ，平等院鳳凰堂の本尊である薬師如来像などを作った。

5　仮名文字が発達し，万葉仮名の草書体をもとに片仮名が生まれ，使用されるようになった。

35　イギリスの産業革命に関する記述として，妥当なのはどれか。

1　18世紀前半に，ニューコメンが木炭の代わりに石炭を加工したコークスを燃料とする製鉄法を開発し，鉄鋼生産が飛躍的に上昇した。

2　1733年にジョン・ケイが発明した飛び梭により綿織物の生産量が急速に増えると，ハーグリーヴズのミュール紡績機やアークライトの水力紡績機など新しい紡績機が次々と発明された。

3　1814年にカートライトが製作した蒸気機関車は，1825年に実用化され，1830年にはマンチェスター＝リヴァプール間の鉄道が開通した。

4　機械制工場による大量生産が定着すると，従来の家内工業や手工業は急速に衰え，職を失った職人たちは，機械を打ち壊すラダイト運動を行った。

5　社会主義思想を否定したオーウェンなどの産業資本家は，大工場を経営して経済活動を支配するようになり，そこで働く労働者が長時間労働や低賃金を強いられるなどの労働問題が発生した。

36　ラテンアメリカに関する記述として，妥当なのはどれか。

1　南アメリカ大陸西部には，高く険しいロッキー山脈が連なっており，標高により気候や植生が変化する。

2　アンデス高地のアステカや，メキシコのインカなど，先住民族による文明が栄えたが，16世紀にスペインに征服された。

3　アマゾン川流域には，カンポセラードと呼ばれる熱帯雨林や，セルバと呼ばれる草原が広がっている。

4　19世紀末頃から，日本からラテンアメリカへの移民が始まり，海外最大の日系社会があるペルーでは，現在100万人を超える日系人が暮らしている。

5 ブラジルでは，大農園でコーヒーなどを栽培しており，また，20世紀後半以降は，大豆の生産が急増している。

[37] 昨年のイギリスの首相就任に関するA～Dの記述のうち，妥当なものを選んだ組合せはどれか。

A リズ・トラス氏は，昨年9月，保守党党首選の決選投票でリシ・スナク氏に勝利し，党首に選出され，首相に就任した。

B トラス氏は，マーガレット・サッチャー氏に続くイギリス史上2人目の女性首相となった。

C スナク氏は，昨年10月，保守党所属の下院議員100人以上の推薦を得て保守党党首選に立候補し，無投票で党首に選出され，首相に就任した。

D ジョンソン政権で外相を務めたスナク氏は，イギリス史上初のアジア系の首相となり，42歳での首相就任は過去最年少である。

1 A B
2 A C
3 A D
4 B C
5 B D

[38] 昨年7月に行われた第26回参議院議員通常選挙に関する記述として，妥当なのはどれか。

1 期日前投票者数は約1,961万人となり，2017年に行われた衆議院議員総選挙を約255万人上回り，国政選挙では過去最多となった。

2 選挙区の投票率は48.80％となり，2019年に行われた参議院議員通常選挙の投票率を下回った。

3 女性当選者数は35人で，2016年と2019年に行われた参議院議員通常選挙の28人を上回り，参議院議員通常選挙では過去最多となった。

4 比例代表の得票率2％以上という，公職選挙法上の政党要件を新たに満たす政治団体も，政党要件を満たさなくなる政党もなかった。

5 今回の通常選挙から合区を導入したことで選挙区間の「一票の格差」が最大3.03倍となり，2019年に行われた参議院議員通常選挙より最大格差が縮小した。

39 昨年5月に公布された，経済施策を一体的に講ずることによる安全保障の確保の推進に関する法律（経済安全保障推進法）に関するA～Eの記述のうち，妥当なものを選んだ組合せはどれか。

A 経済安全保障推進法は，昨年5月の衆議院本会議において，与野党の賛成多数で可決，成立した。

B 経済安全保障推進法に，半導体や医薬品を特定重要物資に指定することを明記し，安定供給の確保に向け，国が事業者への財政支援を行うこととした。

C サイバー攻撃に備え，電気，鉄道，金融など14業種の基幹インフラの事業者を対象に，重要設備を導入する際に，国が事前審査をすることとした。

D 機密情報を扱う資格制度であるセキュリティー・クリアランス（適格性評価）を導入することとした。

E 核や武器の開発につながり，軍事転用の恐れがある技術の特許について，非公開にする制度を導入することとした。

 1 A C
 2 A D
 3 B D
 4 B E
 5 C E

40 令和4年度の文化勲章受章者及び文化功労者に関する記述として，妥当なのはどれか。

1 日本画の山勢松韻氏は文化勲章受章者に，詩の安藤元雄氏は文化功労者に選出された。

2 将棋の加藤一二三氏は文化勲章受章者に，小説の辻原登氏は文化功労者に選出された。

3 歌舞伎の松本白鸚氏は文化勲章受章者に，脚本の池端俊策氏は文化功労者に選出された。

4 発酵学の榊裕之氏は文化勲章受章者に，大衆音楽の松任谷由実氏は文化功労者に選出された。

5 電子工学の別府輝彦氏は文化勲章受章者に，箏曲の勅使川原三郎氏は文化功労者に選出された。

次の図のように，ボールが，水平でなめらかな床に角度30°で衝突し，角度60°ではね返った。このとき，ボールと床との間の反発係数として，妥当なのはどれか。

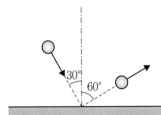

1　0.17
2　0.33
3　0.50
4　0.58
5　0.71

42 内部抵抗2kΩで10Vまで測定できる電圧計がある。今，この電圧計の測定範囲を10倍に広げるとき，電圧計に直列に接続する倍率器の抵抗値はどれか。

1　18kΩ
2　20kΩ
3　22kΩ
4　38kΩ
5　44kΩ

43 周期表と元素に関する記述として，妥当なのはどれか。
1　周期表の1族，2族及び12族〜18族の元素を遷移元素といい，遷移元素の同族元素は，性質が似ている。
2　周期表の13族に属するケイ素の単体は，金属のような光沢がある黒紫色の結晶で，高純度のケイ素は，半導体として太陽電池などに利用されている。
3　周期表の15族に属するリンの同素体のうち，赤リンは，空気中で自然発火するため，水中に保存する。
4　周期表の16族に属する酸素と硫黄の原子は，6個の価電子をもち，二価の陽イオンになりやすい。
5　周期表の17族に属する元素であるハロゲンのうち，臭素の単体は，常温，常圧において液体である。

44 次のア〜オのうち，元素記号とその元素が炎色反応で示す色を選んだ組合せとして，妥当なのはどれか。

	元素記号	炎色反応
ア	Na	黄
イ	Mg	黄
ウ	Ca	青緑
エ	Cu	青緑
オ	Ba	赤紫

　1　ア　ウ

　2　ア　エ

　3　イ　エ

　4　イ　オ

　5　ウ　オ

45 生物集団における，ハーディ・ワインベルグの法則が成り立つ条件に関するA〜Eの記述のうち，妥当なものを選んだ組合せはどれか。

A　集団が小さい。

B　自由な交配が行われる。

C　自然選択がはたらく。

D　突然変異が起こらない。

E　他の集団との間で個体の移入や移出がある。

　1　A　C

　2　A　D

　3　B　D

　4　B　E

　5　C　E

46 ヒトの脳に関する記述として，妥当なのはどれか。

1　大脳の新皮質には，視覚や聴覚などの感覚，随意運動，記憶や思考などの高度な精神活動の中枢がある。

2　間脳には，呼吸運動や心臓の拍動など生命維持に重要な中枢や，消化液の分泌の中枢がある。

3　中脳には，からだの平衡を保ち，随意運動を調節する中枢がある。

　4　延髄には，姿勢を保ち，眼球運動や瞳孔の大きさを調節する中枢がある。

　5　小脳は，視床と視床下部に分かれており，視床下部には，自律神経系の中枢がある。

47 太陽系の惑星に関する記述として，妥当でないのはどれか。

　1　水星は，太陽系最小の惑星で，表面は多くのクレーターに覆われ，大気の成分であるメタンにより青く見え，自転周期が短い。

　2　金星は，地球とほぼ同じ大きさで，二酸化炭素を主成分とする厚い大気に覆われ，表面の大気圧は約90気圧と高く，自転の向きが他の惑星と逆である。

　3　火星は，直径が地球の半分くらいで，表面は鉄が酸化して赤く見え，二酸化炭素を主成分とする薄い大気があり，季節変化がある。

　4　木星は，太陽系最大の惑星で，表面には大気の縞模様や大赤斑と呼ばれる巨大な渦が見られ，イオやエウロパなどの衛星がある。

　5　天王星は，土星に比べて大気が少なく，氷成分が多いため，巨大氷惑星と呼ばれ，自転軸がほぼ横倒しになっている。

48　次の文は，地層に関する記述であるが，文中の空所A〜Cに該当する語の組合せとして，妥当なのはどれか。

　地層が波状に変形した構造を 褶曲 といい，波の山の部分を　　A　　，波の谷の部分を　　B　　という。

　地層には，上の地層は下の地層より新しいという地層累重の法則があり，下から上へ連続的に堆積して形成される重なりの関係を　　C　　という。

	A	B	C
1	背斜	向斜	整合
2	向斜	背斜	整合
3	背斜	向斜	断層
4	向斜	背斜	断層
5	生痕	流痕	断層

《 解 答・解 説 》

1 5

解説 出典は千住博著『芸術とは何か』。主旨把握問題である。論理的な文章の配置には，先に結論を述べる頭括型，最後に結論を述べる尾括型，最初と最後で結論を繰り返す双括型がある。この文章は尾括型であり，最後に述べられている結論に特に注意して文章の主旨を把握するようにしたい。

2 2

解説 出典は長田弘著『読書からはじまる』。主旨把握問題である。この文章は頭括型である。第一段落のなかでも，どの文章が筆者の主張の根幹として最も適切か考えるとよい。

3 1

解説 出典は亀山郁夫著『人生百年の教養』。主旨把握問題である。この文章は頭括型である。この文章全体のテーマが「若い人」「好み」などではなく「読書」であることを正しく理解して，主旨を捉えるようにしよう。

4 4

解説 出典は森博嗣著『面白いとは何か？面白く生きるには？』。文整序問題である。「面白さ」と「突飛」であることの関係に注目し，どのように選択肢を配置するとスムーズに文章がつながるかを考えよう。

5 1

解説 出典は原研哉著『デザインのめざめ』。空所補充問題である。まずBに注目すると，マカロニの形状は「独自性」「普遍性」より，より少ないコストで大きな効果を生み出すこと＝「生産性」を重視したデザインだと考えることができるため，選択肢は1か3に絞られる。さらにCのそのような「美意識のよりどころ」は，「立体感」ではなく「緊張感」のある気づきだと考えられる。よって答えは1に絞られ，Aの選択肢にも違和感がない。

6 1

解説 1：第1段落の内容と合致する。　2：第3段落参照。「アインシュタインが光の速度で移動し始めたとき，時計の針は動かなくなった」とある。3：第4段落の前半参照。「アインシュタインが本物の時計に目をやると時間は正常に動いていたが，光速で移動するバスの中では，時間はまったく動いていなかった」とある。　4：第4段落の後半参照。「光の速度では，時計からの光が追いつかないほど彼が速く動いているからだ」とある。　5：最終段落参照。「その1年で彼がやったようなことを成し遂げた科学者はいない」とある。

7 3

解説 1：第1段落参照。「父から」と「母から」が逆である。　2：第2段落参照。バリー夫人は，アンを外に連れ出し花壇を見せるように言ったのである。　3：第3，4段落参照。本文の内容と合致している。　4：後半の2人のやり取り参照。アンが，ダイアナに「ずっと親友でいる」と誓うよう要求したのである。　5：ダイアナが「アンは変わった子だ」と言ったのである。

8 4

解説 ア　空所前後の文意は次の通り。「十代のときに曲を書き始めたとき，そして自分の実力が認められ始めても，曲に対する私の思いはあくまで遠くにあった。私はそれらがコーヒーハウスで，おそらく『後には』カーネギーホールやロンドンパラディアムのような場所で耳にされるだろうと思っていた」。イ　空所前では，筆者が「50,000人より，50人のために演奏する方が難しい」，「聴衆は物事をより明確に認識できる」，「あなたの誠実さと，それが才能の深さとどう関係しているかが試される」と言っている。よって，「ノーベル賞の委員会がとても『小さい』という事実は，私には理解できる」。lost on～「～には通じない」という意である。

9 5

解説 To set the wolf to keep the sheep. は「オオカミにヒツジの番をさせる」からD「猫に鰹節」。They agree like cats and dogs. は「犬と猫のように気が合う」という皮肉からA「犬猿の仲」。Barking dogs seldom bite. は文

字通り「吠える犬は噛みつかぬ」。Everyone that can lick a dish. は「皿をなめることができる者は誰でも」からＣ「猫も杓子も」。Despair gives courage to a coward. は「絶望は臆病者に勇気を与える」からＥ「窮鼠猫を噛む」。

10 5

解説 与えられたトーナメント表を下図のように①〜⑩とおく。

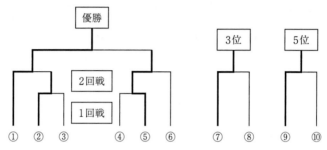

条件エより，1勝2敗になるのは，トーナメント表の②及び⑧に当てはまるときのみである。よって，Ｆは②及び⑧に入る。次に，条件ウより，このトーナメント表で1勝1敗になるのは初戦で負けて次の順位決定戦で勝つときのみなので，Ｄは③④⑥に入る可能性が考えられるが，ＤはＥに負けたため，Ｆと対戦する③は当てはまらず，④か⑥が考えられる。また，Ｄがどちらの場合でも，Ｅは⑤に当てはまる。さらに，条件アより，0勝2敗であったＢは③及び⑩に当てはまる。最後に条件イより，ＣはＥと2試合目に対戦したため，①に当てはまる。よって，次の2通りの組み合わせが考えられる。

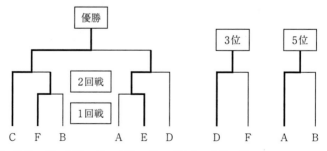

1位：Ｃ，2位：Ｅ，3位：Ｄ，4位：Ｆ，5位Ａ，6位：Ｂ

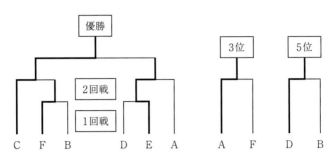

1位：C，2位：E，3位：A，4位：F，5位D，6位：B
したがって，どちらも満たす選択肢は5のEは2位である。

11 2

解説 本問の暗号は「, 」で区切られた3つの数字で1つの平仮名を表す。
「, 」で区切られた3つの数字を「$a \cdot b \cdot c$」と表すとすると，「$a \cdot b \cdot c$」はあい
うえお順に並んだ平仮名を，最初の「あ」からc個ずつグループに分け，最初
のグループを1群目としたとき，b群目のグループの，前からa番目の平仮名
を表す。
つまり，「$a \cdot b \cdot c$」は，最初の「あ」を1番目としたとき，$c(b-1) + a$番目の
平仮名を表す。また，「$(a \cdot b \cdot c)$」は「$a \cdot b \cdot c$」が表す平仮名の濁音を表す。
これより，「$4 \cdot 1 \cdot 5$」は，$5(1-1) + 4 = 4$番目の「え」を，「$7 \cdot 2 \cdot 10$」は，
$10(2-1) + 7 = 17$番目の「ち」を，「$(5 \cdot 2 \cdot 5)$」は，$5(2-1) + 5 = 10$番目
の「こ」の濁音の「ご」を表す。
また，「$10 \cdot 1 \cdot 10$」は，$10(1-1) + 10 = 10$番目の「こ」を，「$3 \cdot 1 \cdot 5$」は，
$5(1-1) + 3 = 3$番目の「う」を，「$(3 \cdot 3 \cdot 5)$」は，$5(3-1) + 3 = 13$番目の
「す」の濁音の「ず」を，「$9 \cdot 1 \cdot 10$」は，$10(1-1) + 9 = 9$番目の「け」を表す。
よって，「$1 \cdot 2 \cdot 5$」は，$5(2-1) + 1 = 6$番目の「か」を，「$(3 \cdot 2 \cdot 10)$」は，
$10(2-1) + 3 = 13$番目の「す」の濁音の「ず」を，「$1 \cdot 2 \cdot 10$」は，$10(2-1)$
$+ 1 = 11$番目の「さ」を表す。
したがって，「$1 \cdot 2 \cdot 5$, $(3 \cdot 2 \cdot 10)$, $1 \cdot 2 \cdot 10$」は「かずさ」を表す。

12 **4**

解説 与えられた条件を右のような表を用いて
考えていく。なお，選択する科目が確定する場合
は○，選択しないことが確定の場合は×，不明の
場合は空欄とする。

	A	B	C	D
英				
中				
ド				
フ				

条件ウより，Bの英語は○，Dの英語は×とわか
る。また，条件イより，英語とフランス語を両方
選択している人はいないので，Bのフランス語は×
とわかる。次に，条件エより，Aのドイツ語は×
とわかる。ここまでをまとめると右の表のように
なる。

	A	B	C	D
英		○		×
中				
ド	×			
フ		×		

ここで，条件ア，オよりA，C，Dは同じ科目を1つ選択していて，かつその
科目をBは選択していないことより，A，C，Dの選択している科目は中国語
かフランス語が考えられるので，それぞれの場合に場合分けして考える。

（ⅰ）A，C，Dの選択している科目が中国語の場合

条件オより，Bの中国語は×となる。また，それぞれ2科目を選択している
ので，Bのドイツ語は○となる。次に，条件ウより，BとDは英語以外の
科目が共通なので，Dのドイツ語は○となり，Dのフランス語は×となる。

さらに，条件エより，AとBは1科目共通なの
で，Aの英語が○，フランス語が×となる。最
後に，条件アより，A，C，Dは中国語以外の科
目は異なっているので，Cのフランス語が○，
英語が×，ドイツ語が×と決まる。以上をまと
めると，右の表のようになる。

	A	B	C	D
英	○	○	×	×
中	○	×	○	○
ド	×	○	×	○
フ	×	×	○	×

（ⅱ）A，C，Dの選択している科目がフランス語の場合

条件エより，AはBと共通の科目を選択しているため，Aの英語は○とな
るが，これは条件イと矛盾する。よって，この場合は不適となる。

以上より，正しい選択肢は4のBはドイツ語，Cはフランス語，Dは中国語を
選択しているとなる。

13 5

解説 与えられた条件を，符号を用いて整理していく。

DはCより上位であったより，C＜Dが決まる。

DはAとBの間にいたより，A＜D＜B or B＜D＜Aが決まる。

AはCとEの間にいたより，C＜A＜E or E＜A＜Cが決まる。

Fに次いでEがいたより，E＜Fが決まる。

これらを加味すると，次の5つの場合が考えられる。

①C＜B＜D＜A＜E＜F

②C＜A＜D＜B＜E＜F

③E＜F＜A＜C＜D＜B

④C＜A＜E＜F＜D＜B

⑤C＜A＜D＜E＜F＜B

それぞれの場合で順位の変動を加味すると，順位が確定するのは④の場合のみであり，次のように順位が確定する。

E＜C＜B＜A＜D＜F

よって，1位の選手はFである。

14 1

解説 分かっていることより，図1のことがいえる。なお，①の行とAの列が交わるところの×は，A≠①であることを表すとし，他の個所も同様である。

図1より，Dの家が決まると，Gの家も決まるから，D＝⑦の場合と，D＝⑧の場合に分けて考える。

D＝⑦の場合，分かっていることカより，B＝③の場合と，B＝⑤の場合が考えられ，E≠⑥を考慮すると図2か3に決まる。

	A	B	C	D	E	F	G	H
①	×			×				
②				×				
③			×	×	×		×	
④	×			×				
⑤				×				
⑥				×	×		×	
⑦	×	×	×		×	×		×
⑧	×	×	×		×	×		×

図1

D＝⑧の場合，分かっていることカより，B＝③の場合と，B＝⑤の場合が考えられ，E≠⑥を考慮すると図4か5に決まる。よって，「AとGの家は，隣接している」ことが確実にいえる。

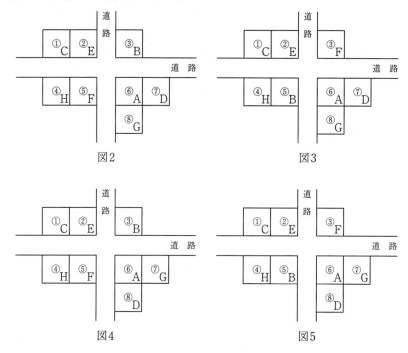

図2　　　　　　　　　　　　　　　図3

図4　　　　　　　　　　　　　　　図5

15 4

解説 次のようなキャロル表を用いて考えていく。なお，それぞれの領域の番号は次の観客を表している。

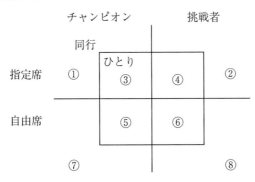

①チャンピオンを応援する指定席の同行者と来た観客
②挑戦者を応援する指定席の同行者と来た観客
③チャンピオンを応援する指定席のひとりで来た観客
④挑戦者を応援する指定席のひとりで来た観客
⑤チャンピオンを応援する自由席のひとりで来た観客
⑥挑戦者を応援する自由席のひとりで来た観客
⑦チャンピオンを応援する自由席の同行者と来た観客
⑧挑戦者を応援する自由席の同行者と来た観客

条件Aより，②＋④＋⑥＋⑧＝246…(1)
条件Bより，⑤＋⑦＝402…(2)，②＋④＝402－258＝144…(3)
条件Cより，③＝63…(4)，⑧＝63＋27＝90…(5)
条件Dより，⑦＝357…(6)，②＝357－231＝126…(7)
また，観客は1221人より，①＋②＋③＋④＋⑤＋⑥＋⑦＋⑧＝1221…(8)
(3)，(7)より，④＝144－126＝18
(1)，(3)，(5)より，⑥＝246－144－90＝12
(2)，(6)より，⑤＝402－357＝45
以上より，求めたい同行者と応援に来た観客の人数は，観客の数から単独で来た人を引いた人数なので，1221－63－18－45－12＝1083〔人〕

16 4

解説 下図のように点Eを通りAD，BCと垂直に交わる交点をそれぞれF，G，点Eを通りAB，DCと垂直に交わる交点をH，Iとする。

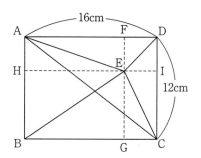

三角形ADEと三角形BCEとの面積比が1対2で底辺が共通のため，

FE：GE＝1：2より，FE＝4，GE＝8

三角形CDEと三角形ABEとの面積比が1対3で底辺が共通のため，

IE：HE＝1：3より，IE＝4，HE＝12

よって三角形ACEの面積は，三角形ADCの面積から三角形ADEと三角形CDEの面積を引いたものなので，

$$16 \times 12 \times \frac{1}{2} - 16 \times 4 \times \frac{1}{2} - 12 \times 4 \times \frac{1}{2} = 96 - 32 - 24 = 40 \ \text{〔cm}^2\text{〕}$$

17 3

解説 4で割ると1余り，5で割ると2余る自然数をxと置くと，$x = 4a + 1$，$x = 5b + 2$と表せる（a，bは自然数）。

それぞれの式に3を加えると，$x + 3 = 4(a + 1)$，$x + 3 = 5(b + 1)$

ここで，4と5は互いに素のため，$x + 3$は20の倍数で，$x = 20y - 3$と表せる（yは自然数）。よって，xは17，37，57，77…とわかる。

このうち，6で割ると3あまる最小の数は57なので，求める値は$5 + 7 = 12$である。

18 2

解説 ＡＢＣの位置関係を図示すると，右図のようになる。また，三平方の定理より，ＢＣ間は$\sqrt{12^2 + 9^2} = 15$である。

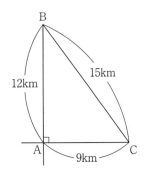

よって，ＸがＡからＢまで向かうのにかかる時間は，$12 \div \dfrac{10}{60} = 72$〔分〕

ＹがＡからＣを経由してＢまで向かうのにかかる時間は，$9 \div \dfrac{20}{60} + 15 \div \dfrac{18}{60} = 77$〔分〕

よって，2人の到着時間の差は5分である。

19 4

解説 3の倍数が5回出る場合は，$\left(\dfrac{2}{6}\right)^5 \times \dfrac{4}{6} \times {}_6\mathrm{C}_5$

3の倍数が6回出る場合は，$\left(\dfrac{2}{6}\right)^6$

それぞれ背反の事象なので，求める確率は，$\left(\dfrac{2}{6}\right)^5 \times \dfrac{4}{6} \times {}_6\mathrm{C}_5 + \left(\dfrac{2}{6}\right)^6 = \dfrac{13}{729}$

20 4

解説 15年前のＡ駅の利用者をa人，Ｂ駅の利用者をb人，Ｃ駅の利用者をc人とすると，15年前の3駅の利用者数の合計が175,500人より，$a + b + c = 175,500$…①

また，増加した利用者が各駅とも同じであったより，$\dfrac{12}{100}a = \dfrac{18}{100}b = \dfrac{9}{100}c$が成り立つ。

整理すると，$b = \dfrac{2}{3}a$，$c = \dfrac{4}{3}a$

これを①に代入すると，$a + \dfrac{2}{3}a + \dfrac{4}{3}a = 175,500$

ゆえに，$a = 58,500$〔人〕

したがって，現在のＡ駅の利用者数は，$58,500 \times \dfrac{112}{100} = 65,520$〔人〕

21 3

解説 1：誤り。$\dfrac{1,233,470 + 1,240,133 + 1,286,164}{3} \fallingdotseq 1,253,256$ より，1兆2,500億米ドルを上回っている。　2：誤り。2015年のデータがないため，2016年の対前年増加額は分からない。　3：正しい。2020年の韓国の外貨準備高の対前年増加率は $\left(\dfrac{437,282}{403,867} - 1\right) \times 100 \fallingdotseq 8.3$〔％〕で，2017年の $\left(\dfrac{384,620}{366,466} - 1\right) \times 100 \fallingdotseq 5.0$〔％〕より大きい。　4：誤り。2016年の日本の外貨準備高の15％は，$1,189,484 \times \dfrac{15}{100} \fallingdotseq 178,423$で，タイの外貨準備高166,388を上回っている。5：誤り。2020年の中国の外貨準備高の対前年増加率は $\left(\dfrac{3,241,940}{3,130,526} - 1\right) \times 100 \fallingdotseq 3.6$〔％〕で，日本のそれの $\left(\dfrac{1,345,523}{1,286,164} - 1\right) \times 100 \fallingdotseq 4.6$〔％〕より小さい。

22 5

解説 1：誤り。ほうれんそうの収穫量は平成30年のみ増加しているが，他の年度の減少幅の方が明らかに大きいので，平成28年を下回っているといえる。一方，たまねぎの令和2年の収穫量は，平成27年の収穫量を100とすると，$100 \times \dfrac{100 - 1.7}{100} \times \dfrac{100 - 1.2}{100} \times \dfrac{100 - 5.9}{100} \times \dfrac{100 - 15.5}{100} \times \dfrac{100 + 1.7}{100} \fallingdotseq 107$より，平成28年を上回っている。　2：誤り。平成27年のにんにくの収穫量を100とすると，平成28年の収穫量は$100 \times \dfrac{100 - 2.9}{100} = 102.9$，平成29年の収穫量は$102.9 \times \dfrac{100 - 1.9}{100} \fallingdotseq 100.9$，平成30年の収穫量は$100.9 \times \dfrac{100 - 2.4}{100} \fallingdotseq 98.5$，令和元年の収穫量は$98.5 \times \dfrac{100 - 3.0}{100} \fallingdotseq 101.5$，令和2年の収穫量は$101.5 \times \dfrac{100 + 1.9}{100} \fallingdotseq 103.4$である。よって，1番収穫量が多いのは，令和2年である。　3：誤り。それぞれの収穫量はこの表からは読み取れない。4：誤り。たまねぎの平成30年の収穫量を100とすると，令和2年の収穫量は$100 \times \dfrac{100 + 15.5}{100} \times \dfrac{100 + 1.7}{100} \fallingdotseq 117.5$より，増加率は約17.5，ブロッコリーの平成30年の収穫量を100とすると，令和2年の収穫量は$100 \times \dfrac{100 + 10.2}{100} \times \dfrac{100 + 2.9}{100} \fallingdotseq 113.4$より，増加率は14.4，よって，たまねぎの収穫量の平成30

年に対する令和2年の増加率は，ブロッコリーの収穫量のそれの1.5倍より小さい。　5：正しい。こまつなの平成28年の収穫量を100とすると，令和元年のそれは$100 \times \dfrac{100 - 1.3}{100} \times \dfrac{100 + 3.1}{100} \times \dfrac{100 - 0.6}{100} \fallingdotseq 101.15$より，100を上回っている。

23 3

解説 1：誤り。平成29年から令和2年までの自然科学の書籍新刊点数の1年当たりの平均は，$\dfrac{5{,}757 + 5{,}325 + 5{,}066 + 5{,}117}{4} \fallingdotseq 5{,}316$より，5,300点を上回っている。　2：誤り。社会科学の書籍新刊点数の平成29年に対する令和2年の減少率は，$100 - \dfrac{14{,}068}{15{,}422} \times 100 \fallingdotseq 8.78$より，8パーセントを上回っている。3：正しい。平成30年の芸術・生活の書籍新刊点数の対前年減少数は，$12{,}676 - 11{,}856 = 820$で，文学のそれの2.5倍の$(13{,}327 - 13{,}048) \times 2.5 = 697.5$を上回っている。　4：誤り。平成30年の文学の書籍新刊点数を100とすると，令和2年のそれは$100 \times \dfrac{12{,}104}{13{,}048} \fallingdotseq 92.8$より，95を下回っている。5：誤り。令和元年における書籍発行点数の合計に占める芸術・生活の割合は，$\dfrac{12{,}383}{15{,}482 + 12{,}979 + 12{,}383 + 5{,}066} \times 100 \fallingdotseq 27.0$〔%〕で，30％を下回っている。

24 4

解説 1：誤り。2018年における70－74歳の相談件数に対する80－84歳の相談件数の比率は，$\dfrac{12.9}{29.7} \times 100 \fallingdotseq 43.4$で，2021年におけるそれの$\dfrac{16.7}{28.7} \times 100 \fallingdotseq 58.2$を下回っている。　2：誤り。70－74歳の減少割合は$29.7 - 28.7 = 1.0$〔%〕であるが，65－69歳の減少割合は$31.9 - 23.0 = 8.9$〔%〕より，減少割合は65－69歳が最も大きく，それに比例する減少数も65－69歳が最も大きい。　3：誤り。2021年の85歳以上の相談件数は$253{,}044 \times \dfrac{12}{100} \fallingdotseq 30{,}365$で，2018年の85歳以上の相談件数の1.1倍の$358{,}012 \times \dfrac{8.0}{100} \times 1.1 \fallingdotseq 31{,}505$を下回っている。　4：正しい。消費生活相談件数の合計の2018年に対する2021年の減少数は$358{,}012 - 253{,}044 = 104{,}968$，65－69歳のそれの減少数は$358{,}012 \times$

$$\frac{31.9}{100} - 253,044 \times \frac{23.0}{100} \doteqdot 114,206 - 58,200 = 56,006$$ より，合計に対する $65-69$ 歳の割合は $\frac{56,006}{104,968} \times 100 \doteqdot 53.4$ 〔％〕で，50％を超えている。　5：誤り。

2018年の $75-79$ 歳の相談件数は $358,012 \times \frac{17.5}{100} \doteqdot 62,652$ 〔件〕，2021年の $75-79$ 歳の相談件数は $253,044 \times \frac{19.6}{100} \doteqdot 49,597$ 〔件〕である。よって，2018年の $75-79$ 歳の相談件数を100としたときの2021年のそれの指数は $\frac{49,597}{62,652} \times 100 \doteqdot 79.2$ で，80を下回っている。

25 4

解説 サイコロの目の数をそれぞれ①，②，③，④，⑤，⑥のように表すと，問題図Ⅰを組み立てたサイコロ状の正六面体は図1のようになる。これより，①と③，②と⑥，④と⑤がそれぞれ向かい合っていることと，④の面に向かって上方から見ると，①，②，③，⑥の面がこの順に反時計回りに並んでいることがわかる。以上より，問題図ⅡのA，B，Cの位置にくる目の数は図2のように決まり，それらの目の数の和は $5 + 2 + 6 = 13$ である。

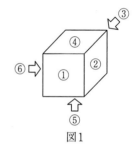

図1

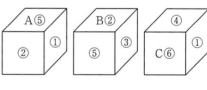

図2

26 1

解説 三角形の斜線部を切り落として，残った紙を元のように広げると下図のようになる。なお，黒い部分は切り落とした部分である。

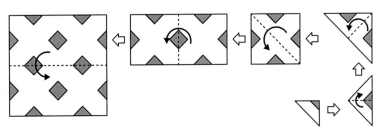

27 2

解説 GC = GF = GP = 4〔cm〕より，△GCF ≡ △GCP ≡ △GPFな直角二等辺三角形であり，よって，CF = FP = PC = CG × $\sqrt{2}$ = $4\sqrt{2}$〔cm〕だから，問題の直方体を点C，F，Pを通る平面で切断したとき，その断面は正三角形CFPであり，その面積は $\frac{1}{2} \times FP \times \left(FP \times \frac{\sqrt{3}}{2} \right) = \frac{1}{2} \times 4\sqrt{2} \times \left(4\sqrt{2} \times \frac{\sqrt{3}}{2} \right) = 8\sqrt{3}$〔cm²〕である。

28 5

解説 右図のように，点A〜Dを決めると，点Pの描く軌跡は，点Aを中心とした半径AP = $2\sqrt{2}a$，中心角90°のおうぎ形の弧と，点Bを中心とした半径BP = $2a$，中心角90°のおうぎ形の弧と，点Cを中心とした半径CP = a，中心角45°のおうぎ形の弧と，点Dを中心とした半径DP = $\sqrt{5}a$，中心角45°のおうぎ形の弧

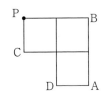

を組み合わせたものである。以上より，点Pの描く軌跡の長さは $2\pi \times 2\sqrt{2}a \times \frac{90°}{360°} + 2\pi \times 2a \times \frac{90°}{360°} + 2\pi \times a \times \frac{45°}{360°} + 2\pi \times \sqrt{5}a \times \frac{45°}{360°} = \frac{5 + 4\sqrt{2} + \sqrt{5}}{4}\pi a$ である。

29 2

解説 1：地方公務員のうち，警察職員と消防職員には団結権がない。
2：正しい。 3：正当な争議行動には，刑事免責，民事免責が認められている。 4：労働基準監督署は，企業が労働関係法令を守って運用しているかを監督する機関である。 5：労働審判制度とは，民事上の個別労働紛争について裁判官と労働審判員が関与しながら紛争を解決していく制度である。

30 5

解説 1：都道府県と市町村が普通地方公共団体，特別区と地方公共団体の組合財政区が特別地方公共団体である。 2：旅券の交付や戸籍事務は法定受託事務であり，病院・薬局の開設許可は自治事務である。 3：地方交付税交付金は，使途を指定しない交付金である。 4：首長は議会の議決に対して拒否権を持つ。 5：正しい。

31 5

解説 1：第二次世界大戦時，ソ連は連合国であった。 2：トルーマン＝ドクトリンは共産主義封じ込め政策であり，マーシャル＝プランは西欧諸国の経済復興計画である。 3：ソ連と東欧諸国の軍事同盟は，ワルシャワ条約機構である。 4：新冷戦とは，1980年代前半に再燃した米ソの対立である。 5：正しい。

32 3

解説 1：減反政策は2018年に廃止された。 2：農地法改正により，株式会社による農地の借用が認められた。 3：正しい。 4：65歳未満で年間60日以上農業に従事する者がいる農家を準主業農家，いない農家を副業的農家という。 5：地元の農産物を地元で消費することを，地産地消という。フェアトレードとは，発展途上国の原料や製品を適正価格で購入し，途上国生産者の生活を支える仕組みである。

33 3

解説 1：荀子は性悪説を唱え，礼を重視した。五倫の道を示したのは，荀子ではなく孟子である。 2：墨子は，孔子が唱えた愛を差別的な愛である

として批判し，無差別平等の愛＝兼愛を説いた。　3：正しい。　4：老子は，小さな国家こそが理想社会であるとした。　5：荘子は，我を忘れて天地自然と一体となる境地に遊ぶ人を，真人と呼んだ。

34　1

解説　1：正しい。　2：紀貫之らが編纂した最初の勅撰和歌集は，万葉集ではなく古今和歌集である。　3：貴族の住宅は，檜皮葺，白木造の日本風で，襖・几帳・屏風で仕切られた寝殿造が発達した。　4：仏師定朝が完成させた手法は，乾漆像ではなく寄木造である。　5：万葉仮名の草書体をもとに生まれたのは，片仮名ではなく平仮名である。

35　4

解説　1：コークスを燃料とする製鉄法を開発したのは，ニューコメンではなくダービー父子である。　2：ハーグリーブスが発明したのは，ミュール紡績機ではなくジェニー紡績機である。　3：1814年に蒸気機関車を制作したのは，カートライトではなくスティーブンソンである。　4：正しい。　5：オーウェンは空想的社会主義者であり，一般工場法制定に尽力し，協同組合を創設した。

36　5

解説　1：南アメリカ大陸西部に連なるのは，ロッキー山脈ではなくアンデス山脈である。　2：アステカはメキシコで，インカはアンデス高原で栄えた先住民族による文明である。　3：アマゾン川流域の熱帯雨林がセルバ，ブラジル高原の疎林がカンポ，ブラジル高原のサバナがセラードである。　4：海外最大の日系社会があるのは，ペルーではなくブラジルである。約140万人の日系人が暮らしている。　5：正しい。

37　2

解説　A：正しい。　B：リズ・トラス氏は，マーガレット・サッチャー氏，テリーザ・メイ氏に次ぐイギリス史上3人目の女性首相である。　C：正しい。　D：スナク氏は，ジョンソン政権で財務相を務めた。
よって，妥当な組合せは2である。

38 3

解説 1：第26回参議院議員選挙の期日前投票者数は，2019年の前回参議院議員選挙を約255万人上回り，参院選では過去最高となった。 2：選挙区の投票率は52.05％となり，前回第25回参院選の48.80％を上回った。 3：正しい。 4：比例代表の得票率が2％以上となり，新たに政党の要件を満たした政党に参政党がある。 5：一票の格差は，前回の2.998倍から3.032倍となり，格差は拡大した。

39 5

解説 A：経済安全保障推進法は，2022年5月の参議院本会議において与野党の賛成多数で可決，成立した。 B：経済安全保障推進法には，半導体など11の特定重要物質が指定されている。医薬品は誤りで，抗菌剤の原材料が指定されている。 C：正しい。 D：セキュリティー・クリアランスは，経済安全保障推進法では取り上げられていない。 E：正しい。
よって，妥当な組合せは5である。

40 3

解説 1：山崎松韻氏は，日本画ではなく箏曲で文化勲章受章者に選出された。後半は正しい。 2：将棋の加藤一二三氏は，文化勲章受章者ではなく文化功労者に選出された。後半は正しい。 3：正しい。 4：榊裕之氏は，発酵学ではなく電子工学で文化勲章受章者に選出された。後半は正しい。 5：別府輝彦氏は，電子工学ではなく発酵学で文化勲章受章者に選出された。勅使川原三郎氏は，箏曲ではなく舞踏家として文化功労者に選出された。

41 2

解説 床に衝突する前の速さをV，衝突した後の速さをV'とする。水平成分については，$V\sin30° = V'\sin60°$より$V = \sqrt{3}\,V'$…①となる。鉛直成分について，反発係数をeとすると，$eV\cos30° = V'\cos60°$となり，①を代入すると，$e = \dfrac{1}{3} \fallingdotseq 0.33$となる。

42 1

解説 測定したい部分の電圧を10倍にするには，電圧計と倍率器を合わせた抵抗も10倍，つまり20kΩにすればよい。電圧計の内部抵抗が2kΩなので，倍率器の抵抗は20 − 2 = 18〔kΩ〕となる。

43 5

解説 1：誤り。周期表の1族，2族及び12〜18族の元素は典型元素である。　2：誤り。ケイ素は14族に属している。　3：誤り。リンの同素体のうち，空気中で自然発火しやすいのは黄リンである。　4：誤り。酸素や硫黄は2価の陰イオンになりやすい。　5：正しい。

44 2

解説 Caは橙赤，Baは黄緑の炎色反応を示す。Mgは炎色反応を示さないが，マグネシウムリボンやマグネシウムの粉末を燃やすと白色光を発生する。

45 3

解説 ハーディ・ワインベルグの法則とは，ある1つの生物集団全体における遺伝子構成は，代を重ねても遺伝子頻度は変化せず安定しているという法則である。この法則が成り立つには，集団が大きい，外部との出入りがない，突然変異が起こらない，自然選択がはたらかない，自由な交配が行われるという条件が必要である。

46 1

解説 1：正しい。　2：誤り。呼吸運動や心臓の拍動など生命維持に重要な中枢や，消化液の分泌の中枢があるのは延髄である。　3：誤り。体の平衡を保ち，随意運動を調節する中枢があるのは小脳である。　4：姿勢を保ち，眼球運動や瞳孔の大きさを調節する中枢があるのは中脳である。　5：視床と視床下部に分かれているのは間脳である。

47 1

解説 水星には大気がほとんどなく，自転周期が59日と長いので1は誤り。

48 1

解説 褶曲の波の山の部分を背斜，谷の部分を向斜という。また，堆積が連続して形成された地形の関係を整合という。

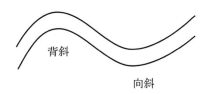

背斜

向斜

教養試験 実施問題

※1　解答時間は２時間。

※2　問題は全48問あり。うち問題番号 [1] － [28] までの28問は必須問題。問題番号
　　 [29] － [48] までの20問は選択問題。選択問題は，20問のうち12問を任意に選択
　　 して解答する。解答数が12問を超えた分は採点されない。

[1]　**次の文の主旨として，最も妥当なのはどれか。**

　ぼくは，今日の文明が失ってしまった人間の原点を再獲得しなければなら
ないと思っている。原始時代に，絶対感をもって人間がつくったものに感動
を覚えるんだ。

　太陽の塔は万国博のテーマ館だった。

　テーマは〝進歩と調和〟だ。万国博というと，みんなモダンなもので占めら
れるだろう。ぼくはそれに対して，逆をぶつけなければならないと思った。
闘いの精神だ。

　近代主義に挑む。何千年何万年前のもの，人間の原点に帰るもの。人の眼
や基準を気にしないで，あの太陽の塔をつくった。

　好かれなくてもいいということは，時代にあわせないということ。

　ぼくは人類はむしろ退化していると思う。人間はほんとうに生きがいのあ
る原点に戻らなきゃいけないと思っている。

　あの真正面にキュッと向いている顔にしても，万国博なんだから世界中か
ら集まった人たちに見られるわけだね。それを意識したら，だれでも鼻筋を
通したくなるだろ？だがぼくは，日本人が外国人に対してとかくコンプレッ
クスを感じているダンゴっ鼻をむき出しにした。

　ダンゴっ鼻をみんなにぶっつけたわけだ。文句を言われることを前提とし
てね。

　好かれないことを前提としてつくったから，さんざん悪口を言われた。と
くに美術関係の連中には，ものすごく――。もちろん悪口はそのまま活字に
もなった。でも，悪口は言われたが，その一方では無条件に喜ばれた。

　ナマの目で見てくれたこどもたちやオジイさん，オバアさん，いわゆる美
術界の常識などにこだわらない一般の人たちには喜ばれたんだ。来日した外
国人にも喜ばれた。ぼくに抱きついて感動してくれた人もいたよ。

　　　　　　　　　　　　　　（岡本太郎「自分の運命に楯を突け」による）

1　今日の文明が失ってしまった人間の原点を再獲得しなければならない。
2　万国博というと，モダンなもので占められるだろうが，それに対して，逆をぶつけなければならないと思った。
3　好かれなくてもいいということは，時代に合わせないということである。
4　太陽の塔は，好かれないことを前提としてつくったから，さんざん悪口を言われたが，その一方では無条件に喜ばれた。
5　太陽の塔は，来日した外国人に喜ばれ，抱きついて感動してくれた人もいた。

2　次の文の主旨として，最も妥当なのはどれか。

　不安な状態は決して悪いものではない。だからといって，あまりに不安ばかりが肥大しすぎるのは決してよいことではないのも事実である。慎重になりすぎるあまり，迷いが生じて決断力が鈍り，行動に移せなくなってしまうのだ。だから，不安と自信のバランスをうまく保つことが大切になる。

　だいたい，不安というものは打ち消そうとしてもそう簡単に打ち消せるものではない。仮にひとつ解消できたとしても，すぐにまた別の不安が襲ってくる。そうであるならば，不安を解消しようとするのではなく，うまく付き合っていく方法を考えたほうが建設的であろう。そして，不安とうまく付き合うことは，誰にでもできる。

　人間というものは，不安や自信といった相反するものをつねに自分の中に抱えながら，その葛藤のなかで成長していくものではないだろうか。磁石にＮ極とＳ極があるように，個人，そしておそらく組織も，相反するもの，いわば「矛盾」を抱えながら進化していくのだ。ひとつ問題を解決しても，解決したことによって別の問題が持ち上がる。不要だと思えるものをすべてなくしたからといって，必ずしもうまくいくとは限らない。これらはすべて矛盾といっていい。つまり，人間と，人間によって構成される組織は，単純に割り切れるものではないということだ。そうした矛盾を，むしろ潤滑油としてうまく利用したほうが，よい成果が得られると思う。

　そこで大切になるのは，不安やコンプレックスといった「負」の要素を自覚し，そのまま受け入れたうえで，それを「マイナス」とは考えずに，「プラス」に転化していくことである。それが私のいう，「うまい付き合い方」なのだ。そのために重要なのが，「視点を切り換えること」，別の言い方をすれば「物事の捉え方」である。
　　　　　　　　（平尾誠二「人は誰もがリーダーである」による）

1　不安な状態は決して悪いものではないが，あまりに不安ばかりが肥大し
すぎるのは決してよいことではない。

2　不安を解消しようとするのではなく，うまく付き合っていく方法を考え
た方が建設的であり，不安とうまく付き合うことは，誰にでもできる。

3　ひとつ問題を解決しても，解決したことによって別の問題が持ち上がり，
不要だと思えるものを全てなくしても，必ずしもうまくいくとは限らない。

4　人間と，人間によって構成される組織は，単純に割り切れるものではな
く，矛盾を潤滑油としてうまく利用した方が，よい成果が得られる。

5　大切なのは，不安やコンプレックスといった負の要素を自覚し，そのま
ま受け入れることである。

---

3 次の文の主旨として，最も妥当なのはどれか。

　どういうわけか，日記には心のなかのことをかくものだという，とほうも
ない迷信が，ひろくゆきわたっているようにおもわれる。わたしは，「よんで
みてくれ」といって，日記をわたされた経験が，なんどもある。日記をひと
によませることによって，自分の思想や苦悩を理解してもらおうという，一
種の，つきつめたコミュニケーションの方法であろう。よんでみると，それ
は例外なく，その種の「内面の記録」であった。

　わかい人たちにたずねてみると，かれらのかく日記というのは，大部分が，
やはり心か魂の記録でうめられているようである。そして，日記とは，そう
いうもの——ひめられたる魂の記録——だとおもっている，というのである。

　どうしてこんなことになったのか。ひとつには，日記のことを文学の問題
としてかんがえる習慣があるからだろう。じっさい，教科書や出版物などで
紹介されている日記というのは，おおむねそのような内面の記録か魂の成長
の記録かである。それはそれで意味のあることで，日記文学というものがあ
ることも否定はしないが，すべての日記が文学であるのではない。文学的な
日記もあれば，科学的な日記もあり，実務的な日記もある。日記一般を魂の
記録だとかんがえるのは，まったくまちがいである。日記というのは，要す
るに日づけ順の経験の記録のことであって，その経験が内的なものであろう
と外的なものであろうと，それは問題ではない。日記に，心のこと，魂のこ
とをかかねばならないという理由は，なにもないのである。日記をかくうえ
に，このことは，かなりたいせつなことだと，わたしはおもう。

（梅棹忠夫「知的生産の技術」による）

1　日記を人に読ませることは，自分の思想や苦悩を理解してもらおうとい
う，一種の突き詰めたコミュニケーションの方法である。

2　若い人たちの書く日記の大部分が心か魂の記録で埋められており，彼ら
は日記を秘められたる魂の記録だと思っている。

3　日記文学があることも否定はしないが，全ての日記が文学であるのでは
ない。

4　日記一般を魂の記録だと考えるのは，全くの間違いである。

5　日記とは，日付順の経験の記録のことであって，その経験が内的なもの
であろうと外的なものであろうと問題ではない。

4　次の短文Ａ～Ｆの配列順序として，最も妥当なのはどれか。

Ａ　静物の構図を造るということは，それを描くということよりむずかしい
気がします。

Ｂ　静物をやりたいと思いつつ，いい構図を造るのがむずかしくて弱ってい
ます。

Ｃ　静物の構図に独自の美が出せれば，もうその人は立派な独立した画家だ
といえると思います。

Ｄ　ちょうど，昔の聖書中の事蹟や神話の役目を，近代においては卓や林檎
や器物がするわけになります。

Ｅ　立派な厳然とした審美を内に持っていなくては，立派な構図は生れない
気がします。

Ｆ　こういう意味で近代，殊にこれからは静物という画因は一層重んぜらる
べきだと思います。

（岸田劉生「美の本体」による）

1　Ａ－Ｂ－Ｃ－Ｄ－Ｅ－Ｆ
2　Ａ－Ｂ－Ｆ－Ｃ－Ｅ－Ｄ
3　Ａ－Ｄ－Ｂ－Ｅ－Ｆ－Ｃ
4　Ｂ－Ａ－Ｅ－Ｃ－Ｆ－Ｄ
5　Ｂ－Ｃ－Ａ－Ｅ－Ｄ－Ｆ

5 次の文の空所A，Bに該当する語の組合せとして，最も妥当なのはどれか。

　もともと習慣とは，人の普段からの振舞いが積み重なって，身に染みついたものだ。このため，自分の心の働きに対しても，習慣は影響を及ぼしていく。悪い習慣を多く持つと悪人となり，よい習慣を多く身につけると善人になるというように，最終的にはその人の　　A　　にも関係してくる。だからこそ，誰しも普段からよい習慣を身につけるように心掛けるのは，人として社会で生きていくために大切なことだろう。

　また，習慣はただ一人の身体だけに染みついているものではない。他人にも感染する。ややもすれば人は，他人の習慣を真似したがったりもする。この感染する力というのは，単によい習慣ばかりでなく，悪い習慣についても当てはまる。だから，大いに気をつけなければならない。

　この習慣というのは，とくに少年時代が大切であろうと思う。記憶というものを考えてみても，少年時代の若い頭脳に記憶したことは，老後になってもかなり頭のなかに残っている。わたし自身，どんな時のことをよく記憶しているかといえば，やはり少年時代のことだ。中国の古典でも，歴史でも，少年の時に読んだことをもっともよく覚えている。最近ではいくら読んでも，読む先から内容を忘れてしまう。

　そんな訳なので，習慣も少年時代がもっとも大切で，一度習慣となったら，それは身に染みついたものとして終世変わることがない。それどころか，幼少の頃から青年期までは，もっとも習慣が身につきやすい。だからこそ，この時期を逃さずよい習慣を身につけ，それを　　B　　にまで高めたいものである。

　　　　　　　　　　　（渋沢栄一：守屋淳「現代語訳　論語と算盤」による）

	A	B
1	運命	信念
2	運命	個性
3	人格	個性
4	人格	行動
5	内心	行動

6 次の英文中に述べられていることと一致するものとして，最も妥当な
のはどれか。

The winner of the drawing-prize was to be proclaimed at noon, and to
the public building where he had left his treasure Nello made his way. On
the steps and in the entrance-hall there was a crowd of youths—some of
his age, some older, all with parents or relatives or friends. His heart was
sick with fear as he went amongst them, holding Patrasche close to him.
The great bells of the city clashed out the hour of noon with brazen
clamor. The doors of the inner hall were opened; the eager, panting throng
rushed in: it was known that the selected picture would be raised above
the rest upon a wooden dais*.

A mist obscured Nello's sight, his head swam, his limbs almost failed
him. When his vision cleared he saw the drawing raised on high: it was not
his own! A slow, sonorous* voice was proclaiming aloud that victory had
been adjudged* to Stephan Kiesslinger, born in the burgh* of Antwerp*,
son of a wharfinger* in that town.

When Nello recovered his consciousness he was lying on the stones
without, and Patrasche was trying with every art he knew to call him
back to life. In the distance a throng of the youths of Antwerp were
shouting around their successful comrade, and escorting him with
acclamations* to his home upon the quay.

The boy staggered to his feet and drew the dog into his embrace. "It is
all over, dear Patrasche," he murmured— "all over!"

(Ouida：小倉多加志「フランダーズの犬」による)

* dais……台座   * sonorous……朗々とした   * adjudge……与える
* burgh……町   * Antwerp……アントワープ（地名）
* wharfinger……波止場主   * acclamation……大喝采

 1 ネロは，絵の受賞者が発表される公会堂に向かう道の途中に，自分の大
　事な宝物を置いてきてしまった。
 2 段々の上や入口の広間にいた若者達は，彼と同じ年頃や年上の者もいた
　が，みな両親か，身寄りの者か，友達と連れ立っていた。
 3 目がはっきり見えるようになった時，ネロの絵が高く掲げられるのが見
　えた。

4　波止場主の息子であるステファン・キースリンガーは，ゆっくりと朗々とした声で，受賞者を発表した。

5　ネロは知っている限りの術を用いて，パトラッシュを生き返らせようとした。

7　次の英文中に述べられていることと一致するものとして，最も妥当なのはどれか。

Japanese people worry too much about their own English.

Then, when Japanese people give speeches, they apologize for not being good at English at the beginning. Sometimes, they say, "I'm not good at English, so I feel nervous." so the listeners think the Japanese person has no confidence and wonder if there is any value in listening to what he or she is saying.

Be aware that when giving speeches or presentations, Japanese people and Westerners have different tacit rules.

Japanese people think that the person giving the speech should convey the message to the listeners clearly, and that he or she should speak with perfect knowledge and knowhow.

On the other hand, Westerners think that in order to understand the person giving the speech, the listeners have a responsibility to make active efforts to understand.

There is a difference between Japanese people, who place a heavy responsibility on the speaker, and Westerners, who have a sense of personal responsibility for understanding the speaker. This causes various miscommunications and misunderstandings at presentations which include Japanese people.

Therefore, Japanese people should not apologize for not being able to speak English. They should start by saying clearly what they want to talk about.

（山久瀬洋二：Jake Ronaldson「日本人が誤解される100の言動」による）

1　日本人は，自分の英語力を気にして，スピーチのときに，最後に英語がうまくなかったことを謝ることがある。

2　スピーチやプレゼンテーションをするとき，日本と欧米とでは，暗黙のルールに違いがあることは有名である。

3　日本人は，スピーチをする人は完璧な知識とノウハウをもって話をしな
ければならないと考える。
4　欧米では，スピーチをする人の責任として，聞き手に理解させるために，
積極的に行動しなければならないという意識がある。
5　日本人は，英語ができないことを謝ってから，自分の言いたいことを
堂々と話し始めるようにしたいものである。

[8]　次の英文の空所ア，イに該当する語の組合せとして，最も妥当なのは
どれか。

Boys and girls often ask me (particularly when their teachers are present) if I don't think it a bad thing for them to be compelled to learn poetry by heart in school. The answer is—Yes, and No. If you've got into the way of thinking that poetry is stupid stuff, or ［　ア　］, or beneath your dignity, then you certainly won't get much out of learning it by heart. But remember that it is a good thing to train your memory, and learning a poem is at least a much pleasanter way of training it than learning, say, twenty lines out of the telephone directory. What is more important, to learn poetry is to learn a respect for words; and without this respect for words, you will never be able to think clearly or express yourself properly: and until you can do that, you'll never fully grow up—not though you live to be a hundred. A third good reason for learning poetry by heart is that, by doing so, you are sowing a harvest in yourself. It may seem to you at the time a dull, laborious business, with nothing to show for it: but, as you get a bit older, you'll find passages of poetry you learnt at school, and thought you had forgotten, thrusting up out of your memory, making life ［　イ　］ and more interesting.

　　（C. Day Lewis：加納秀夫・早乙女忠「対訳Ｃ・デイ・ルイス」による）

	ア	イ
1	correct	happier
2	correct	harder
3	precious	nastier
4	useless	happier
5	useless	harder

9 次の英文ア〜キの配列順序として，最も妥当なのはどれか。

ア　One of the most popular school lunch menu items for many Japanese elementary school students is *curry rice*.

イ　Of course, there are extra spicy curries in Japan, but there are also mild types of curry, which may seem contradictory.

ウ　However, Japanese curry is slightly different from the spicier Indian varieties.

エ　Most Japanese, both young and old, absolutely love this dish.

オ　Japanese curry isn't made just to be spicy—it's also made to go well with white rice, which is a staple in Japanese cuisine.

カ　This might explain its unique characteristic texture and flavor.

キ　You might even call *curry rice* one of Japan's national dishes or even Japanese comfort food.

(David A. Thayne「英語サンドイッチメソッド」による)

1　ア−イ−ウ−エ−オ−カ−キ
2　ア−ウ−オ−キ−イ−エ−カ
3　ア−エ−キ−ウ−イ−オ−カ
4　ア−カ−オ−エ−ウ−イ−キ
5　ア−キ−カ−イ−ウ−オ−エ

10 A〜Hの8チームが，次の図のようなトーナメント戦で野球の試合を行った。今，次のア〜オのことが分かっているとき，確実にいえるのはどれか。ただし，引き分けた試合はなかった。

ア　1回戦でBチームに勝ったチームは，優勝した。

イ　1回戦でAチームに勝ったチームは，2回戦でCチームに勝った。

ウ　1回戦でGチームに勝ったチームは，2回戦でFチームに負けた。

エ　Dチームは，Fチームに負けた。

オ　Eチームは，全部で2回の試合を行った。

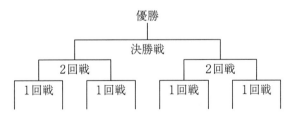

1　Aチームは，Dチームと対戦した。

2　Bチームは，Hチームと対戦した。

3　Cチームは，Gチームと対戦した。

4　Dチームは，Eチームと対戦した。

5　Fチームは，Hチームと対戦した。

11　ある暗号で「oboe」が「CドミDソソCレファGララ」，「flute」が「AララGドレBレファAファラGシシ」，「harp」が「CミファCファファFミソDラド」で表されるとき，同じ暗号の法則で「AラドDドレAミファDソシCララBドレDミファ」と表されるのはどれか。

1　「piccolo」

2　「bassoon」

3　「trumpet」

4　「timpani」

5　「cymbals」

12　A～Eは，それぞれ商品を売っており，5人の間で商品を売買した。全員が2人以上の者に商品を売り，同じ人から2品以上買う人はいなかった。また，5人とも，売った金額も買った金額も500円であり，収支はゼロだった。次のア～キのことが分かっているとき，確実にいえるのはどれか。ただし，商品の価格は全て100円単位で端数がないものとする。

ア　Cは，AとEそれぞれに100円の商品を売った。

イ　Bは，Dに200円の商品を売った。

ウ　Bが商品を売った相手は，2人だった。

エ　Eは，Bに100円の商品を売った。

オ　Dは，Aから300円の商品を買った。

カ　Dは，他の全員に商品を売った。

キ　400円の商品と100円の商品の2品だけを売った人は，1人だけだった。

1　Bは，Aに商品を売らなかった。

2　Cは，Bに200円の商品を売った。

3　Dは，Aに100円の商品を売った。

4　Dは，Eに100円の商品を売った。

5　Eは，Cに商品を売らなかった。

13 A～Eの5人が，音楽コンクールで1位～5位になった。誰がどの順位だったかについて，A～Eの5人に話を聞いたところ，次のような返事があった。このとき，A～Eの5人の発言内容は，いずれも半分が本当で，半分は誤りであるとすると，確実にいえるのはどれか。ただし，同順位はなかった。

A 「Cが1位で，Bが2位だった。」
B 「Eが3位で，Cが4位だった。」
C 「Aが4位で，Dが5位だった。」
D 「Cが1位で，Eが3位だった。」
E 「Bが2位で，Dが5位だった。」

1 Aが，1位だった。
2 Bが，1位だった。
3 Cが，1位だった。
4 Dが，1位だった。
5 Eが，1位だった。

14 あるテストでは，問1～問8の8問が出題され，各問は選択肢「ア」，「イ」のいずれかを選択して解答することとされている。また，問ごとに，「ア」，「イ」は，一方は正解で，もう一方は不正解の選択肢となっている。A～Dの4人がこのテストを受験し，それぞれの解答と正解数は，次の表のとおりだった。このとき，Cの正解数はどれか。

	問1	問2	問3	問4	問5	問6	問7	問8	正解数
A	ア	ア	イ	イ	イ	ア	ア	イ	6
B	ア	イ	イ	イ	ア	ア	ア	イ	4
C	イ	ア	ア	ア	ア	イ	イ	ア	
D	イ	イ	ア	イ	ア	イ	ア	イ	5

1 2
2 3
3 4
4 5
5 6

15 ある地域における，区役所，図書館，警察署，税務署，駅，学校の6つの施設の位置関係について，次のア～オのことが分かっているとき，確実にいえるのはどれか。

ア　区役所は，図書館の真西で駅の真南に位置する。

イ　税務署は，警察署の真西で図書館の真南に位置する。

ウ　学校は，図書館の真東に位置する。

エ　図書館から警察署までの距離は，図書館から区役所までの距離より短い。

オ　学校から図書館までの距離と，警察署から税務署までの距離，駅から区役所までの距離は，それぞれ同じである。

1　区役所から図書館までの距離は，区役所から税務署までの距離より長い。

2　区役所から一番遠くにある施設は，税務署である。

3　区役所から図書館までの距離は，税務署から警察署までの距離の1.4倍より長い。

4　図書館から一番遠くにある施設は，駅である。

5　図書館から一番近くにある施設は，税務署である。

16 次の図のように，直線STに点Aで接する円Oがある。線分BDは円Oの直径，弦CDは接線STに平行である。弦ACと直径BDの交点をEとし，線分ABの長さが4cm，∠BASが30°のとき，三角形CDEの面積はどれか。

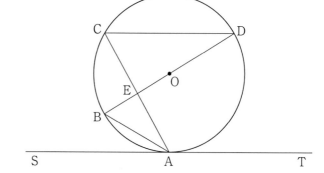

1　6cm²

2　6√3 cm²

3　8√3 cm²

4　9√3 cm²

5　12√3 cm²

17 分数 $\frac{5}{26}$ を小数で表したとき，小数第100位の数字はどれか。

  1 0

  2 2

  3 3

  4 6

  5 7

18 ある川に沿ってサイクリングロードがあり，下流の地点Pから上流の地点Qに向かって，自転車がサイクリングロードを，船が川を，同時に出発した。船は，途中でエンジンが停止してそのまま15分間川を流された後，再びエンジンが動き出し，最初に出発してから60分後に，自転車と同時にQに到着した。このとき，静水時における船の速さはどれか。ただし，川の流れの速さは4km/時，自転車の速さは8km/時であり，川の流れ，自転車及び船の速さは一定とする。

  1 8km/時

  2 10km/時

  3 12km/時

  4 14km/時

  5 16km/時

19 A，Bの2人で倉庫整理を行うと，ある日数で終了することが分かっている。この整理をAだけで行うと，2人で行うときの日数より4日多くかかり，Bだけで行うと9日多くかかる。今，初めの4日間は2人で整理を行い，残りはBだけで整理を終えたとき，この倉庫整理にかかった日数はどれか。ただしA，Bそれぞれの1日当たりの仕事量は一定とする。

  1 7日

  2 8日

  3 9日

  4 10日

  5 11日

20 ある催し物の出席者用に7人掛けの長椅子と5人掛けの長椅子を合わせて30脚用意した。7人掛けの長椅子だけを使って7人ずつ着席させると，85人以上の出席者が着席できなかった。7人掛けの長椅子に4人ずつ着席させ，5人掛けの長椅子に3人ずつ着席させると，67人以上の出席者が着席できなかった。また，7人掛けの長椅子に7人ずつ着席させ，5人掛けの長椅子に5人ずつ着席させると，出席者全員が着席でき，1人も着席していない5人掛けの長椅子が1脚余った。このとき，出席者の人数として，正しいのはどれか。

1　169人
2　171人
3　173人
4　175人
5　177人

21 次の表から確実にいえるのはどれか。

国産木材の素材生産量の推移

（単位　千m³）

区　　分	平成27年	28	29	30	令和元年
あかまつ・くろまつ	779	678	641	628	601
す　　　　ぎ	11,226	11,848	12,276	12,532	12,736
ひ　の　き	2,364	2,460	2,762	2,771	2,966
か　ら　ま　つ	2,299	2,312	2,290	2,252	2,217
えぞまつ・とどまつ	969	1,013	1,090	1,114	1,188

1　平成29年の「あかまつ・くろまつ」の素材生産量の対前年減少率は，令和元年のそれより小さい。

2　平成27年の「すぎ」の素材生産量を100としたときの令和元年のそれの指数は，115を上回っている。

3　平成27年から令和元年までの5年における「ひのき」の素材生産量の1年当たりの平均は，2,650千m³を上回っている。

4　表中の各年とも，「からまつ」の素材生産量は，「えぞまつ・とどまつ」の素材生産量の1.9倍を上回っている。

5　令和元年の「えぞまつ・とどまつ」の素材生産量の対前年増加量は，平成29年のそれを上回っている。

22 次の表から確実にいえるのはどれか。

政府開発援助額の対前年増加率の推移

(単位　％)

供　与　国	2015年	2016	2017	2018	2019
ア　メ　リ　カ	△6.4	11.1	0.9	△2.7	△2.4
ド　イ　ツ	8.3	37.9	1.1	2.7	△6.0
イ　ギ　リ　ス	△3.9	△2.7	0.3	7.5	△0.5
フ　ラ　ン　ス	△14.9	6.4	17.8	13.3	△6.7
日　　　　本	△0.7	13.2	10.0	△12.2	16.5

(注) △は、マイナスを示す。

1　表中の各年のうち，イギリスの政府開発援助額が最も多いのは，2015年である。

2　2015年のドイツの政府開発援助額を100としたときの2019年のそれの指数は，130を下回っている。

3　2016年のフランスの政府開発援助額が，2018年のそれの70％を下回っている。

4　2019年の日本の政府開発援助額は，2016年のそれの1.2倍を下回っている。

5　2017年において，ドイツの政府開発援助額の対前年増加額は，アメリカの政府開発援助額のそれを上回っている。

23 次の図から確実にいえるのはどれか。

品目分類別輸入重量の推移

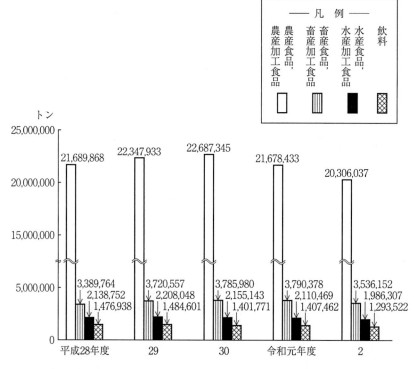

1　平成29年度から令和2年度までの各年度のうち、「農産食品，農産加工食品」の輸入重量の対前年度増加量が最も大きいのは，平成30年度である。

2　平成29年度の「農産食品，農産加工食品」の輸入重量を100としたときの令和2年度のそれの指数は，90を下回っている。

3　令和2年度における「飲料」の輸入重量の対前年度減少率は，8％を下回っている。

4　図中の各年度のうち，「畜産食品，畜産加工食品」の輸入重量と「水産食品，水産加工食品」の輸入重量との差が最も大きいのは，令和元年度である。

5　平成28年度から令和2年度までの5年度における「水産食品，水産加工食品」の輸入重量の1年度当たりの平均は，210万トンを下回っている。

24 次の図から確実にいえるのはどれか。

港内交通に関する許可件数の構成比の推移

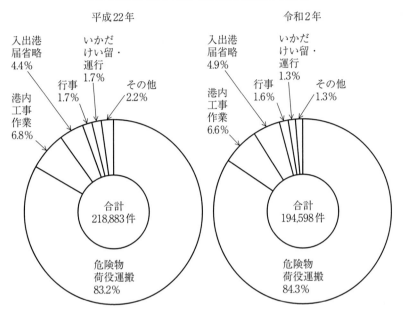

平成22年

入出港届省略 4.4%
いかだけい留・運行 1.7%
行事 1.7%
その他 2.2%
港内工事作業 6.8%
合計 218,883件
危険物荷役運搬 83.2%

令和2年

入出港届省略 4.9%
いかだけい留・運行 1.3%
行事 1.6%
その他 1.3%
港内工事作業 6.6%
合計 194,598件
危険物荷役運搬 84.3%

1 港内交通に関する許可件数の合計の平成22年に対する令和2年の減少数に占める「危険物荷役運搬」のそれの割合は，75％を超えている。

2 令和2年の「港内工事作業」の許可件数は，平成22年のそれの0.85倍を下回っている。

3 平成22年の「行事」の許可件数を100としたときの令和2年のそれの指数は，90を上回っている。

4 図中の各区分のうち，平成22年に対する令和2年の許可件数の減少数が最も小さいのは，「行事」の許可件数である。

5 平成22年における「いかだけい留・運行」の許可件数に対する「港内工事作業」の許可件数の比率は，令和2年におけるそれを下回っている。

25　次の図のような展開図を立方体に組み立て，その立方体をあらためて展開したとき，同一の展開図となるのはどれか。

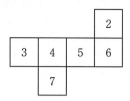

1

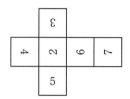

2

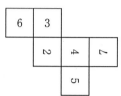

3

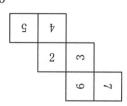

4

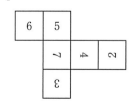

5

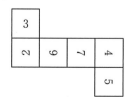

26 次の図Ⅰのような3種類の型紙A，B，Cを透き間なく，かつ，重ねることなく並べて図Ⅱのような六角形を作るとき，型紙Aの使用枚数として正しいのはどれか。ただし，型紙は裏返して使用しないものとする。

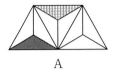
A

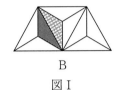
B

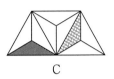
C

図Ⅰ

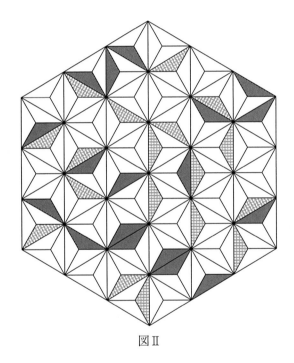

図Ⅱ

1　2枚
2　3枚
3　4枚
4　5枚
5　6枚

27 次の図は，いくつかの立体を組み合わせた立体を側面，正面，真上からそれぞれ見たものである。この組み合わせた立体の見取図として，有り得るのはどれか。

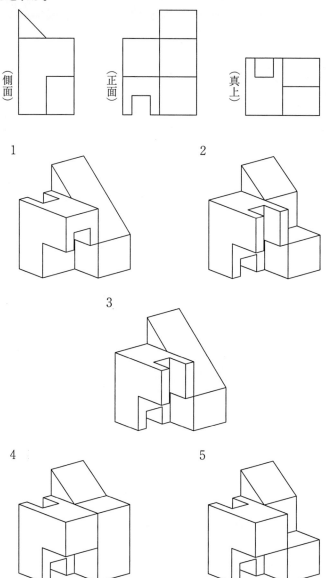

28 次の図のように，半径 r，中心角 60°の扇形Aと，半径 r，中心角 120°の扇形Bがある。今，扇形Aは左から右へ，扇形Bは右から左へ，矢印の方向に，直線 ℓ に沿って滑ることなくそれぞれ1回転したとき，扇型A，B それぞれの中心点P，P′ が描く軌跡と直線 ℓ で囲まれた面積の和として妥当なのはどれか。

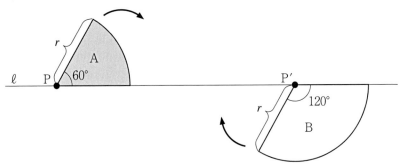

1 $\dfrac{1}{3}\pi r^2$

2 πr^2

3 $\dfrac{3}{2}\pi r^2$

4 $2\pi r^2$

5 $\dfrac{7}{3}\pi r^2$

29 法の分類に関する記述として，妥当なのはどれか。

1 条約は，国家間で合意された国際法であり，条約には国連憲章や日米安全保障条約などがある。

2 公法は，国家と私人の権力関係や，私人相互の関係を公的に規律する法であり，公法には刑法や民法などがある。

3 社会法は，国家や地方公共団体相互の関係を規律する法であり，社会法には地方自治法や国家公務員法などがある。

4 自然法は，長い期間繰り返され，定着された行動や振る舞いがルールとなったものであり，自然法には慣習法などがある。

5 成文法は，権限に基づく行為により定められ，文書の形をとった法であり，成文法には判例法などがある。

30 次のA～Eの国際人権条約のうち，日本が批准しているものを選んだ組合せとして，妥当なのはどれか。

A　難民の地位に関する条約

B　ジェノサイド条約

C　移住労働者権利保護条約

D　障害者権利条約

E　死刑廃止条約

　　1　A　C

　　2　A　D

　　3　B　D

　　4　B　E

　　5　C　E

31 世界の政治体制に関するA～Dの記述のうち，妥当なものを選んだ組合せはどれか。

A　アメリカの連邦議会は，各州から2名ずつ選出される上院と，各州から人口比例で選出される下院から成り，上院は，大統領が締結した条約に対する同意権を持つ。

B　アメリカの大統領は，国民が各州で選んだ大統領選挙人による間接選挙によって選ばれ，軍の最高司令官であり，条約の締結権や議会への法案提出権などを持つが，連邦議会を解散する権限はない。

C　フランスは，国民の直接選挙で選出される大統領が議会の解散権などの強大な権限を有する大統領制と，内閣が議会に対して責任を負う議院内閣制を併用していることから，半大統領制といわれる。

D　中国では，立法機関としての全国人民代表大会，行政機関としての国務院，司法機関としての最高人民法院が設けられており，厳格な権力分立制が保たれている。

　　1　A　B

　　2　A　C

　　3　A　D

　　4　B　C

　　5　B　D

32 我が国における現代の企業に関する記述として，妥当なのはどれか。

1　企業の資金の調達方法には，株式や社債の発行があり，これらにより調達した資金を全て他人資本という。

2　合同会社は，1人以上の有限責任社員で構成され，所有と経営の分離を特徴とし，ベンチャー企業の設立に適している。

3　中小企業基本法では，サービス業は，資本金5,000万円以下及び従業員数100人以下のいずれも満たす場合に限り，中小企業と定義している。

4　芸術・文化の支援活動であるフィランソロピーや，福祉などに対する慈善活動であるメセナは，企業の社会的責任の1つである。

5　平成18年施行の会社法により，有限会社は新設できなくなったが，既存の有限会社については，存続が認められている。

33 江戸時代の儒学者に関する記述として，妥当なのはどれか。

1　林羅山は，徳川家に仕え，私利私欲を抑え理にしたがう主体的な心を保持すべきという垂加神道を説いた。

2　貝原益軒は，朱子学者として薬学など実証的な研究を行い，「大和本草」や「養生訓」を著した。

3　中江藤樹は，陽明学が形式を重んじる点を批判し，自分の心に備わる善悪の判断力を発揮し，知識と行動を一致させることを説いた。

4　伊藤仁斎は，「論語」や「孟子」を原典の言葉に忠実に読む古義学を唱え，儒教の立場から，武士のあり方として士道を体系化した。

5　荻生徂徠は，古典を古代の中国語の意味を通じて理解する古文辞学を唱え，個人が達成すべき道徳を重視した。

34 室町幕府に関する記述として，妥当なのはどれか。

1　足利尊氏は，建武の新政を行っていた後醍醐天皇を廃して持明院統の光明天皇を立て，17か条からなる幕府の施政方針である建武式目を定めて幕府再興の方針を明らかにし，自らは征西将軍となって室町幕府を開いた。

2　室町幕府の守護は，荘園の年貢の半分を兵粮として徴収することができる守護段銭の賦課が認められるなど，任国全域を自分の所領のようにみなし，領主化した守護は国人と呼ばれた。

3　室町幕府では，裁判や行政など広範な権限を足利尊氏が握り，守護の人事などの軍事面は弟の足利直義が担当していたが，やがて政治方針をめ

ぐって対立し，観応の擾乱が起こった。

4　室町幕府の地方組織として関東に置かれた鎌倉府には，長官である管領
として足利尊氏の子の足利義詮が派遣され，その職は，義詮の子孫によっ
て世襲された。

5　足利義満は，京都の室町に花の御所と呼ばれる邸宅を建設して政治を行
い，山名氏清など強大な守護を倒して権力の集中を図り，1392年には南
北朝合一を果たした。

35　**大航海時代に関する記述として，妥当なのはどれか。**

1　航海王子と呼ばれたエンリケは，アフリカ大陸の西側沿岸を南下し，南
端の喜望峰に到達した。

2　ヴァスコ・ダ・ガマは，喜望峰を経て，インド西岸のカリカットに到達
し，インド航路を開拓した。

3　ポルトガルの支援を得たコロンブスは，大西洋を横断してカリブ海のサ
ンサルバドル島に到達した。

4　バルトロメウ・ディアスの探検により，コロンブスが到着した地は，
ヨーロッパ人には未知の大陸であることが突き止められた。

5　スペイン王の支援を得たマゼランは，東周りの大航海に出発し，太平洋
を横断中に死亡したが，部下が初の世界周航を達成した。

36　**世界の交通に関する記述として，妥当なのはどれか。**

1　交通機関の発達により，地球上の時間距離が拡大し，人やものの移動
が活発になった。

2　船舶は，古くから重要な交通手段であり，速度は遅いが，重いものを大
量に輸送でき，現在では大型化や専用船化が進んでいる。

3　鉄道は，大量の旅客，貨物を運ぶことに適しており，フランスのICEや
ドイツのTGVなど，都市間を結ぶ高速鉄道が整備されている。

4　自動車は，1台当たりの輸送量は限られるが，ルートを選択できるなど
自由度が高く，モーダルシフトにより鉄道輸送からの転換が進んでいる。

5　航空機は，最も高速な移動手段であり，安価で比較的重い物品の大量
輸送に適している。

37 昨年9月のドイツ連邦議会選挙又は同年12月のドイツ新政権発足に関する記述として，妥当なのはどれか。

1 社会民主党は，連邦議会選挙で，アンゲラ・メルケル氏が所属する自由民主党に僅差で勝利し，第1党となった。

2 16年間首相を務めたメルケル氏は，新政権発足に伴い政界を引退し，退任式の音楽には，自分が育った旧東ドイツの女性パンク歌手の曲などを選んだ。

3 社会民主党のオラフ・ショルツ氏が首相に就任し，社会民主党出身の首相はヘルムート・コール氏以来16年ぶりとなった。

4 社会民主党，緑の党及びキリスト教民主・社会同盟による連立政権が発足し，各党のシンボルカラーが赤，緑，黄であるため，信号連立と呼ばれた。

5 新政権では，外相，国防相，内相といった重要閣僚に女性は就任しなかったが，ショルツ氏を除く閣僚は男女同数となった。

38 昨年5月に成立したデジタル改革関連法に関する記述として，妥当なのはどれか。

1 デジタル庁設置法，高度情報通信ネットワーク社会形成基本法（IT基本法）など6本の法律が成立し，個人情報の保護に関する法律などが改正された。

2 デジタル庁は，首相をトップに，事務次官に相当する特別職であるデジタル監を配置して，国のシステム関連予算を一括計上し管理するなど総合調整を担うが，他省庁への勧告権は持たない。

3 地方公共団体情報システムの標準化に関する法律の改正により，自治体に対する国の基準に合わせたシステムの利用推進と，行政手続の押印廃止を定めた。

4 公的な給付金の受取を迅速化し，相続時や災害時の口座照会も行えるように，全てのマイナンバーと預貯金口座のひも付けを義務化した。

5 個人情報保護について法律を一本化し，国や地方などで異なっていた個人情報の扱いに共通ルールを定め，民間の監督を担ってきた個人情報保護委員会が，行政機関を含めて監督することとなった。

39 本年発効した地域的な包括的経済連携（RCEP）協定に関する記述として，妥当なのはどれか。

1 日本や中国，韓国，東南アジア諸国連合（ASEAN）など15か国が参加

し，1月に10か国で発効し，2月にインドで発効した。

2　昨年11月にオーストラリアと日本が批准し，ASEAN加盟国のうち6か国とそれ以外の5か国のうち3か国が批准したことで，協定発効の条件を満たした。

3　日本にとって中国，韓国との初の経済連携協定であり，RCEP域内の人口，国内総生産がいずれも世界の約3割を占める巨大経済圏の誕生となった。

4　加盟国全体で91％の品目の関税が即時撤廃され，その水準は環太平洋パートナーシップ（TPP）協定を上回っている。

5　約20の分野で共通ルールを作り，投資では，外資企業に対して政府が技術移転を要求できるようにするなど，企業の自由な経済活動を確保するための規定を設けた。

40　昨年7月に国際連合教育科学文化機関（ユネスコ）が決定した「北海道・北東北の縄文遺跡群」の世界文化遺産への登録に関するA～Eの記述のうち，妥当なものを選んだ組合せはどれか。

A　遺跡群を構成する青森県青森市の三内丸山遺跡は，道路や大型建物などが計画的に配置された大規模集落跡で，国の特別史跡に指定されている。

B　遺跡群を構成する青森県外ヶ浜町の大平山元遺跡は，日本最古の石器のほか，火を使った祭祀を行っていたと推定できる獣の骨が見つかっている。

C　遺跡群を構成する秋田県鹿角市の大湯環状列石は，大小の石を同心円状に配したストーンサークルを主体とする遺跡である。

D　ユネスコの諮問機関である国際記念物遺跡会議（イコモス）は，遺跡群について，先史時代における農耕を伴う定住社会及び複雑な精神文化を示すと評価した。

E　遺跡群の登録は，国内の世界文化遺産として，「奄美大島，徳之島，沖縄島北部及び西表島」に続き，20件目となった。

1　A　C
2　A　D
3　B　D
4　B　E
5　C　E

[41] 媒質Ⅰから媒質Ⅱへ平面波が伝わっていき，媒質Ⅰと媒質Ⅱの境界面で波が屈折している。媒質Ⅰに対する媒質Ⅱの屈折率は1.4であり，媒質Ⅰにおける波の速さは28m/s，振動数は4.0Hzであるとき，媒質Ⅱにおける波の速さV〔m/s〕と波長λ〔m〕の組合せとして，妥当なのはどれか。

	V	λ
1	20m/s	5.0m
2	20m/s	7.0m
3	20m/s	9.8m
4	39m/s	5.0m
5	39m/s	9.8m

[42] 電気と磁気についての法則に関する記述として，妥当なのはどれか。

1 2つの点電荷の間にはたらく静電気力が，それぞれの電気量の積に比例し，点電荷間の距離の2乗に反比例することを，ガウスの法則という。

2 任意の閉じた曲面の内部の電荷をQ〔C〕，ガウスの法則の比例定数をk〔N・m²/C²〕とするとき，曲面を貫く電気力線の本数が$4\pi kQ$本となることを，クーロンの法則という。

3 導体を流れる電流が，導体の両端に加える電圧に比例することを，キルヒホッフの法則という。

4 回路中の任意の点について，流れ込む電流の和と流れ出る電流の和が等しく，また，回路中の任意の閉じた経路について，起電力の和と電圧降下の和が等しいことを，オームの法則という。

5 誘導電流のつくる磁場がコイルを貫く磁束の変化を妨げる向きに，誘導起電力が生じることを，レンツの法則という。

[43] 金属に関する記述として，妥当なのはどれか。

1 金は，王水にも溶けない典型元素である。

2 銀は，湿った空気中では，硫化水素と反応して淡黄色の硫化銀を生じる。

3 銅は，乾燥空気中では酸化されにくいが，湿った空気中では白銅というさびを生じる。

4 鉄は，鉄鉱石の酸化で得られ，濃硝酸に溶けるが，塩酸とは不動態になる。

5 アルミニウムは，ボーキサイトから得られる酸化アルミニウムの溶融塩電解によってつくられる。

44 物質の三態と熱運動に関する記述として，妥当なのはどれか。

1 純物質では，状態変化している間，温度は一定に保たれる。

2 粒子の熱運動は温度が高いほど激しくなり，温度には上限も下限もない。

3 物質は，温度や圧力によって状態変化するが，粒子の集合状態は変化しない。

4 拡散は，気体で起こる現象であり，液体では起こらない。

5 固体から直接気体になる変化を蒸発という。

45 細胞の構造に関する記述として，妥当なのはどれか。

1 生物の細胞には，核をもたない真核細胞と，核をもつ原核細胞がある。

2 細胞液は，中心体やゴルジ体などの細胞小器官の間を満たす成分である。

3 細胞壁は，植物や菌類などに見られ，細胞膜の内側にある。

4 ミトコンドリアは，核のDNAとは別に独自のDNAをもつ。

5 液胞は，成熟した動物細胞で大きく発達している。

46 ヒトのホルモンに関する記述として，妥当なのはどれか。

1 体内環境の維持を行う自律神経系は，ホルモンと呼ばれる物質を血液中に分泌し，特定の器官に働きかける。

2 脳下垂体から分泌されるチロキシンの濃度が上がると，視床下部に作用を及ぼし，甲状腺刺激ホルモンの分泌が促進される。

3 体液中の水分量が減少すると，腎臓でパラトルモンが分泌され，水分の再吸収を促進し，体液の塩類濃度が低下する。

4 血糖濃度が上昇すると，すい臓のランゲルハンス島のA細胞からグルカゴンが分泌され，グリコーゲンの合成を促進する。

5 血糖濃度が低下すると，副腎髄質からアドレナリンが分泌され，グリコーゲンの分解を促進する。

47 **太陽の表面に関する記述として，妥当なのはどれか。**

1　可視光線で見ることができる太陽の表面の層を光球といい，光球面の温度は約5800Kである。

2　光球面に見られる黒いしみのようなものを黒点といい，黒点は，周囲より温度が低く，太陽活動の極大期にはほとんど見られない。

3　光球の全面に見られる，太陽内部からのガスの対流による模様を白斑といい，白斑の大きさは約1000kmである。

4　光球の外側にある希薄な大気の層を彩層といい，彩層の一部が突然明るくなる現象をコロナという。

5　彩層の外側に広がる，非常に希薄で非常に高温の大気をプロミネンスといい，プロミネンスの中に浮かぶガスの雲をフレアという。

48 **日本の四季の天気に関する記述として，妥当なのはどれか。**

1　冬は，西高東低の気圧配置が現れ，冷たく湿ったオホーツク海高気圧から吹き出す北西の季節風により，日本海側に大雪を降らせる。

2　春は，貿易風の影響を受け，移動性高気圧と熱帯低気圧が日本付近を交互に通過するため，天気が周期的に変化する。

3　梅雨は，北の海上にある冷たく乾燥したシベリア高気圧と，南の海上にある暖かく湿った太平洋高気圧との境界にできる停滞前線により，長期間ぐずついた天気が続く。

4　夏は，南高北低の気圧配置が現れ，日本付近が太平洋高気圧に覆われると，南寄りの季節風が吹き，蒸し暑い晴天が続く。

5　台風は，北太平洋西部の海上で発生した温帯低気圧のうち，最大風速が17.2m/s以上のものをいい，暖かい海から供給された大量の水蒸気をエネルギー源として発達し，等圧線は同心円状で，前線を伴い北上する。

《 解 答 ・ 解 説 》

1 1

解説 主旨把握問題。結論から先に書く文章を「頭括型」，結論を最後に書く文章を「尾括型」という。本文は頭括型である。選択肢に先に目を通しておくことで，時間をかけずに解答することができる。

2 4

解説 主旨把握問題。主旨（文章の中心となる事柄）を問う問題の場合，部分的に本文と合致していても正解とはいえない。全体的なテーマとなっている選択肢を選ぶことが重要である。

3 5

解説 主旨把握問題。本文は尾括型であり，第三段落に合致する選択肢は3・4・5の三つある。「すべての日記が文学ではない」「日記一般を魂の記録と考えるのは間違いである」から，「日記は日づけ順の経験の記録である」という筆者の結論を読み取ることができる。

4 4

解説 文整序問題。選択肢を見ると，AかBから始まっていることに着目をしたい。「静物をやりたいが構図を造るのが難しい」→「構図には審美が必要」→「構図に独自の美を見出せれば立派な画家」という展開に，選択肢を配置できるとよい。

5 3

解説 空欄補充問題。空欄Bに注目すると，Bには「身に染みついたものとして終生変わることがない」ものが入ると考えられ，「信念」「行動」より「個性」がふさわしいと判断できる。そしてAに戻って，「運命」「人格」のどちらがより適切かを考えていくとよい。

•••

6 2

解説 1：該当の英文は倒置されており，Nero made his way to the public building where he had left his treasure.として解釈する。文意は，ネロは宝物を置いてきた公会堂に向かった。　2：正しい。　3：it was not his ownとあるので，掲げられた絵はネロのではなかった。　4：adjudged to Stephan Kiesslinger「ステファン・キースリンガーに与えられた」の意味。ステファン・キースリンガーは受賞者である。　5：Patrasche was trying with every art he knew to…から，生き返らせようとしたのは，ネロではなくパトラッシュである。主語（〜は）と目的語（〜を）を読み違えないよう注意したい。

7 3

解説 1：「最後に謝る」が誤りで，最初に謝ると述べられている。　2：「スピーチやプレゼンをするとき，日本人と欧米人では暗黙のルールが違うので注意しなさい」から，誤りと判断できる。　3：正しい。　4：欧米では，聞き手が積極的に理解しようとする責任があると考えている。　5：「英語ができないことを謝ってから」が誤り。謝るべきではないと述べられている。

8 4

解説 ア：空所前後の文意は次の通り。子どもたちはよく「学校で強制的に詩を暗記させられるのは良くないことだと思わないか」と私にたずねる。もしあなたが，詩は馬鹿馬鹿しいもの，役に立たないもの，品位を下げると考えるようになったなら，詩を暗記してもあまり得るものはないだろう。Uselessは「役に立たない」という意。　イ：空所前後の文意は次の通り。その時は退屈で手間のかかる，何の取り柄もない仕事に見えるかもしれない。しかし少し年をとると，学校で習った詩の一節や忘れていたと思っていたものが記憶の中から湧き上がってきて，人生をより楽しく，興味深いものにしてくれることに気づくだろう。Happierは「より楽しい」という意。

9 3

解説 着目すべきは，ウのHoweverである。ウより前は，「日本人はカレーが大好きだ」という内容でまとめられる。一方ウ以降は，インドのカレーとは異なっている点について触れている。まず，ウの前に置くか後に置くかを

整理してから，順序を考えていくとよい。

ア「日本の小学生に最も人気のある給食のメニューのひとつに，カレーライスがある」で始まる。→エ「老若男女問わず，ほとんどの日本人がこの料理が大好きである」→キ「カレーライスは日本の国民食とも言えるし，日本のソウルフードとも言えるかもしれない」→ウ「しかし，日本のカレーはインドのスパイシーなカレーとは少し違う」→イ「もちろん日本にも激辛のカレーはあるが，マイルドなカレーもあり，矛盾しているように思うかもしれない」→オ「日本のカレーは，ただ辛いだけでなく，日本の食卓に欠かせない白いご飯に合うように作られている」→カ「そのためか，独特の食感と味わいがある」とつながる。

10 1

解 説 便宜上，トーナメント戦の結果を次のように表す。ただし，①～⑧にはＡ～Ｈの8チームのうちいずれかが該当する。②，④，⑥，⑧のチームは1回戦で負け，③，⑦のチームは2回戦で負け，⑤のチームは決勝戦で負け，①のチームは優勝する。

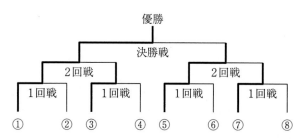

条件アより，優勝したチームに1回戦で負けた②はＢチームと決まる。

条件イより，ＡチームとＣチームに勝ったチームは決勝戦まで進むが，1回戦の相手がＢチームではないので①ではなく⑤と決まり，すると⑤に1回戦で負けたＡチームは⑥，2回戦で負けたＣチームは⑦と決まる。

条件ウより，Ｇチームは1回戦で負けたので④か⑧，Ｆチームは2回戦で勝ったので①か⑤のいずれかとなる。

条件エについて，ＦチームがＤチームに勝つ場合を考えると，Ｆチームが⑤では条件イより1，2回戦で勝った相手がそれぞれＡチーム，Ｃチームと決まっており，⑤は決勝で負けたのでＤチームに勝つことはない。したがって，Ｆ

チームは①と決まり，Dチームは2回戦でFチームに負けた③または決勝戦でFチームに負けた⑤のいずれかとなる。

条件オより，Eチームは2回しか試合を行わなかったので2回戦で負けており，条件イより⑦はCチームなので残った③と決まる。すると，条件エよりDチームは⑤と決まる。

ここで，条件ウに戻ると，1回戦でGチームに勝ったチームは2回戦でFチームに負けたので，これはEチームのこととわかり，Gチームは④と決まる。したがって，残ったHチームは⑧と決まる。

以上より，トーナメント戦の結果は次のようになる。

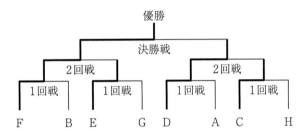

よって，「Aチームは，Dチームと対戦した。」が確実にいえる。

---

11 4

解説 「oboe」が暗号「CドミDソソCレファGララ」で表されるので，「o」は「Cドミ」，「b」は「Dソソ」，「o」は「Cレファ」，「e」は「Gララ」に対応している。つまり，アルファベットの小文字1字に対して，アルファベットの大文字1字と音階2つが対応すると考えられる。アルファベットの小文字は26字であるが，問題文より大文字はA〜Gの7字のみであり，音階はドレミファソラシの7つなので，アルファベットの小文字を1行当たり7列の表でまとめると次のようになる。

a	b	c	d	e	f	g
h	i	j	k	l	m	n
o	p	q	r	s	t	u
v	w	x	y	z		

また，「oboe」の2つの「o」はそれぞれ「Cドミ」と「Cレファ」と表せ，「oboe」と「flute」の「e」はそれぞれ「Gララ」と「Gシシ」と表せるので，小文字を表す暗号のうち大文字は共通，2つの音階は異なってもよいとわかる。したがって，「oboe」，「flute」，「harp」について，小文字を表す暗号の大文字1字を表の上端，音階2つを左端に記す。例えば，「oboe」の1つ目の「o」の上端はC，左端はド/ミとなる。同様に考えると，次の表のようになる。

	C	D		F	G	A	B
ソ/ソ，ラ/ラ，シ/シ，ファ/ファ	a	b	c	d	e	f	g
ド/レ，ミ/ファ	h	i	j	k	l	m	n
ド/ミ，レ/ファ，ファ/ラ，ミ/ソ，ラ/ド	o	p	q	r	s	t	u
	v	w	x	y	z		

ここで，求める暗号「AラドDドレAミファDソシCララBドレDミファ」について，それぞれ対応する小文字を探すと，「Aラド」は「t」，「Dドレ」は「i」，「Aミファ」は「m」，「Dソシ」は該当するものがないので「○」，「Cララ」は「a」，「Bドレ」は「n」，「Dミファ」は「i」となるので，これらを並べると「tim○ani」となる。

ここで，○に該当するのはD列のb，i，p，wのいずれかと考えられるが，選択肢より「p」が妥当である。

よって，求める暗号は「timpani」となる。

12 3

解説 A～Eそれぞれの商品の売買について，売った人が縦，買った人が横の表を作成する。商品の売買を行った場合はその金額，商品の売買を行わなかった場合は×，さらに合計金額500円，および売った人数を記す。

条件アより，C行のA，E列は100となる。

条件イより，B行のD列は200となる。

条件ウより，B行の売った人数は2となる。

条件エより，E行のB列は100となる。

条件オより，「AはDに300円の商品を売った」と読み替えられるので，A行のD列は300となる。

条件カより，D行の売った人数は4となる。

ここまでをまとめると次のようになる。

		買った人					合計金額	売った人数
		A	B	C	D	E		
売った人	A				300		500	
	B				200		500	2
	C	100				100	500	
	D						500	4
	E		100				500	
合計金額		500	500	500	500	500		

ここで，Dが商品を買った金額の合計は既に500円なので，C行のD列，E行のD列は×となる。すると，Cが売った合計金額が500になるためには，C行のB列は300となり，Cの売った人と金額が確定する。

次に，条件キについて，400円と100円の商品の2品を売ることができるのは，300円の商品を売ったA，200円の商品を売ったB，既に売った人と金額が確定したC，4人に商品を売ったDではないので，残ったEのはずである。Eは既に100円の商品をBに売ったことがわかっており，売れるのはAかCのいずれかである。ここで，条件カより，Aは既にCから100円の商品を買い，Dから最低でも100円の商品を買ったことがわかっているので400円の商品を買うことができない。したがって，EはCに400円の商品を売ったはずなので，E行のA列は×，C列は400となる。ここまでをまとめると次のようになる。

		買った人					合計金額	売った人数
		A	B	C	D	E		
売った人	A				300		500	
	B				200		500	2
	C	100	300		×	100	500	
	D						500	4
	E	×	100	400	×		500	
合計金額		500	500	500	500	500		

ここで，DがBとCに売れる商品は100円だけとなり，B列およびC列の残った行は×となる。すると，A行のE列は200となる。さらに，Bは商品を2品しか売っておらず，残り1品は300円となるが，これを売れるのはAだけであり，残ったD行のA列は100，E列は200となり，表は次のようになる。

		買った人					合計金額	売った人数
		A	B	C	D	E		
売った人	A		×	×	300	200	500	2
	B	300		×	200	×	500	2
	C	100	300		×	100	500	3
	D	100	100	100		200	500	4
	E	×	100	400	×		500	2
合計金額		500	500	500	500	500		

よって，「Dは，Aに100円の商品を売った。」が確実にいえる。

13 4

解説 Aの返事について「Cが1位」が本当，「Bが2位」が誤りと仮定する。すると，Dの返事について「Cが1位」が本当なので，「Eが3位」は誤りとなる。一方，Bの返事について「Cが4位」が誤りとなるので，「Eが3位」が本当になるが，これはDの返事と矛盾する。

よって，Aの返事について「Cが1位」が誤り，「Bが2位」が本当となる。すると，Dの返事について「Cが1位」が誤りなので，「Eが3位」は本当となる。また，Eの返事について「Bが2位」が本当なので「Dが5位」は誤りとなる。さらに，Cの返事について「Dが5位」が誤りなので，「Aが4位」は本当となる。ここまでで決まっていないのは1位と5位，CとDの組合せであるが，Aの発言の「Cが1位」が誤りなので，Cは5位となるはずであり，残ったDが1位と確定する。

したがって，「Dが，1位だった。」が確実にいえる。

14 2

解説 正解数の多かったAとDについて，それぞれの正解数は8問中6問および5問なので，2人の正解した問題のうち少なくとも3問は共通しているはずである（Aが不正解だった2問にDが正解した場合，Dが正解した残りの3問はAも正解している）。

問題の表より，AとDは問4，7，8の3問で同じ解答をしているので，これらの3問が共通の正解した問題と考えられる。したがって，問4の正解はイ，問7の正解はア，問8の正解はイとなる。

次に，Bの正解数は4問であり，問4，7，8の解答はAとDと同じなのでこれらの3問は正解であり，残りの問題のうち1問しか正解していない。したがって，Bが正解した残り1問について場合分けして考える。

① 問1が正解の場合
Bは問1をアと解答して正解し，残りの問題はすべて不正解なので，正解は問1がア，問2がア，問3がア，問5がイ，問6がイとなる。すると，Aの正解数が6問，Bの正解数が4問，Cの正解数が3問，Dの正解数が5問となるため，これは成り立つ。

	問1	問2	問3	問4	問5	問6	問7	問8	正解数
正解	ア	ア	ア	イ	イ	イ	ア	イ	
A	ア	ア	イ	イ	イ	ア	ア	イ	6
B	ア	イ	イ	イ	ア	ア	ア	イ	4
C	イ	ア	ア	ア	ア	イ	イ	ア	3
D	イ	イ	ア	イ	ア	イ	ア	イ	5

② 問2が正解の場合
上記と同様に考えると，Aの正解数が4問，Dの正解数が7問となるため，矛盾する。

	問1	問2	問3	問4	問5	問6	問7	問8	正解数
正解	イ	イ	ア	イ	イ	イ	ア	イ	
A	ア	ア	イ	イ	イ	ア	ア	イ	4
B	ア	イ	イ	イ	ア	ア	ア	イ	4
C	イ	ア	ア	ア	ア	イ	イ	ア	3
D	イ	イ	ア	イ	ア	イ	ア	イ	7

③ 問3が正解の場合
上記と同様に考えると，Aの正解数が6問，Bの正解数が4問，Cの正解数が3問，Dの正解数が5問となるため，これは成り立つ。

	問1	問2	問3	問4	問5	問6	問7	問8	正解数
正解	イ	ア	イ	イ	イ	イ	ア	イ	
A	ア	ア	イ	イ	イ	ア	ア	イ	6
B	ア	イ	イ	イ	ア	ア	ア	イ	4
C	イ	ア	ア	ア	ア	イ	イ	ア	3
D	イ	イ	ア	イ	ア	イ	ア	イ	5

④　問5が正解の場合

上記と同様に考えると，Aの正解数が4問，Dの正解数が7問となるため，矛盾する。

	問1	問2	問3	問4	問5	問6	問7	問8	正解数
正解	イ	ア	ア	イ	ア	イ	ア	イ	
A	ア	ア	イ	イ	イ	ア	ア	イ	4
B	ア	イ	イ	イ	ア	ア	ア	イ	4
C	イ	ア	ア	ア	ア	イ	イ	ア	5
D	イ	イ	ア	イ	ア	イ	ア	イ	7

⑤　問6が正解の場合

上記と同様に考えると，Aの正解数が6問，Bの正解数が4問，Cの正解数が3問，Dの正解数が5問となるため，これは成り立つ。

	問1	問2	問3	問4	問5	問6	問7	問8	正解数
正解	イ	ア	ア	イ	イ	ア	ア	イ	
A	ア	ア	イ	イ	イ	ア	ア	イ	6
B	ア	イ	イ	イ	ア	ア	ア	イ	4
C	イ	ア	ア	ア	ア	イ	イ	ア	3
D	イ	イ	ア	イ	ア	イ	ア	イ	5

よって，①，③，⑤のいずれの場合もCの正解数は3問である。

15 4

解説　まず，6つの施設の距離を考慮せず東西南北方向のみを求める。

条件アより，区役所の真東に図書館，真北に駅がある。

条件イより，税務署の真東に警察署，真北に図書館がある。

条件ウより，学校の真西に図書館がある。

ここまでで，それぞれの施設の位置関係は概ね下図のようになる。

次に，それぞれの施設の距離を求める。
条件エより，（図書館から警察署までの距離）＜（図書館から区役所までの距離）
条件オより，（学校から図書館までの距離）＝（税務署から警察署までの距離）
＝（駅から区役所までの距離）
これらを踏まえると，それぞれの施設の位置関係は下図のようになる。

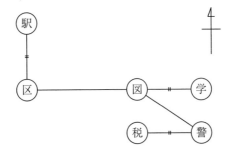

1：誤り。区役所・図書館・税務署を結ぶと直角三角形ができ，その斜辺が区
役所から税務署までの距離に相当するので，区役所から図書館までの距離より
長くなる。　2：誤り。区役所から見ると，税務署より警察署の方が遠い。
3：誤り。（図書館から税務署までの距離）＝（税務署から警察署までの距離）の
場合，図書館・税務署・警察署を結ぶと直角二等辺三角形ができ，（図書館か
ら警察署までの距離）＝（税務署から警察署までの距離の約1.4倍（$\sqrt{2}$倍））と
なり，区役所から図書館までの距離はこれより長いので，成立する。一方，
（図書館から税務署までの距離）＜（税務署から警察署までの距離）の場合，（図
書館から警察署までの距離）＜（税務署から警察署までの距離の約1.4倍（$\sqrt{2}$
倍））となるので，区役所から図書館までの距離は税務署から警察署までの距
離の1.4倍より短くても成立するので，確実にはいえない。　4：正しい。図書
館から駅までの距離は，駅・区役所・図書館を結んだ直角三角形の斜辺に相
当するので，他の施設との距離より明らかに長い。　5：誤り。図書館から税
務署までの距離が不明であり，図書館から学校までの距離より長くても成立す
るので，確実にはいえない。

16 2

解説 円Oの直径BDを斜辺とする直角三角形DABについて，
接弦定理より，∠BDA ＝ ∠BAS ＝ 30°
よって，∠DBA ＝ 180° － 90° － 30° ＝ 60°なので，AB：AD ＝ 1：$\sqrt{3}$

したがって、AD $=\sqrt{3}$ AB $=4\sqrt{3}$ 〔cm〕

同じ弧に対する円周角は等しいので、∠ACD $=$ ∠ABD $= 60°$

平行線の錯角は等しいので、∠CAS $=$ ∠ACD $= 60°$ となり、∠BAE $= 60°$ $- 30° = 30°$

よって、∠DAC $= 90° - 30° = 60°$ なので、△DCAは正三角形となる。

すると、∠AED $= 90°$ なので、DEは△DCAの高さとなる。

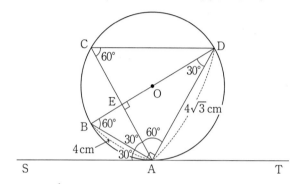

したがって、CE $= \dfrac{1}{2}$ CD $= 2\sqrt{3}$ 〔cm〕、DE $= \sqrt{3}$ CE $= 6$ 〔cm〕より、

△CDE $= 2\sqrt{3} \times 6 \times \dfrac{1}{2} = 6\sqrt{3}$ 〔cm²〕となる。

---

17 3

解説 $\dfrac{5}{26} = 0.1\overset{\cdot}{9}2307\overset{\cdot}{6}$ より、小数第2位から第7位までの923076という6

つの数字が小数第8位以降で循環している。小数第100位の数字について、

$\dfrac{100}{6} = 16$ 余り4より、$100 = 1 + 6 \times 16 + 3$ なので、求める数字は1の後に

923076を16回繰り返した後、さらに923076の前から3番目の数字となるので、

3である。

---

18 5

解説 自転車は地点PQ間を進むのに速さ8km/時で60分かかったので、

地点PQ間の距離は8kmである。ここで、静水時における船の速さをx〔km/

時〕とすると、川は上流から下流へ向かって4km/時で流れているので、船は

地点PQ間を下流から上流へ向かって$x - 4$〔km/時〕で進んだことになる。

また，船は15分間停止していたので，下流から上流へ向かって進んだ時間は $60 - 15 = 45$〔分間〕，下流から上流へ向かって進んだ距離は $(x - 4) \times \dfrac{45}{60}$〔km〕と表せる。また，船が進んだ距離はPQ間の距離8kmと15分間停止している間に下流に流された距離 $4 \times \dfrac{15}{60}$〔km〕の和であり，これが下流から上流へ向かって進んだ距離 $(x - 4) \times \dfrac{45}{60}$〔km〕に等しい。よって，$(x - 4) \times \dfrac{45}{60} = 8 + 4 \times \dfrac{15}{60}$ が成り立ち，これを解くと $x = 16$〔km/時〕となる。

したがって，静水時における船の速さは16km/時となる。

19 **3**

解説 Aの1日あたりの仕事量を a，Bの1日あたりの仕事量を b，AとBが2人で倉庫整理を行ってかかる時間を x 日とすると（a, b, x は自然数），AとBの1日あたりの仕事量は $a + b$，全体の仕事量は $(a + b)x$ と表せる。

また，Aが1人で倉庫整理を行ってかかる時間は $x + 4$〔日〕，全体の仕事量は $a(x + 4)$ と表せる。一方，Bが1人で倉庫整理を行ってかかる時間は $x + 9$〔日〕，全体の仕事量は $b(x + 9)$ と表せる。

ここで，全体の仕事量はすべて等しいので，

$$a(x + 4) = (a + b)x \qquad \therefore \quad a = \frac{b}{4}x \quad \cdots ①$$

$$b(x + 9) = (a + b)x \qquad \therefore \quad b = \frac{b}{9}x \quad \cdots ②$$

が成り立つ。

①，②より，$b = \dfrac{1}{9}\left(\dfrac{b}{4}x\right)x = \dfrac{b}{36}x^2$

$0 < x$ より，$x = 6$〔日〕 $\cdots ③$

これを①に代入すると，$a = \dfrac{3}{2}b$ $\cdots ④$

求める日数は，初めの4日間は2人で整理を行い，残りはBだけで整理を行ってかかった時間なので，Bだけで整理を行った日数を y 日とすると，全体の仕事量は $4(a + b) + by$ と表せる。

よって，$4(a + b) + by = b(x + 9)$ が成り立つ。

③，④を代入すると，$4\left(\dfrac{3}{2}b + b\right) + by = 15b$ より，$y = 5$〔日〕

したがって，求める日数は，$4 + 5 = 9$〔日〕となる。

20 1

解 説 ７人掛けの長椅子の数をx脚，５人掛けの長椅子の数をy脚，出席者の人数をz人とする（x，y，zは自然数）。

長椅子の合計は30脚なので，$x + y = 30$　…①

「７人掛けの長椅子だけを使って７人ずつ着席させると，85人以上の出席者が着席できなかった」ので，$z - 7x \geqq 85$　　∴　$z \geqq 7x + 85$　…②

「７人掛けの長椅子に４人ずつ着席させ，５人掛けの長椅子に３人ずつ着席させると，67人以上の出席者が着席できなかった」ので，$z - (4x + 3y) \geqq 67$

①を代入して整理すると，$z \geqq x + 157$　…③

「７人掛けの長椅子に７人ずつ着席させ，５人掛けの長椅子に５人ずつ着席させると，出席者全員が着席でき，１人も着席していない５人掛けの長椅子が１脚余った」ので，

　$7x + 5(y - 1) \geqq z$

①を代入して整理すると，$2x + 145 \geqq z$　…④

②，④より，$7x + 85 \leqq 2x + 145$　　∴　$x \leqq 12$　…⑤

③，④より，$x + 157 \leqq 2x + 145$　　∴　$12 \leqq x$　…⑥

⑤，⑥より，$x = 12$〔人〕となる。

これを②に代入すると，$z \geqq 84 + 85 = 169$

③に代入すると，$z \geqq 12 + 157 = 169$

④に代入すると，$24 + 145 \geqq z$　　∴　$169 \geqq z$

よって，$z = 169$〔人〕と決まる。

したがって，出席者の人数は169人となる。

21 3

解 説 1：誤り。（平成29年の対前年減少率）＝$\dfrac{（平成28年の値）-（平成29年の値）}{（平成28年の値）}$

$\times 100$より，平成29年の「あかまつ・くろまつ」の素材生産量の対前年減少率は$\dfrac{678 - 641}{678} \times 100 \fallingdotseq 5.5$〔％〕であるが，令和元年は$\dfrac{628 - 601}{628} \times 100 \fallingdotseq$

4.3〔％〕なので，平成29年の方が大きい。　2：誤り。平成27年の「すぎ」の素材生産量を100としたときの令和元年のそれの指数は$\dfrac{12{,}736}{11{,}226} \times 100 \fallingdotseq$

113.5なので，115を下回っている。　3：正しい。平成27年から令和元年までの５年における「ひのき」の素材生産量の１年当たりの平均は

$$\frac{2{,}364 + 2{,}460 + 2{,}762 + 2{,}771 + 2{,}966}{5} = 2{,}664.6 〔千 m^3〕$$ なので，2,650 千 m³ を上回っている。　4：誤り。令和元年について，「からまつ」の素材生産量は，「えぞまつ・とどまつ」の素材生産量の $\frac{2{,}217}{1{,}188} \fallingdotseq 1.87$ 〔倍〕なので，1.9 倍を下回っている。　5：誤り。令和元年の「えぞまつ・とどまつ」の素材生産量の対前年増加量は $1{,}188 - 1{,}114 = 74$ 〔千 m³〕であり，これは平成 29 年の $1{,}090 - 1{,}013 = 77$ 〔千 m³〕を下回っている。

22 4

解説 1：誤り。2015 年のイギリスの政府開発援助額を 100 とすると，（2016 年の対前年増加率）$= \frac{(2016 \text{年の値}) - (2015 \text{年の値})}{(2015 \text{年の値})} \times 100 = \left(\frac{2016 \text{年の値}}{2015 \text{年の値}} - 1\right)$ $\times 100$ より，（2016 年の値）$= \left(\frac{2016 \text{年の対前年増加率}}{100} + 1\right) \times (2015 \text{年の値})$ $= \left(\frac{-2.7}{100} + 1\right) \times 100 = 97.3$ と表せる。同様に，（2017 年の値）$= \left(\frac{0.3}{100} + 1\right) \times 97.3 \fallingdotseq 97.59$，（2018 年の値）$= \left(\frac{7.5}{100} + 1\right) \times 97.59 \fallingdotseq 104.91$，（2019 年の値）$= \left(\frac{-0.5}{100} + 1\right) \times 104.91 \fallingdotseq 104.39$ より，最も多いのは 2018 年である。

2：誤り。（2019 年の値）$= \left(\frac{2019 \text{年の対前年増加率}}{100} + 1\right) \times (2018 \text{年の値}) =$ $\left(\frac{2019 \text{年の対前年増加率}}{100} + 1\right) \times \left(\frac{2018 \text{年の対前年増加率}}{100} + 1\right) \times (2017 \text{年の}$ 値）$= \left(\frac{2019 \text{年の対前年増加率}}{100} + 1\right) \times \left(\frac{2018 \text{年の対前年増加率}}{100} + 1\right) \times$ $\left(\frac{2017 \text{年の対前年増加率}}{100} + 1\right) \times (2016 \text{年の値}) = \left(\frac{2019 \text{年の対前年増加率}}{100}\right.$ $+ 1\bigg) \times \left(\frac{2018 \text{年の対前年増加率}}{100} + 1\right) \times \left(\frac{2017 \text{年の対前年増加率}}{100} + 1\right) \times$ $\left(\frac{2016 \text{年の対前年増加率}}{100} + 1\right) \times (2015 \text{年の値})$ と式変形できる。したがって，2015 年のドイツの政府開発援助額を 100 とすると，（2019 年の値）$= \left(\frac{-6.0}{100} + 1\right)$ $\times \left(\frac{2.7}{100} + 1\right) \times \left(\frac{1.1}{100} + 1\right) \times \left(\frac{37.9}{100} + 1\right) \times 100 \fallingdotseq 134.59$ より，2019 年のそれの指数は 130 を上回っている。　3：誤り。2016 年のフランスの政府開発

援助額を100とすると，$(2018年の値) = \left(\dfrac{2018年の対前年増加率}{100} + 1\right) \times$

$\left(\dfrac{2017年の対前年増加率}{100} + 1\right) \times (2016年の値) = \left(\dfrac{13.3}{100} + 1\right) \times \left(\dfrac{17.8}{100} + 1\right) \times 100$

$\doteqdot 133.47$であり，$\dfrac{100}{133.47} \times 100 \doteqdot 74.9$〔％〕なので，2018年のそれの70％を上

回っている。　　4：正しい。2016年の日本の政府開発援助額を100とすると，

$(2019年の値) = \left(\dfrac{2019年の対前年増加率}{100} + 1\right) \times \left(\dfrac{2018年の対前年増加率}{100} + 1\right)$

$\times \left(\dfrac{2017年の対前年増加率}{100} + 1\right) \times (2016年の値) = \left(\dfrac{16.5}{100} + 1\right) \times \left(\dfrac{-12.2}{100} + 1\right) \times$

$\left(\dfrac{10.0}{100} + 1\right) \times 100 \doteqdot 112.52$であり，$\dfrac{112.52}{100} \times 100 = 112.52$〔％〕である。した

がって，2019年の日本の政府開発援助額は，2016年のそれの1.2倍を下回っ

ていることは確実にいえる。　　5：誤り。各国の政府開発援助額の実数が与え

られていないので，他国間で対前年増加額の大小を比較することはできない。

23 4

解説 本問では，与えられた数量の桁数が大きいため千トン単位の概数で

考える。　　1：誤り。「農産食品，農産加工食品」の輸入重量が前年より増加

しているのは，平成29年度と30年度のみなので，この2年度を考えればよい。

平成29年度の「農産食品，農産加工食品」の輸入重量の対前年度増加量は

$22,348 - 21,690 = 658$〔千トン〕，平成30年度のそれは$22,687 - 22,348 = 339$

〔千トン〕なので，最も大きいのは平成29年度である。　　2：誤り。平成29年

度の「農産食品，農産加工食品」の輸入重量を100とすると，令和2年度のそ

れの指数は$\dfrac{20,306}{22,348} \times 100 \doteqdot 90.86$なので，90を上回っている。　　3：誤り。令

和2年度における「飲料」の輸入重量の対前年度減少率は$\dfrac{1,407 - 1,294}{1,407} \times 100$

$\doteqdot 8.03$〔％〕より，8％を上回っている。　　4：正しい。各年度の「畜産食品，

畜産加工食品」の輸入重量と「水産食品，水産加工食品」の輸入重量との差

は，平成28年度が$3,390 - 2,139 = 1,251$〔千トン〕，平成29年度が$3,721 -$

$2,208 = 1,513$〔千トン〕，平成30年度が$3,786 - 2,155 = 1,631$〔千トン〕，令和

元年度が$3,790 - 2,110 = 1,680$〔千トン〕，令和2年度が$3,536 - 1,986 = 1,550$

〔千トン〕なので，令和元年度が最も大きいと確実にいえる。　　5：誤り。平

成28年度から令和2年度までの5年度における「水産食品，水産加工食品」の

輸入重量の1年度当たりの平均は，$\dfrac{2,139 + 2,208 + 2,155 + 2,110 + 1,986}{5} =$ 2,119.6〔千トン〕≒ 212〔万トン〕となるので，210万トンを上回っている。

24 5

解説 1：誤り。港内交通に関する許可件数の合計の平成22年に対する令和2年の減少数は218,883 − 194,598 = 24,285〔件〕，「危険物荷役運搬」の減少数は218,883 × 0.832 − 194,598 × 0.843 ≒ 18,065〔件〕なので，求める割合は$\dfrac{18,065}{24,285} \times 100 ≒ 74.4$〔％〕となり，75％を下回っている。 2：誤り。令和2年の「港内工事作業」の許可件数は194,598 × 0.066 ≒ 12,843〔件〕，平成22年のそれが218,883 × 0.068 ≒ 14,884〔件〕なので，$\dfrac{12,843}{14,884} ≒ 0.863$〔倍〕となり，0.85倍を上回っている。 3：誤り。平成22年の「行事」の許可件数は218,883 × 0.017 ≒ 3,721〔件〕，令和2年のそれは194,598 × 0.016 ≒ 3,114〔件〕より，平成22年の「行事」の許可件数を100としたときの令和2年のそれの指数は，$\dfrac{3,114}{3,721} \times 100 ≒ 83.69$なので，90を下回っている。 4：誤り。3より，「行事」の平成22年に対する令和2年の許可件数の減少数は3,721 − 3,114 = 607〔件〕であるが，「入出港届省略」のそれは218,883 × 0.044 − 194,598 × 0.049 ≒ 96〔件〕なので，「行事」が最も小さいとはいえない。 5：正しい。平成22年における「いかだけい留・運行」の許可件数に対する「港内工事作業」の許可件数の比率は$\dfrac{218,883 \times 0.068}{218,883 \times 0.017} = \dfrac{0.068}{0.017} = 4$，令和2年におけるそれは$\dfrac{194,598 \times 0.066}{194,598 \times 0.013} = \dfrac{0.066}{0.013} ≒ 5.08$なので，平成22年の方が下回っていると確実にいえる。

25 3

解説 正六面体（立方体）の展開図を変形する場合，次の規則性がある。
・それぞれの正方形の面は，隣り合う面に対して90°回転させることができる。このとき，数字の向きも90°回転する。
・4枚の面が直線状につながっている場合，端の面は反対側の端に回転することなく移動できる。
これらを利用し，問題の図を次の手順で変形すると，選択肢3の展開図となる。

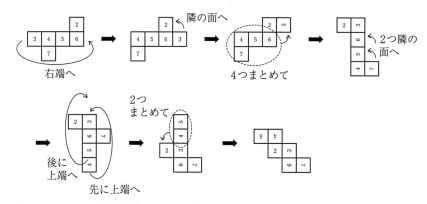

右端へ　隣の面へ　２つ隣の面へ　４つまとめて

後に上端へ　２つまとめて　先に上端へ

よって，同一の展開図となるのは選択肢３である。

26 3

解説 図Ⅰより，それぞれの型紙には２種類の模様のついた三角形が１つずつ含まれている。したがって，図Ⅱの六角形に含まれる模様のついた三角形の数より，図Ⅱを作るためには型紙Ａ，Ｂ，Ｃを合計18枚並べることがわかる。

まず，型紙Ｂは模様のついた２つの三角形の底辺同士が接しており特徴的なので，図Ⅱの中から型紙Ｂを探すと，右図の位置にある５枚となる。

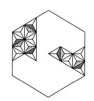

次に，型紙Ｃは模様のついた２つの三角形の頂点が重なっており特徴的なので，図Ⅱの中から型紙Ｃを探すと，右図の位置にある９枚となる。

よって，型紙Ａの使用枚数は，18 − (5 + 9) = 4〔枚〕であり，右図の位置にある。

27 5

解説 1：誤り。正面図と平面図（真上から見た図）は，次のようになると考えられる。

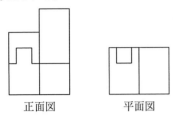

正面図　　　　　　　平面図

2：誤り。正面図と平面図（真上から見た図）は，次のようになると考えられる。

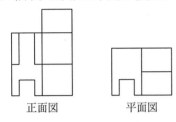

正面図　　　　　　　平面図

3：誤り。正面図と平面図（真上から見た図）は，次のようになると考えられる。

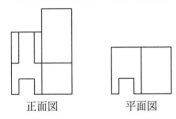

正面図　　　　　　　平面図

4：誤り。正面図と平面図（真上から見た図）は，次のようになると考えられる。

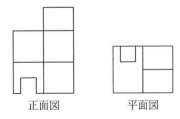

正面図　　　　　　　平面図

5：正しい。背面から見たものがないと正確な図はわからないが，選択肢5の見取り図は有り得る。

28 4

解説 扇形Aが直線ℓ上を回転するとき，中心点Pが描く軌跡は次のように
なる。

・P以外の点を回転の中心とするとき，半径が扇形の半径 r に等しい四分円の
弧を描く。

・弧が直線に接して回転するとき，長さが弧の長さに等しい線分を描く。

・中心点Pを回転の中心とするとき，軌跡は描かれない。

したがって，扇形Aの中心点Pが描く軌跡は次のようになる。

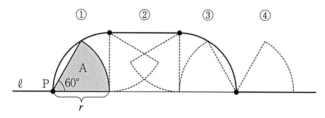

この軌跡と直線ℓで囲まれた面積は，

$$① + ② + ③ + ④ = \frac{1}{4} \cdot \pi r^2 + r \cdot 2\pi r \cdot \frac{60°}{360°} + \frac{1}{4} \cdot \pi r^2 + 0 = \frac{5}{6}\pi r^2$$

同様に，扇形Bの中心点P′が描く軌跡は次のようになる。

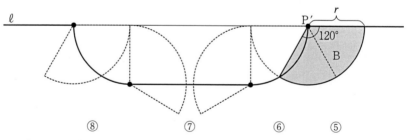

この軌跡と直線ℓで囲まれた面積は，

$$⑤ + ⑥ + ⑦ + ⑧ = 0 + \frac{1}{4} \cdot \pi r^2 + r \cdot 2\pi r \cdot \frac{120°}{360°} + \frac{1}{4} \cdot \pi r^2 = \frac{7}{6}\pi r^2$$

よって，これらの面積の和は，$\frac{5}{6}\pi r^2 + \frac{7}{6}\pi r^2 = 2\pi r^2$

29 1

解説 1：正しい。条約は，文書によって明示された国家間の合意で，国際法である。条約のほかに，協定，規約，憲章，宣言，議定書，取り決め，往復書簡など様々な表現がある。　2：公法とは，国家と国民の関係を規律する法であり，憲法，刑法などがそれに分類される。私人相互の関係を規律するのは私法で，民法はこちらに分類される。　3：社会法は，生存権に起因するものであり，社会的・経済的弱者の保護のため，労働，社会保障，経済分野への国家の積極的な関与を規定している。労働基準法や生活保護法などがこれに分類される。　4：自然法は，すべての人にあてはまる普遍的な法で，人間がいつでも従うべきものである。慣習法は，習慣的に繰り返してきた慣習を法的な性格として認めるものである。　5：成文法とは，文章の形をとって表された法であり，制定法ともいう。判例法は，不文法に分類される。

30 2

解説 A：日本では1982年に発効している。　B：国内法の未整備を理由に，日本は批准していない。　C：日本は批准していない。　D：2014年に批准している。　E：世論への配慮から，日本は批准していない。
よって，日本が批准しているのはAとDであり，正解は2となる。

31 2

解説 A：正しい。　B：大統領は，教書による議会への立法措置勧告，法案・議会の決議に対する成立拒否権，連邦議会への停会権をもっている。C：妥当である。　D：司法機関としては，最高人民法院と最高人民検察院が設けられている。国家権力を全人代に集中した権力集中制がとられている。よって，正しい記述はAとCであり，正解は2となる。

32 5

解説 1：株式の発行による資金は，企業内部で調達された資金なので，他人資本ではなく自己資本である。社債や銀行からの借り入れを，他人資本という。　2：所有と経営の分離とは，資本所有者と実際の経営者が別になっていることをいう。合同会社は，これに当たらない。　3：資本金5000万円以下と従業員数100人以下のいずれもではなく，5000万円以下または100人

以下を中小企業と定義している。　4：芸術・文化の支援活動がメセナ，福祉などに対する慈善活動がフィランソロピーである。　5：正しい。

33 2

解説 1：林羅山は，徳川家に仕え，朱子学を説いた。垂加神道は，山崎闇斎が創始したものである。　2：正しい。　3：中江藤樹は，日本陽明学の祖であり，朱子学を批判した。　4：前半の記述は伊藤仁斎に関する記述として正しいが，後半の記述は誤り。士道を体系化したのは，山鹿素行である。5：荻生徂徠は安天下の道を説き，道徳は私的な道徳だけでなく，公の秩序を維持する政治において実践されるべきとした。

34 5

解説 1：足利尊氏は持明院統の光明天皇を立てたが，後醍醐天皇は吉野に逃れ，南北朝時代が出現した。尊氏は1338年に征夷大将軍となり，室町幕府を開いた。　2：室町時代の守護に認められたのは，守護段銭ではなく半済である。領主化した守護は，国人ではなく守護大名と呼ばれた。　3：室町幕府初期では，足利尊氏が軍事指揮権を握り，弟の直義が裁判などの政務を担当していた。　4：鎌倉府の長官は，管領ではなく鎌倉公方と呼ばれた。尊氏の子の基氏が派遣され，その職は基氏の子孫によって世襲された。　5：正しい。

35 2

解説 1：航海王子エンリケは，アフリカ大陸の西側沿岸を探検し，インド航路開拓を奨励した。　2：正しい。　3：コロンブスは，スペイン女王イサベルの援助を受け，バハマ諸島のサンサルバドル島に到達した。　4：コロンブスの到達した地が，未知の大陸であると突き止めたのは，アメリゴ・ヴェスプッチである。　5：マゼランは東周りではなく，西周りの大航海に出発した。

36 2

解説 1：時間距離とは，2点間を移動するために要する時間によって計られる距離のこと。交通機関が発達すると，時間距離は短縮する。　2：正しい。　3：フランスの高速鉄道がTGV，ドイツの高速鉄道がICEである。

4：前半の記述は正しいが，後半の記述は誤りである。モーダルシフトにより，エネルギー消費や排気ガス抑制のため，乗用車やトラックから鉄道や船舶への転換が進んでいる。　5：航空機は，最も高速な移動手段ではあるが，輸送費が高いため，小型で軽量な付加価値の高いものの輸送に利用されている。

37 2

解説　1：アンゲラ・メルケル氏が所属していたのは，自由民主党ではなくキリスト教民主・社会同盟である。　2：正しい。　3：ヘルムート・コール氏ではなくゲアハルト・シュレーダー氏以来である。コール氏はキリスト教民主同盟に所属していた。　4：現在のドイツは，社会民主党・自由民主党・緑の党による連立政権である。社会民主党が赤，自由民主党が黄，緑の党が緑をシンボルカラーとしているため，信号連立と呼ばれる。　5：新政権では，外相，国防相，内相は全て女性であり，シュルツ氏を除く閣僚16人中8人を女性が占め，男女同数である。

38 5

解説　1：デジタル改革関連法は，デジタル庁設置法・デジタル社会形成基本法・デジタル社会形成整備法・公金受取口座登録法・預貯金口座管理法・自治体システム標準化法の6つの法律の総称である。一方，高度情報通信ネットワーク社会形成基本法（IT基本法）は廃止された。　2：デジタル庁は内閣直属の組織で，長は内閣総理大臣であり，各省庁への勧告権を有する。デジタル大臣を補佐する特別職のデジタル監は，大臣補佐官兼事務次官に相当する。　3：自治体システム標準化法には，国の基準に合わせたシステムの利用推進とは記されていない。地方公共団体情報システムを標準化し，地方公共団体で利用することを目指している。押印廃止については，デジタル社会形成基本法及びデジタル社会形成整備法に記されている。　4：マイナンバーと預貯金口座のひも付けは義務化ではなく，希望者においてマイナポータルからの登録及び金融機関窓口からの口座登録ができるようになる。　5：正しい。

39 3

解説　1：2月に発効したのは韓国であり，インドは離脱した。3月にはマレーシアが発効している。　2：昨年11月に批准したのは，オーストラリア

とニュージーランドである。　3：正しい。　4：関税は，91％の品目で即時又は段階的に撤廃される。TPPでは99％の水準なので，それよりは下回っている。　5：15の分野で共通ルールが作られている。なお，技術移転は禁止されている。

40　1

解説　A：正しい。　B：大平山元遺跡では，北東アジア最古級の土器が見つかっている。　C：正しい。　D：イコモスは，遺跡群について，先史時代における農耕以前の定住社会及び豊かな精神文化を示すと評価した。　E：「奄美大島，徳之島，沖縄島北部及び西表島」は世界自然遺産であり，遺跡群の登録は「百舌鳥・古市古墳群」に続き世界文化遺産では20件目である。

41　1

解説　屈折の法則より，$\dfrac{（媒質Ⅰにおける波の速さ）}{（媒質Ⅱにおける波の速さ）}=$（媒質Ⅰに対する媒質Ⅱの屈折率）が成り立つ。媒質Ⅰにおける波の速さは28m/sなので，媒質Ⅱにおける波の速さをV〔m/s〕とすると，$\dfrac{28}{V}=1.4$となり，$V=\dfrac{28}{1.4}=20$〔m/s〕…①となる。

また，波の振動数は媒質の屈折率が変わっても変化しないので，媒質Ⅱにおける波の振動数は媒質Ⅰと等しく4.0Hzである。ここで，波の基本式より，（波長）$=\dfrac{（速さ）}{（振動数）}$が成り立つので，媒質Ⅱにおける波の波長λは，①を用いて，$\lambda=\dfrac{20}{4.0}=5.0$〔m〕…②となる。

よって，①②より，正解は1となる。

42　5

解説　1：クーロンの法則の説明である。2つの点電荷の間にはたらく静電気量をF，2つの点電荷の電気量をQとq，点電荷間の距離をr，比例定数をkとすると，$F=k\dfrac{Qq}{r^2}$の関係が成り立つ。　2：ガウスの法則の説明である。3：オームの法則の説明である。電圧をV，電流をIとすると，これらは比例定数Rを用いて，$V=IR$の関係がある。なお，Rは抵抗を表している。　4：キ

ルヒホッフの法則の説明である。選択肢の前半部分はキルヒホッフの第1法則，後半部分は第2法則に関する説明である。　5：正しい。

43 5

解説 1：金は王水（濃硝酸と濃塩酸が体積比1：3で混合した溶液）に溶ける遷移元素である。　2：硫化銀Ag_2Sは黒色である。　3：湿った空気中で銅にできるさびは緑青色であり，これを緑青（ろくしょう）という。　4：鉄は，鉄鉱石（Fe_2O_3やFe_3O_4）をコークス（炭素）から生じた一酸化炭素で還元することで得られる。また，鉄は塩酸に溶けるが，酸化力の強い濃硝酸に対しては表面が不働態となるため溶けない。　5：正しい。

44 1

解説 1：正しい。例えば，物質を加熱して状態変化が起きているとき，その熱は状態変化のためだけに使われるので，物質の温度は変化しない。2：セルシウス温度で－273℃，絶対温度で0Kが温度の下限となり，これを絶対零度という。　3：状態変化が起きているとき，物質の集合状態や運動状態は変化している。　4：拡散は気体だけでなく，液体中の液体分子や固体粒子でも起きている。　5：固体から直接気体になる状態変化を昇華という。反対に，気体から直接固体になる状態変化を凝華（または昇華）という。

45 4

解説 1：真核細胞は核をもち，原核細胞は核をもたない。　2：細胞液ではなく，細胞質基質の説明である。　3：細胞壁は，細胞膜の外側にある全透膜である。　4：正しい。なお，葉緑体も独自のDNAをもっている。　5：液胞は，成長した植物細胞でよく発達しており，一般的に動物細胞ではそれほど発達していない。

46 5

解説 1：ホルモンを分泌し体内環境の調節を行っているのは，自律神経系ではなく内分泌系である。　2：チロキシンを分泌するのは，甲状腺である。また，チロキシンは，視床下部や脳下垂体にはたらきかけて甲状腺刺激ホルモンの分泌を抑制する。　3：体液中の水分量が減少すると，腎臓でパラトル

モンが分泌されるのではなく，脳下垂体後葉からバソプレシンが分泌される。
4：血糖濃度が上昇すると，A細胞からグルカゴンが分泌されるのではなく，
B細胞からインスリンが分泌される。　5：正しい。

47 1

解説 1：正しい。　2：極大期とは，黒点の数が多いときのことである。
太陽の活動が活発になるほど，黒点の数は増加する。　3：黒点が見られるの
は，磁場が強く太陽内部のガスの対流が妨げられ，エネルギーが流出しにく
く温度が低いからである。白斑は，このような黒点のまわりに見られる明る
くて高温の領域なので，光球の全面に見られるわけではない。　4：コロナは
彩層より外側にある真珠色の層のことである。　5：プロミネンスは彩層の外
側に見られる突起状のものである。また，フレアは極大期に太陽表面で起こ
る爆発現象である。

48 4

解説 1：日本の冬に発達するのは，湿ったオホーツク海高気圧ではなく，
乾燥したシベリア高気圧である。　2：日本の春には，貿易風ではなく，偏西
風の影響を受ける。　3：日本の梅雨には，乾燥したシベリア高気圧ではなく，
湿ったオホーツク海高気圧と湿った太平洋高気圧が停滞前線をつくる。
4：正しい。　5：台風は，温帯低気圧ではなく熱帯低気圧なので，前線を伴
わない。

教養試験 実施問題

※1　解答時間は2時間。

※2　問題は全48問あり。うち問題番号［1］－［28］までの28問は必須問題。問題番号
［29］－［48］までの20問は選択問題。選択問題は，20問のうち12問を任意に選択
して解答する。解答数が12問を超えた分は採点されない。

[1]　**次の文の主旨として，最も妥当なのはどれか。**

　記憶は，主観的につくりだされるものである。スキーマは入ってくる情報を自分にとって意味のあるものにし，記憶することを助ける。しかし，その半面，スキーマによって，実際には見なかったものを見たと思ってしまったり，記憶がゆがめられて，実際のものと違った形で思い出してしまったりすることも頻繁に起こる。

　例えば，あなたは大学の先生の研究室を訪問し，その後，研究室にあったものを思い出そうとする。そのとき，そこに非常にめずらしいものがあれば，それは記憶に鮮明に残る。しかし，そこに当然あるものとして期待されるモノ——電話，パソコン，ノート，本，ファイル，カレンダー等——については，本当にあったかどうか不確かな記憶しかないものである。人は通常，あるはずのものには注意を向けないからだ。

　注意を向けないものは，記憶の貯蔵産にはっきりした形で入れられることはない。思い出すときに人は，「大学の先生の研究室」というスキーマによって，「あるはずのもの」を「あったもの」として報告してしまう。多くの場合，記憶があやふやだという感覚もなく，「あった」と「思いこんでしまう」のだ（これは実際に心理学の実験で報告されていることである）。実際，人の記憶には，常にスキーマが混入する。そして，記憶の貯蔵庫の中から情報を引き出すときに，実際にあった客観的な情報とスキーマとを分離することは，ほぼ不可能なのである。

　誰かがしたことの一挙手一投足，行ったことの一部始終をビデオのようにつぶさに正確に記憶することは不可能だ。それは，わざわざ心理学の実験をしなくても，日常の経験からわかることだろう。一枚の単純な絵の記憶でさえ，些細なことでゆがめられてしまうのである。

（今井むつみ「学びとは何か」による）

1 記憶は，主観的につくりだされるものであり，スキーマは入ってくる情報を自分にとって意味のあるものにし，記憶することを助ける。

2 スキーマによって，実際には見なかったものを見たと思ったり，記憶がゆがめられて，実際のものと違った形で思い出したりすることは頻繁に起こる。

3 そこに当然あるものと期待されるモノについて，本当にあったかどうか不確かな記憶しかないのは，人は通常，あるはずのものには注意を向けないからだ。

4 人の記憶には，常にスキーマが混入し，記憶の中から情報を引き出すとき，実際にあった客観的な情報とスキーマとを分離することは，ほぼ不可能である。

5 誰かがしたことの一挙手一投足，行ったことの一部始終をビデオのようにつぶさに正確に記憶することは不可能である。

---

2 次の文の主旨として，最も妥当なのはどれか。

無所有を説いたマハトマ・ガンディーはこう言った。「自分ひとりの楽しみのためだけにモノを持つより，人のために尽くした方がはるかに人生は豊かになる」。

ガンディーほど生涯をかけて人のために尽くせなくても，確かに人のために何かすると嬉しい気持ちになる。人のために何かをして，その人が嬉しそうな笑顔になる。その笑顔を見ると苦労して何かしてあげた人まで嬉しくなってしまうが，これはなぜだろう？

人のために何かすることが実際に幸せにつながることは，科学的にも解明されてきている。たとえば，「ミラーニューロン」という神経細胞。誰かが怪我したり，転ぶ姿を見ただけで，自分も「痛っ！」という気持ちになるが，それはこの神経細胞が働いているからだ。ミラーニューロンの働きは，他の誰かがしていることを見るだけで，まるで自分がしているような気持ちになること。

人が小説や漫画，ドラマ，映画などにハマるのもこの働きが原因だ。主人公に悲しいことが起これば自分に起こったことのように悲しくなり，ハッピーエンドでは自分に起こったことのように嬉しくなる。物語に「感情移入」できるのは，この働きがあるおかげだ。

誰かの嬉しそうな笑顔を見ると，ミラーニューロンの働きで人はそれが自

分に起こったことのように感じられる。だから人の笑顔を見ると自分まで嬉しくなる。

（佐々木典士「ぼくたちに，もうモノは必要ない。増補版」による）

1 ガンディーほど生涯をかけて人のために尽くせなくても，確かに人のために何かすると嬉しい気持ちになる。

2 人のために何かすることが実際に幸せにつながることは，科学的にも解明されてきている。

3 ミラーニューロンの働きは，他の誰かがしていることを見るだけで，まるで自分がしているような気持ちになることである。

4 主人公に悲しいことが起これば自分に起こったことのように悲しくなり，ハッピーエンドでは自分に起こったことのように嬉しくなる。

5 誰かの嬉しそうな笑顔を見るとミラーニューロンの働きで人はそれが自分に起こったことのように感じられるため，人の笑顔を見ると自分まで嬉しくなる。

---

3 次の文の主旨として，最も妥当なのはどれか。

歴史家が過去の歴史を研究するにあたって，まず第一に行なわねばならないことは，なんといっても歴史的事実を確定することでしょう。歴史的事実を正確にとらえることなしには，いかなる歴史叙述も成立しないというべきです。もしも誤った歴史的事実を基礎にして歴史叙述を行なったならば，それはなんの学問的意義をももたないことはいうまでもありません。そしてこの歴史的事実の確定という段階においては，歴史家自身の世界観とか哲学というものはそれほど大きな役割を果たさないといえるでしょう。あるいはむしろ，それはなんらの影響をも与えてはならないのです。事実の確定は純粋に客観的に行なわれるべきです。

もとより歴史的事実というものは，現にわれわれ自身の目に見えるというようなものではありませんから，事実の確定という段階においても，詳しく検討すれば，いろいろの問題が生じてきます。

歴史的事実を確定するためには，われわれはどうしても記録にたよる外はありません。過去の歴史家の書いた記録とか，さらにさかのぼればその歴史的事実の起こった時代の人の書いた記録とかのたぐいです。しかしそれらの記録といえどもはたして絶対に信頼しうるものかどうかは必ずしも明らかではありません。その記録を書いた人が故意にいつわりの記述をするということ

もありますし，またそうでなくても，その人の主観的解釈がはいり込んでいるというようなばあいもあります。こうしたばあい，どの記録をどれだけ信頼するかというような点になると，やはり歴史家自身の主観的な価値判断が行なわれないとは断言できないわけです。

　しかし，ここではこれらの問題は考えないことにいたします。そして歴史的事実の確定ということに関しては，価値判断は無関係だと考えておきましょう。少なくとも原理的には，事実の確定は純粋に客観的に行なわれるべきだからです。

（岩崎武雄「哲学のすすめ」による）

1　歴史的事実を正確に捉えることなしには，いかなる歴史叙述も成立しないというべきである。

2　誤った歴史的事実を基礎にした歴史叙述は，何の学問的意義をも持たないことはいうまでもない。

3　歴史的事実の確定という段階においては，歴史家自身の世界観や哲学は何らの影響をも与えてはならず，事実の確定は純粋に客観的に行われるべきである。

4　歴史的事実を確定するためには，我々は記録に頼る外はないが，それらの記録が絶対に信頼しうるものかどうかは必ずしも明らかではない。

5　どの記録をどれだけ信頼するかという点になると，歴史家自身の主観的な価値判断が行われないとは断言できない。

4　次の短文Ａ～Ｇの配列順序として，最も妥当なのはどれか。

Ａ　釣りには，道糸を手でもつ手釣りと，竿釣りがあります。

Ｂ　ところが竿釣りでは，潮の流れが道糸に当たって生じる抵抗を少なくするため，手釣りに比べて細い道糸を使います。

Ｃ　釣り人の多くは竿を使ってマダイを釣りますが，魚のアタリや引きが指先に直接伝わる手釣りの魅力は，捨てがたいものがあります。

Ｄ　船の釣りで人気の高いマダイですが，漁師の一本釣りは，いまも手釣りです。

Ｅ　道糸が違うということは，仕掛けが違うことになります。

Ｆ　手釣りと竿釣りは，使う道糸の太さが違います。

Ｇ　手釣りでは，大物をハリに掛けたとき指に糸が食いこまないようにするため，また，手繰った糸がからまないように専用の太い道糸を使います。

（藤井克彦「釣りに行こう」による）

```
1  A - C - D - F - B - G - E
2  A - C - E - F - D - G - B
3  A - D - B - G - F - E - C
4  A - D - C - F - G - B - E
5  A - D - E - F - G - C - B
```

5 次の文の空所A～Cに該当する語の組合せとして，最も妥当なのはどれか。

　ミツバチは，蜜の存在に気づいたら，8の字の飛行をはじめる他はない。動物のコミュニケーションにあっては，ある対象（蜜）に接したことが原因となって，その結果として　　A　　に，それを指示する記号の役割を果たす行動が生じる。そして，仲間のそうした行動に接したなら，そのことが原因となって，それに反応する行動が生じる。ここには，飛んでいる虫が光源にむかって旋回しながら近づいていくのと同様の，因果関係（原因と結果のつながり）があるにすぎない。

　長い進化の過程で，かれらには，一定の対象を認知したら，ある定まった行動をするというプログラムがインストールされており，動物における記号的行動もまた，そうしたプログラムにしたがって，いわば　　B　　に生じる。蜜が存在しないのに8の字の飛行をはじめたりすることはない。つまり，動物は，うそがつけない。この点で動物は，人間とは　　C　　に異なっている。

　したがってまた，動物の記号的なコミュニケーションにあっては，「相手の考え」，「相手の意図」という概念は登場しない。コミュニケーションが，記号の役割をになう行動と，それへの反応とのあいだの因果関係によって成り立っているかぎり，そこには，そのように体を動かした相手の思いや意図を推測する，というプロセスが介在する余地はない。この点でもまた，動物のコミュニケーションは，人間のコミュニケーションとは　　C　　に異なっている。

（大庭健「いま，働くということ」による）

	A	B	C
1	偶然的	意図的	根本的
2	偶然的	自動的	表面的
3	必然的	意図的	根本的
4	必然的	意図的	表面的
5	必然的	自動的	根本的

6 次の英文中に述べられていることと一致するものとして、最も妥当な
のはどれか。

People around the world are impressed with Japanese people's politeness.
When foreign tourists return home, they tell their friends and family:
"Japanese people are so kind and polite." If you ask for directions,
someone won't just tell you; they'll walk you to your destination. If they
cannot help you with directions, they will apologize seriously, maybe with
a bow.

Also, Japanese people are always giving compliments. For example:
"You speak Japanese so well!"
"You look like David Beckham!"
Westerners really and truly do believe that Japanese people are polite.
Most believe that Japanese people are more polite than people in their
own country! You won't get compliments on your language ability in a
Western country. Somebody might give you directions. Or they might
say "sorridunno" (that's "I'm sorry I don't know" said very fast!) and
turn away.

Most foreign people are happy to live in such a polite country—a
country more polite than they could ever have imagined possible. Japan
even encourages them to try harder to be more polite. What a good
thing!

"If only every place in the world could be this polite," foreign visitors to
Japan think.

Then a door hits them in the face.

This happens to every single Western person at least once. It is a great
shock. Getting hit in the face by a door is not such a shock. It is a
surprise, but one that is quickly over. But getting hit in the face by a door
in "the most polite country in the world" is a shock. It is a very big shock
that causes Western people deep confusion.

In Western countries, it is the custom to hold the door open for someone
coming behind you.

(Rebecca Milner：森安真知子「ガイコク人ニッポン体験記」による)

147

1 日本人は、とても親切で礼儀正しいため、海外からの旅行者に道を尋ねられると、一生懸命になって目的地まで連れて行ってくれる。

2 欧米人は、日本人が礼儀正しいと信じており、日本人の言語能力を褒めたたえている。

3 ほとんどの外国人は、非常に礼儀正しい国に住めて幸せだと思っており、日本はまた、外国人にも礼儀正しく振る舞わせようとすらする。

4 日本人は、世界中の旅行者も日本人のように礼儀正しければよいのに、と考える。

5 欧米では、後ろから来る人のために、ドアを押さえて開けておく習慣はない。

[7] 次の英文中に述べられていることと一致するものとして、最も妥当なのはどれか。

THE SECOND PLANET was inhabited by a very vain man.

"Ah! A visit from an admirer!" he exclaimed when he caught sight of the little prince, still at some distance. To vain men, other people are admirers.

"Hello," said the little prince. "That's a funny hat you're wearing."

"It's for answering acclamations*," the very vain man replied. "Unfortunately, no one ever comes this way."

"Is that so?" said the little prince, who did not understand what the vain man was talking about.

"Clap your hands," directed the man.

The little prince clapped his hands, and the vain man tipped* his hat in modest acknowledgment.

This is more entertaining than the visit to the king*, the little prince said to himself. And he continued clapping. The very vain man continued tipping his hat in acknowledgment.

After five minutes of this exercise, the little prince tired of the game's monotony*. "And what would make the hat fall off?" he asked.

But the vain man did not hear him. Vain men never hear anything but praise.

"Do you really admire me a great deal?" he asked the little prince.

"What does that mean—*admire?*"

"*To admire* means to acknowledge that I am the handsomest, the best-dressed, the richest, and the most intelligent man on the planet."

（Antoine de Saint-Exupéry：Richard Howard・小島俊明
『対訳英語で読もう「星の王子さま」』による）

＊ acclamation………大かっさい

＊ tip………挨拶のためにちょっと傾ける

＊ entertaining………面白い　　＊ monotony………単調さ

1　見栄張り男は，王子さまを見つけると，遠くから手を振った。

2　見栄張り男は，王子さまが何について話しているのかよく分からなかった。

3　王子さまが手を叩くと，見栄張り男は，帽子をちょっと傾け，ずうずうしい態度で挨拶した。

4　王子さまは，遊びの単調さに飽きて，帽子を作ってくれないか，と見栄張り男に聞いた。

5　見栄張り男は，本当にうんとほめたたえてくれているのか，と王子さまに聞いた。

[8] 次の英文の空所ア，イに該当する語の組合せとして，最も妥当なのはどれか。

I do not like mystical language, and yet I hardly know how to express what I mean without employing phrases that sound poetic rather than scientific. Whatever we may wish to think, we are creatures of Earth; our life is part of the life of the Earth, and we draw our nourishment from it just as the plants and animals do. The rhythm of Earth life is slow; autumn and winter are as essential to it as spring and summer, and 　ア　 is as essential as motion. To the child, even more than to the man, it is necessary to preserve some contact with the ebb and flow of terrestrial life. The human body has been adapted through the ages to this rhythm, and religion has embodied something of it in the festival of Easter. I have seen a boy of two years old, who had been kept in London, taken out for the first time to walk in green country. The season was winter, and everything was wet and muddy. To the adult eye there was nothing to cause delight, but in the boy there sprang up a strange ecstasy;

he kneeled in the wet ground and put his face in the grass, and gave utterance to half-articulate cries of delight. The 　イ 　 that he was experiencing was primitive, simple and massive.

(Bertrand Russell：坂本和男「対訳ラッセル2」による)

	ア	イ
1	movement	joy
2	movement	pain
3	rest	sorrow
4	rest	joy
5	rest	pain

9 次の英文ア～キの配列順序として，最も妥当なのはどれか。

ア　Some industries have reused and recycled materials for years.

イ　The acid becomes polluted with metal.

ウ　The steel industry uses acid to clean the steel.

エ　They are reused until they are too old to use, then the metal is recycled.

オ　Oil drums are a good example.

カ　In many industries containers are used again and again.

キ　The metal in the acid is collected, and the acid is cleaned and reused.

(Rosemary Border：藤丸幸生「Recycling」による)

1　ア－イ－ウ－エ－オ－カ－キ
2　ア－ウ－オ－キ－イ－エ－カ
3　ア－エ－キ－ウ－イ－オ－カ
4　ア－オ－イ－カ－ウ－キ－エ
5　ア－カ－オ－エ－ウ－イ－キ

10 A～Dの4チームが，野球の試合を総当たり戦で2回行った。今，2回の総当たり戦の結果について，次のア～オのことが分かっているとき，確実にいえるのはどれか。

ア　AがCと対戦した結果は，2試合とも同じであった。

イ　Bが勝った試合はなかった。

ウ　Cが勝った試合は，4試合以上であった。

エ　DがAに勝った試合はなかった。

オ　各チームの引き分けた試合は，Aが2試合，Bが2試合，Cが1試合，
　　Dが1試合であった。
　1　Aが勝った試合は，1試合であった。
　2　Bは，Cとの対戦で2試合とも負けた。
　3　Cは，Dとの対戦で少なくとも1試合負けた。
　4　Dが勝った試合は，3試合であった。
　5　同じチームに2試合とも勝ったのは，2チーム以上であった。

11　ある暗号で「DOG」が「○Be●H○N」，「JFK」が「◎Li○C
◎Be」で表されるとき，同じ暗号の法則で「◎C●H○N●C●Be○B
○H◎B」と表されるのはどれか。
　1　「COMPUTER」
　2　「HOSPITAL」
　3　「MONTREAL」
　4　「SOCRATES」
　5　「SOFTBALL」

12　A～Dの4人は，ある週に2回，甘味屋でそれぞれ1つずつあんみつ
を注文した。あんみつには，アイス，白玉，あんずの3種類のトッピング
があり，あんみつ1つに対して複数の種類をトッピングすることも，何も
トッピングしないこともできる。ただし，同じ種類のトッピングは，あん
みつ1つに対して1人1個とする。次のア～カのことが分かっているとき，
確実にいえるのはどれか。
　ア　2回の注文とも，アイスは1人，白玉は3人，あんずは2人がトッピン
　　グした。
　イ　Aが白玉をトッピングしたのは，2回の注文のうち，いずれか1回だけ
　　だった。
　ウ　Bがアイスをトッピングしたのは，2回目だけだった。
　エ　2回の注文を合わせたトッピングの延べ個数は，Bが他の3人より多
　　かった。
　オ　Cは1回目に何もトッピングしなかった。
　カ　1回目にあんずをトッピングした人は，2回目にアイスをトッピングし
　　なかった。

1　1人は2回の注文ともあんずをトッピングした。

2　Aは2回目に何もトッピングしなかった。

3　Bは1回目にあんずをトッピングした。

4　あんみつ1つに対して3種類すべてをトッピングしたのは1人だけだった。

5　Dは1回目にアイスをトッピングした。

13　次の図のような3階建てのアパートがあり，A～Hの8人がそれぞれ異なる部屋に住んでいる。今，次のア～カのことが分かっているとき，確実にいえるのはどれか。

ア　Aが住んでいる部屋のすぐ下は空室で，Aが住んでいる部屋の隣にはHが住んでいる。

イ　Bが住んでいる部屋の両隣とすぐ下は，空室である。

ウ　Cが住んでいる部屋のすぐ上は空室で，その空室の隣にはFが住んでいる。

エ　DとFは同じ階の部屋に住んでいる。

オ　Fが住んでいる部屋のすぐ下には，Hが住んでいる。

カ　Gが住んでいる部屋の部屋番号の下一桁の数字は1である。

3階	301号室	302号室	303号室	304号室	305号室
2階	201号室	202号室	203号室	204号室	205号室
1階	101号室	102号室	103号室	104号室	105号室

1　Aの部屋は201号室である。

2　Bの部屋は302号室である。

3　Cの部屋は103号室である。

4　Dの部屋は304号室である。

5　Eの部屋は105号室である。

14　あるグループにおける花の好みについて，次のア～ウのことが分かっているとき，確実にいえるのはどれか。

　ア　アサガオが好きな人は，カーネーションとコスモスの両方が好きである。

　イ　カーネーションが好きではない人は，コスモスが好きである。

　ウ　コスモスが好きな人は，チューリップが好きではない。

　　1　アサガオが好きな人は，チューリップが好きである。

　　2　カーネーションかコスモスが好きな人は，アサガオが好きではない。

　　3　コスモスが好きな人は，アサガオが好きである。

　　4　コスモスが好きではない人は，チューリップが好きである。

　　5　チューリップが好きな人は，アサガオが好きではない。

15　1～200までの番号が付いた200個のボールが袋の中に入っている。次のア～ウの順番でボールを袋から取り出したとき，袋の中に残ったボールの個数はどれか。

　ア　7の倍数の番号が付いたボール

　イ　5の倍数の番号が付いたボール

　ウ　2の倍数の番号が付いたボール

　　1　63個

　　2　65個

　　3　67個

　　4　69個

　　5　71個

16 次の図のように，1辺が6cmの正方形が2つあり，正方形の対角線の
交点Oを中心として，一方の正方形を30°回転させたとき，2つの正方形
が重なり合ってできる斜線部の面積はどれか。

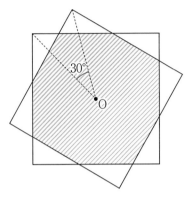

1 $12(9-4\sqrt{3})\,\mathrm{cm}^2$

2 $6(6-\sqrt{3})\,\mathrm{cm}^2$

3 $6(3+\sqrt{3})\,\mathrm{cm}^2$

4 $24(3-\sqrt{3})\,\mathrm{cm}^2$

5 $12(1+\sqrt{3})\,\mathrm{cm}^2$

17 1桁の整数a，b，cを用いて表される4桁の正の整数「 a b c 6」が
ある。この正の整数が3，7，11のいずれでも割り切れるとき，a＋b＋c
が最大となるのはどれか。

1 6

2 9

3 12

4 15

5 18

18 Aは，いつも決まった時刻に家を出発し，家から駅まで12分かけて歩いて向かっている。ところがある日，家から駅までの道のりの3分の1の地点で忘れ物に気づいたので，すぐに走って家に戻り，忘れ物を取ってから再び走って駅へ向かったところ，駅に到着した時刻はいつもと同じだった。家に到着してから再び出発するまでにかかった時間はどれか。ただし，Aが走る速さは歩く速さの3倍で，それぞれの速さは一定とする。

1　2分20秒

2　2分30秒

3　2分40秒

4　2分50秒

5　3分

19 ある箱の中に，赤色のコインが5枚，黄色のコインが4枚，青色のコインが3枚入っている。今，この箱の中から同時に3枚のコインを取り出すとき，2枚だけ同じ色になる確率はどれか。

1　$\dfrac{36}{55}$

2　$\dfrac{29}{44}$

3　$\dfrac{73}{110}$

4　$\dfrac{147}{220}$

5　$\dfrac{15}{22}$

20 ある学校でマラソン大会を実施した。今，生徒の完走時間について次のア～オのことが分かっているとき，完走時間が1時間以上の生徒は何人か。

ア　全生徒の完走時間の平均は，71分であった。

イ　完走時間が45分未満の生徒は20人おり，その完走時間の平均は43分であった。

ウ　完走時間が45分以上1時間未満の生徒は全体の40％であり，その完走時間の平均は54分であった。

エ　完走時間が1時間以上1時間30分未満の生徒の完走時間の平均は，75分であった。

オ　完走時間が1時間30分以上の生徒は全体の20％であり，その完走時間の平均は105分であった。

1　100人
2　160人
3　220人
4　280人
5　340人

21 次の表から確実にいえるのはどれか。

海面養殖業の収穫量の推移

（単位　t）

区　　分	平成26年	27	28	29	30
のり類（生重量）	276,129	297,370	300,683	304,308	283,688
かき類（殻付き）	183,685	164,380	158,925	173,900	176,698
ほ た て が い	184,588	248,209	214,571	135,090	173,959
ぶ　　り　　類	134,608	140,292	140,868	138,999	138,229
ま　　だ　　い	61,702	63,605	66,965	62,850	60,736

1　平成28年の「のり類（生重量）」の収穫量の対前年増加量は，平成29年のそれを上回っている。

2　平成26年の「かき類（殻付き）」の収穫量を100としたときの平成29年のそれの指数は，95を上回っている。

3　平成27年から平成30年までの4年における「ほたてがい」の収穫量の

1年当たりの平均は，19万2,000tを下回っている。

4　表中の各年とも，「ぶり類」の収穫量は，「まだい」の収穫量の2.1倍を上回っている。

5　平成27年の「まだい」の収穫量の対前年増加率は，平成28年のそれより大きい。

22　次の表から確実にいえるのはどれか。

自動車貨物の主要品目別輸送量の対前年度増加率の推移

(単位　%)

品　　目	平成27年度	28	29	30	令和元年度
砂利・砂・石材	△13.2	5.5	△8.5	△6.0	△9.6
機　　　　械	33.1	△3.4	9.4	10.1	14.9
窯　業　品	△8.6	△10.2	13.1	△11.5	0.4
食料工業品	△36.3	7.8	0.2	△5.8	△6.5
日　用　品	6.7	23.3	△0.1	8.2	4.1

(注) △は，マイナスを示す。

1　令和元年度において，「窯業品」の輸送量及び「食料工業品」の輸送量は，いずれも平成28年度のそれを下回っている。

2　表中の各年度のうち，「窯業品」の輸送量が最も少ないのは，平成30年度である。

3　平成29年度において，「食料工業品」の輸送量は，「機械」のそれを上回っている。

4　「機械」の輸送量の平成29年度に対する令和元年度の増加率は，「日用品」の輸送量のそれの2倍より小さい。

5　平成27年度の「砂利・砂・石材」の輸送量を100としたときの平成30年度のそれの指数は，90を上回っている。

[23] 次の図から確実にいえるのはどれか。

就業保健師等の年次推移

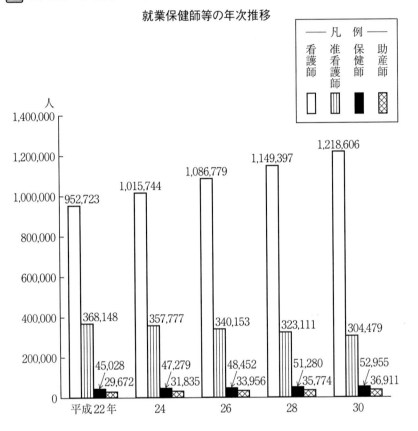

1　助産師の人数の平成24年に対する平成26年の増加人数は，保健師の人数のそれの2倍を上回っている。

2　平成26年の准看護師の人数を100としたときの平成30年のそれの指数は，90を上回っている。

3　准看護師の人数の平成28年に対する平成30年の減少率は，6%を上回っている。

4　平成22年において，図中の就業保健師等の人数の合計に占める看護師のそれの割合は，70%を超えている。

5　図中の各年のうち，保健師における人数と助産師における人数との差が最も小さいのは，平成26年である。

24 次の図から確実にいえるのはどれか。

世界人口の構成比の推移

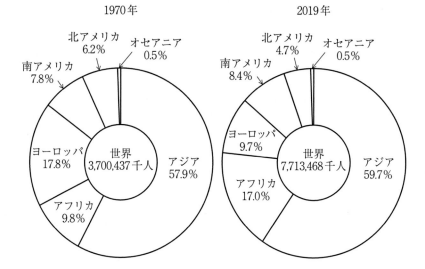

1　アフリカの人口の1970年に対する2019年の増加率は，ヨーロッパの人口のそれの18倍より大きい。

2　2019年の北アメリカの人口は，1970年のそれの1.7倍を上回っている。

3　1970年のアジアの人口を100としたときの2019年のそれの指数は，210を下回っている。

4　世界人口の合計の1970年に対する2019年の増加人数に占める南アメリカのそれの割合は，10％を超えている。

5　1970年におけるヨーロッパの人口に対するオセアニアの人口の比率は，2019年におけるそれを上回っている。

25 次の図のように2本の直線によって分割された円がある。今，7本の直線を加えてこの円を分割したとき，分割されてできた平面の最大数はどれか。

1　43
2　44
3　45
4　46
5　47

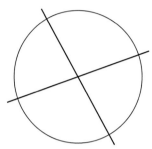

26 次の図形A〜Eのうち，一筆書きができるものを選んだ組合せはどれか。

A

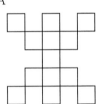

B

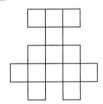

C

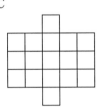

D

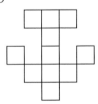

E

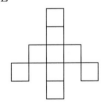

1　A　B
2　A　D
3　B　E
4　C　D
5　C　E

27　次の図Ⅰのような展開図のサイコロがある。このサイコロを図Ⅱのとおり，互いに接する面の目の数が同じになるように4個床に並べたとき，床に接した4面の目の数の積はどれか。

図Ⅰ

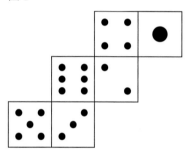

図Ⅱ

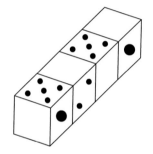

1　8
2　12
3　20
4　48
5　120

28 次の図のように，半径6a，中心角90°の扇形が直線上を矢印の方向に滑ることなく1回転したとき，図中の点Pが描く軌跡として最も妥当なのはどれか。

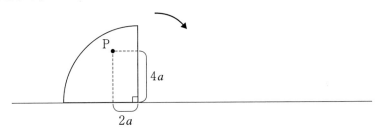

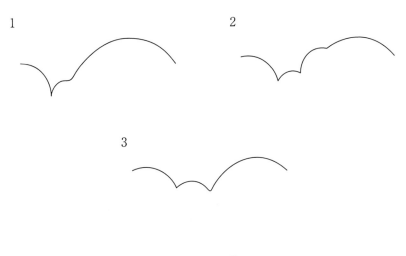

1

2

3

4

5

29 我が国の国会に関するA〜Dの記述のうち，妥当なものを選んだ組合せはどれか。

A　両議院の議員は，法律の定める場合を除いては，国会の会期中逮捕されず，会期前に逮捕された議員は，その議院の要求があれば，会期中これを釈放しなければならない。

B　特別国会は，いずれかの議院の総議員の4分の1以上の要求がある場合に召集されるものであり，臨時国会は，衆議院解散後の総選挙の日から30日以内に召集されるものである。

C　両議院は，各々その会議その他の手続及び内部の規律に関する規則を定め，また，院内の秩序を乱した議員を懲罰することができるが，議員を除名するには，出席議員の3分の2以上の多数による議決を必要とする。

D　両議院は，各々国政に関する調査を行い，これに関して，証人の出頭及び証言並びに記録の提出を要求することができるが，その証人が虚偽の証言をしても懲役等の罰則はない。

1　A　B
2　A　C
3　A　D
4　B　C
5　B　D

30 我が国の司法制度に関するA〜Dの記述のうち，妥当なものを選んだ組合せはどれか。

A　2009年に導入された裁判員制度は，重大な刑事事件の第一審において，国民から選ばれた裁判員が，裁判官とともに，有罪・無罪の決定や量刑を行う制度である。

B　ADRとは，民事上及び刑事上の紛争について，裁判によらない解決をめざし民間機関等の第三者が和解の仲介や仲裁を行う裁判外紛争解決手続のことである。

C　2008年に導入された被害者参加制度により，一定の重大事件の犯罪被害者や遺族が刑事裁判に出席し，意見を述べることができるようになったが，被告人や証人に質問することはできない。

D 検察審査会制度とは，国民の中からくじで選ばれた検察審査員が検察官の不起訴処分の適否を審査するものであり，同一の事件で起訴相当と2回議決された場合には，裁判所が指名した弁護士によって，強制的に起訴される。

1 A B
2 A C
3 A D
4 B C
5 B D

31 第二次世界大戦後の地域紛争に関する記述として，妥当なのはどれか。

1 ユダヤ人国家としてイスラエルが1948年に建国されたが，周辺アラブ諸国と数次にわたる中東戦争が発生し，多くのパレスチナ人が難民となった。

2 1990年，スーダンで多数派フツ族と少数派ツチ族との内戦が起こり，フツ族によりツチ族が3か月間で80～100万人殺害された。

3 1991年，チェチェン共和国はコソボからの独立を宣言したが，この独立を認めないコソボとの間で2度にわたりチェチェン紛争が起こった。

4 アルバニア系住民が多数を占めるボスニア・ヘルツェゴビナは，1999年にNATO軍によって軍事介入され，2008年にはセルビアからの独立を宣言した。

5 2003年，ソマリアでダルフール紛争が起き，2009年に国際刑事裁判所は，人道に対する罪で現職の国家元首として初めてバシル大統領の逮捕状を発布した。

32 我が国の消費者問題に関する記述として，妥当なのはどれか。

1 1960年代に，アメリカのケネディ大統領が，消費者の4つの権利として，安全を求める権利，知らされる権利，選ぶ権利，意見が反映される権利を示し，日本でも，消費者運動が活発になった。

2 1968年に制定された消費者保護基本法では，国と地方公共団体が消費者保護の責務を負うこととされ，この法律に基づき，国によって，消費者の相談窓口である消費生活センターが設置された。

3 製造物責任法（PL法）では，消費者が欠陥製品による被害を受けた場合，製品の欠陥を立証しなくても，説明書どおりに使用して事故にあった

ときは，製品に欠陥があったと推定され，損害賠償を求めることができる
ようになった。
4　クーリング・オフ制度とは，消費者が，訪問販売や電話勧誘販売等で
契約した場合に，一定期間内であれば無条件で契約を解除できるものであ
るが，本制度は宅地建物取引には一切適用されない。
5　2000年に制定された特定商取引法により，事業者の不適切な行為で消費
者が誤認又は困惑して契約をした場合はその契約を取り消すことができる
こととなり，2006年の同法改正では，消費者団体訴訟制度が導入された。

33 次の文は，古代インドの思想に関する記述であるが，文中の空所Ａ～
Ｄに該当する語の組合せとして，妥当なのはどれか。

紀元前15世紀頃，中央アジアから侵入してきたアーリヤ人によって，聖典
「ヴェーダ」に基づく　　Ａ　　が形成された。「ヴェーダ」の哲学的部門をなす
ウパニシャッド（奥義書）によれば，宇宙の根源は　　Ｂ　　，個人の根源は
　　Ｃ　　と呼ばれ，両者が一体であるという梵我一如の境地に達することで解
脱ができるとされた。

その後，修行者の中から，新たな教えを説く自由思想家たちが現れたが，
そのうちの一人，ヴァルダマーナ（マハーヴィーラ）は　　Ｄ　　を開き，苦行
と不殺生の徹底を説いた。

	A	B	C	D
1	ジャイナ教	アートマン	ブラフマン	仏教
2	ジャイナ教	アートマン	ブラフマン	ヒンドゥー教
3	バラモン教	アートマン	ブラフマン	ジャイナ教
4	バラモン教	ブラフマン	アートマン	ジャイナ教
5	バラモン教	ブラフマン	アートマン	ヒンドゥー教

34 日清戦争又は日露戦争に関する記述として，妥当なのはどれか。

1　1894年に，朝鮮で壬午事変が起こり，その鎮圧のため朝鮮政府の要請
により清が出兵すると，日本も清に対抗して出兵し，8月に宣戦が布告さ
れ日清戦争が始まった。
2　日清戦争では，日本が黄海海戦で清の北洋艦隊を破るなど，圧倒的勝
利を収め，1895年4月には，日本全権伊藤博文及び陸奥宗光と清の全権
袁世凱が下関条約に調印した。

3　下関条約の調印直後，ロシア，ドイツ，アメリカは遼東半島の清への返還を日本に要求し，日本政府はこの要求を受け入れ，賠償金3,000万両と引き換えに遼東半島を清に返還した。

4　ロシアが甲申事変をきっかけに満州を占領したことにより，韓国での権益を脅かされた日本は，1902年にイギリスと日英同盟を結び，1904年に宣戦を布告し日露戦争が始まった。

5　日露戦争では，日本が1905年1月に旅順を占領し，3月の奉天会戦及び5月の日本海海戦で勝利し，9月には，日本全権小村寿太郎とロシア全権ウィッテがアメリカのポーツマスで講和条約に調印した。

35　ローマ帝国に関する記述として，妥当なのはどれか。

1　オクタウィアヌスは，アントニウス，レピドゥスと第2回三頭政治を行い，紀元前31年にはアクティウムの海戦でエジプトのクレオパトラと結んだアントニウスを破り，前27年に元老院からアウグストゥスの称号を与えられた。

2　3世紀末，テオドシウス帝は，2人の正帝と2人の副帝が帝国統治にあたる四分統治制を敷き，皇帝権力を強化し，以後の帝政はドミナトゥスと呼ばれた。

3　コンスタンティヌス帝は，313年にミラノ勅令でキリスト教を公認し，また，325年にはニケーア公会議を開催し，アリウス派を正統教義とした。

4　ローマ帝国は，395年，テオドシウス帝の死後に分裂し，その後，西ローマ帝国は1千年以上続いたが，東ローマ帝国は476年に滅亡した。

5　ローマ法は，はじめローマ市民だけに適用される市民法だったが，やがて全ての市民に適用される万民法としての性格を強め，6世紀には，ユスティニアヌス帝の命令で，法学者キケロらによってローマ法大全として集大成された。

36　世界の地形に関する記述として，妥当なのはどれか。

1　地球表面の起伏である地形をつくる営力には，内的営力と外的営力があるが，内的営力が作用してつくられる地形を小地形といい，外的営力が作用してつくられる地形を大地形という。

2　地球の表面は，硬い岩石でできたプレートに覆われており，プレートの境界は，狭まる境界，広がる境界，ずれる境界の3つに分類される。

3 新期造山帯は，古生代の造山運動によって形成されたものであり，アルプス＝ヒマラヤ造山帯と環太平洋造山帯とがある。

4 河川は，山地を削って土砂を運搬し，堆積させて侵食平野をつくるが，侵食平野には，氾濫原，三角州などの地形が見られる。

5 石灰岩からなる地域では，岩の主な成分である炭酸カルシウムが，水に含まれる炭酸と化学反応を起こして岩は溶食され，このことによって乾燥地形がつくられる。

[37] 本年１月のアメリカ新政権発足に関する記述として，妥当なのはどれか。

1 ジョー・バイデン氏は，史上最高齢となる78歳で第46代アメリカ大統領に就任したが，同氏の大統領選挙への挑戦は，1988年の選挙以来２度目であった。

2 ジョー・バイデン氏は，大統領就任初日に世界保健機関（WHO）の脱退撤回と環太平洋経済連携協定（TPP）への復帰について，大統領令に署名した。

3 アメリカ大統領選挙で再選をめざした現職が敗れたのは，民主党のビル・クリントン氏が敗れた1992年以来となった。

4 カマラ・ハリス氏は，カリフォルニア州司法長官や上院議員を経て，女性として初のアメリカ副大統領に就任した。

5 アメリカ大統領選挙と同時に行われた連邦上院選では，ジョージア州の２議席で決選投票が実施され，いずれも共和党が勝利した。

[38] 昨年12月に政府が発表した「2050年カーボンニュートラルに伴うグリーン成長戦略」に関する記述として，妥当なのはどれか。

1 温室効果ガス排出量を2050年までに実質ゼロにする目標は，主要7か国（G7）の中で，日本が最初に法制化した。

2 政府は，温暖化対応を経済成長の制約ではなく成長の機会と捉え，洋上風力や水素など14の重点分野で数値目標を掲げた。

3 自動車では，2030年代半ばまでに，軽自動車を除いた乗用車の新車販売全てを，電気自動車などの電動車にする目標が掲げられた。

4 電力部門の脱炭素化については，2050年には火力発電所を全廃し，発電量の約50〜60％を再生エネルギーで賄うことを参考値とした。

5　カーボンプライシングは，二酸化炭素を回収し資源として再利用する技術であり，同技術の研究開発を行う企業を支援するため，政府は基金を創設した。

39 昨年12月に閣議決定された令和3年度税制改正の大綱に関する記述として，妥当なのはどれか。

1　子育て支援では，国や自治体からの認可外保育施設やベビーシッター利用料の助成については所得税の課税対象とした。

2　固定資産税は，商業地や住宅地などの全ての土地について，税額が増える場合は，令和3年度から3年間，令和2年度の税額に据え置くこととした。

3　住宅ローン減税は，13年間の控除が受けられる特例措置の入居期限を2年間延長するとともに，所得要件は設けずに，対象となる床面積の要件を50平方メートル以上から40平方メートル以上に緩和した。

4　中小企業の再編支援では，M＆A（合併・買収）を促進する措置として，買収後のリスクに備える準備金を費用とみなして，法人税の支払を先延ばしできることとした。

5　デジタルトランスフォーメーション（DX）投資促進では，クラウドによるデータ共有に関する設備投資について，投資額の最大5％の税額控除と30％の特別償却を併用できるとした。

40 昨年9月に国土交通省が発表した，7月1日時点の都道府県地価（基準地価）に関する記述として，妥当なのはどれか。

1　全国の商業地，住宅地などの全用途平均の基準地価は，3年ぶりに下落に転じた。

2　三大都市圏の住宅地の基準地価は，東京，大阪では7年ぶり，名古屋では8年ぶりに上昇に転じた。

3　全国の基準地価の平均は，商業地は5年ぶりに上昇に転じ，住宅地は前年より下落幅が拡大した。

4　全国の基準地価の最高価格となった東京都中央区の「明治屋銀座ビル」の地価は，9年ぶりに上昇に転じた。

5　地点別の基準地価の下落率1位は，観光客減の影響により，商業地，住宅地ともに沖縄県宮古島市であった。

41 滑らかな水平面上で，長さ2mの糸の一端に質量0.5kgの小球を付け，糸の他端を中心として，毎分60回の割合で等速円運動をさせたとき，糸の張力として，妥当なのはどれか。ただし，円周率を3.14とする。

1 3.14 N
2 6.28 N
3 19.72 N
4 39.44 N
5 78.88 N

42 一次コイルと二次コイルの巻数が600回と150回の電力の損失がない理想的な変圧器がある。一次コイルの電圧が200V，電流が0.10Aであるとき，二次コイルに生じる電圧V_2〔V〕と流れる電流I_2〔A〕の組合せはどれか。

	V_2	I_2
1	50 V	0.025 A
2	50 V	0.40 A
3	450 V	0.40 A
4	800 V	0.025 A
5	800 V	0.40 A

43 糖類に関する記述として，妥当なのはどれか。

1 ガラクトースは，ガラクタンを加水分解すると得られる単糖である。
2 グルコースは，水溶液中では3種類の異性体が平衡状態で存在し，フェーリング液を還元する二糖である。
3 グリコーゲンは，動物デンプンともよばれる分子式$(C_6H_{12}O_6)_n$の多糖である。
4 セルロースは，還元性がなく，ヨウ素デンプン反応を示す多糖である。
5 マルトースは，デンプンを酵素マルターゼで加水分解すると生じる二糖である。

44 次の表は，金属結晶の構造に関するものであるが，表中の空所A～D に該当する語又は数値の組合せとして，妥当なのはどれか。

	体心立方格子	面心立方格子	六方最密構造
単位格子中の原子の数	A 個	4個	B 個
充填率	68%	C %	74%
金属の例	Na	Cu	D

	A	B	C	D
1	2	2	68	Mg
2	2	2	74	Mg
3	2	4	68	Al
4	4	4	74	Mg
5	4	4	74	Al

45 動物の発生に関するA～Dの記述のうち，妥当なものを選んだ組合せ はどれか。

A　カエルの卵は，卵黄が植物極側に偏って分布している端黄卵であり， 第三卵割は不等割となり，卵割腔は動物極側に偏ってできる。

B　カエルの発生における原腸胚期には，外胚葉，中胚葉，内胚葉の区別 ができる。

C　脊椎動物では，外胚葉から分化した神経管は，のちに脳や脊索となる。

D　胚のある領域が接している他の領域に作用して，分化を促す働きを誘 導といい，分化を促す胚の領域をアポトーシスという。

1　A　B
2　A　C
3　B　C
4　B　D
5　C　D

46 植物ホルモンに関する記述として，妥当なのはどれか。

1　エチレンには，果実の成熟や落果，落葉を抑制する働きがある。

2　ジベレリンには，種子の発芽や茎の伸長を促進する働きがある。

3 オーキシンには、種子の発芽や果実の成長を抑制する働きがある。

4 フロリゲンには、昆虫の消化酵素の働きを阻害する物質の合成を促進し、食害の拡大を防ぐ働きがある。

5 サイトカイニンには、細胞分裂の抑制や葉の老化の促進、葉の気孔を閉じる働きがある。

47 次の文は、宇宙の膨張に関する記述であるが、文中の空所A、Bに該当する語、語句又は人物名の組合せとして、妥当なのはどれか。

　　 A は銀河を観測し、銀河の後退速度は、その銀河までの B に比例していることを発見した。この関係を A の法則という。

	A	B
1	ケプラー	距離
2	ケプラー	距離の2乗
3	ケプラー	距離の3乗
4	ハッブル	距離
5	ハッブル	距離の2乗

48 海洋に関する記述として、妥当なのはどれか。

1 海水の塩類の組成比は、塩化ナトリウム77.9％、硫酸マグネシウム9.6％、塩化マグネシウム6.1％などで、ほぼ一定である。

2 海水温は、鉛直方向で異なり、地域や季節により水温が変化する表層混合層と水温が一定の深層に分けられ、その間には、水温が急激に低下する水温躍層が存在する。

3 一定の向きに流れる水平方向の海水の流れを海流といい、貿易風や偏西風、地球の自転の影響により形成される大きな海流の循環を熱塩循環という。

4 北大西洋のグリーンランド沖と南極海では、水温が低いため、密度の大きい海水が生成され、この海水が海洋の深層にまで沈み込み、表層と深層での大循環を形成することを表層循環という。

5 数年に一度、赤道太平洋のペルー沖で貿易風が弱まって、赤道太平洋西部の表層の暖水が平年よりも東に広がり、海面水温が高くなる現象をラニーニャ現象という。

《 解 答 ・ 解 説 》

1 4

解説 主旨把握問題。スキーマの特質に関して具体例を通して述べた後に，それを総合的に要約するという本文の論理展開を捉えることが重要である。

2 5

解説 主旨把握問題。ガンディー，ミラーニューロン，物語への感情移入などの具体例に言及した上で，本文の末尾で筆者の主張がまとめられている。

3 3

解説 主旨把握問題。本文第一段落で前提を確認してから趣旨が述べられた後，本文の後半では想定される反論について論及されている。この本文の論理構成を捉えることが大切である。

4 4

解説 文章整序問題。道糸の太さに言及している短文B，E，F，Gが一つのまとまりを形成する。また，Bの冒頭の接続詞「ところが」を挟んで，手釣りから竿釣りへと話題が転ずることが読み取れる。これらのヒント，さらには提示されている選択肢も考慮して，文章の原型を復元することができる。

5 5

解説 空欄補充問題。空所Aの前後では「原因」と「結果」のつながりについて論じられており，空所には「必然的」の語が相応しい。また空所Bについては，直前の「プログラム」という語句が「自動的」という語を導き出す。空所Cについては，文章の内容から「根本的」という語が当てはまる。

6 3

解説 1：「目的地まで連れて行ってくれる人もいる」であれば正しい。2：「西洋では人の言語能力をたたえることはない」であれば正しい。　4：「世界中のどこもこれくらい礼儀正しければいいのにと日本を訪れる外国人は考える」であれば正しい。　5：「ドアを開けておく習慣がある」が正しい。

7 5

解説 1:「遠くから手を振った」が誤り。 2:王子様と見栄張り男の主語が逆。「王子さまは，見栄張り男が何について話しているのかよく分からなかった」が正しい。 3:「ずうずうしい態度で」が誤り。 4:「make the hat fall off」は「帽子を脱がせる」の意。

8 4

解説 ア:地球の「秋，冬」をrest「休息」に，「春，夏」をmotion「運動」に例えている。空所を含む文意は「秋と冬は，春と夏と同じくらい地球の命にとって必要不可欠で，休息は運動と同じくらい必要不可欠である」。 イ:空所前には，冬に初めて緑あふれる田舎に連れてこられた少年の喜びようが書かれている。イには「joy」が入り，その文意は「彼が経験していた喜びは原始的で，単純で，そして大きかった」。

9 5

解説 整序問題では，接続詞や冠詞などに着目して文の整序を判断する。選択肢を見ると，「ア:長年にわたり資材を再利用しリサイクルしている業界がいくつかある」で始まる。次に業界に触れている「カ:多くの業界では容器が何度も使われる」が続くことがわかる。以降は，その容器の具体例として，「オ:オイル缶がよい例である」，「エ:それら（オイル缶）は古くなって使えなくなるまで再利用され，それから金属がリサイクルされる」，「ウ:鉄鋼業界は鉄をきれいにするために酸を使う」，「イ:酸は金属で汚染される」，「キ:酸の中の金属は回収され，酸はきれいにされ，再利用される」となる。

10 5

解説 分かっていることア～オより，下図①のことが分かる。

①

	対戦チーム				対戦チーム				勝	敗	引き分け
	A	B	C	D	A	B	C	D			
A			×	○			×				2
B									0	4	2
C	○				○				≧4		1
D	×										1

さらに，Aが引き分けた2試合について，わかっていることオより，「2試合ともBチームと引き分けた」場合と「1試合はBチームと，もう1試合はDチームと引き分けた」場合に分けて考えることができ，最終的に下図②か③の場合が考えられる。

②

	対戦チーム				対戦チーム				勝	敗	引き分け
	A	B	C	D	A	B	C	D			
A		△	×	○		△	×	○			2
B	△		×	×	△		×	×	0	4	2
C	○	○		△	○	○		○/×	≧4		1
D	×	○	△		×	○	×/○				1

③

	対戦チーム				対戦チーム				勝	敗	引き分け
	A	B	C	D	A	B	C	D			
A		△	×	○		○	×	△			2
B	△		△	×	×		×	×	0	4	2
C	○	△		○	○	○		○/×	≧4		1
D	×	○	×		△	○	×/○				1

以上より，各選択肢を検討する。

1：どちらの場合もAは2勝しているので誤り。　2：③の場合は1敗1引き分けのため確実には言えない。　3：どちらの場合も勝ったか負けたかは分からないため，確実には言えない。　4：どちらの場合もCとの勝敗結果が確実ではないため，確実には言えない。　5：②の場合はA，C，Dが，③の場合はC，Dが当てはまるため，確実に言える。

11 3

解説 本問の暗号の法則は，下表に示すように，記号「○，◎，●」と元素記号「H，He，Li，Be，B，C，N」の組み合わせを，アルファベットA～Uに対応させている。

	H	He	Li	Be	B	C	N
○	A	B	C	D	E	F	G
◎	H	I	J	K	L	M	N
●	O	P	Q	R	S	T	U

これより，「◎C●H◎N●C●Be○B○H◎B」=「MONTREAL」である。

12 2

解説 分かっていることア，イ，ウ，オ，カより，下図①のことが分かる。

①

	1回目			2回目		
	アイス	白玉	あんず	アイス	白玉	あんず
A		○	○	×	×	
B	×	○	×	○	○	
C	×	×	×	×	○	
D		○	○	×	○	
	1	3	2	1	3	2

ここで，1回目にアイスをトッピングした人がAの場合（下図②）と，Dの場合（下図③）に分けて考える。しかし，③の場合，分かっていることエが成り立たない。よって，下図②に決定する。

②

	1回目			2回目		
	アイス	白玉	あんず	アイス	白玉	あんず
A	○	○	○	×	×	×
B	×	○	×	○	○	○
C	×	×	×	×	○	○
D	×	○	○	×	○	×
	1	3	2	1	3	2

③

	1回目			2回目		
	アイス	白玉	あんず	アイス	白玉	あんず
A	×	○	○	×	×	
B	×	○	×	○	○	
C	×	×	×	×	○	
D	○	○	○	×	○	
	1	3	2	1	3	2

以上より，各選択肢を検討する。

1：あんずを2回とも注文した人はいないため誤り。　2：正しい。　3：Bは1回目に白玉のみをトッピングしているため誤り。　4：3種類すべてにトッピングした人は，1回目がA，2回目がBで計2人いるため誤り。　5：Dは1回目に白玉とあんずをトッピングしているため誤り。

13 2

解説 分かっていることより，B，D，Fは3階に，A，C，Hは2階に住んでいることが分かる。また，A，C，Hは，Hを挟んで隣同士であることを考慮すると，下図の①と②の場合が考えられる。

①

3階	空室	B	空室	F	D
2階		空室		H	
1階					

②

3階	D	F	空室	B	空室
2階		H		空室	
1階					

ここで，分かっていることア，ウ，カを考慮すると，②の場合は考えられない。よって，あとの図③に決定し，Gの部屋は101号室か201号室のどちらかであり，Eの部屋は残った部屋の1室である。

③

3階	空室	B	空室	F	D
2階		空室	C	H	A
1階					空室

以上より，各選択肢を検討する。

1：Aの部屋は205号室のため誤り。　2：Bの部屋は302号室であるため正しい。　3：Cの部屋は203号室のため誤り。　4：Dの部屋は305号室であるため誤り。　5：Eの部屋は101号室か201号室のため誤り。

14 5

解説 ア～ウの命題，およびこれらの対偶を次のように記号化する。

	命題	対偶
ア	アサガオ→カーネーション アサガオ→コスモス	$\overline{カーネーション}$→$\overline{アサガオ}$ $\overline{コスモス}$→$\overline{アサガオ}$
イ	$\overline{カーネーション}$→コスモス	$\overline{コスモス}$→カーネーション
ウ	コスモス→$\overline{チューリップ}$	チューリップ→$\overline{コスモス}$

次に，それぞれの選択肢について検討する。

1：誤り。アとウより，「アサガオ→カーネーション」，「アサガオ→コスモス→$\overline{チューリップ}$」となるが，その後が続かないため確実にはいえない。　2：ウの命題より，「コスモス→$\overline{チューリップ}$」となるが，その後が続かないため確実にはいえない。また，カーネーションから始まるものがないので，確実にはいえない。　3：ウの命題より，「コスモス→$\overline{チューリップ}$」となるが，その後が続かないため確実にはいえない。　4：アの待遇，イの待遇より，「$\overline{コスモス}$→$\overline{アサガオ}$」，「$\overline{コスモス}$→カーネーション」となるが，その後が続かないため確実にはいえない。　5：ウの待遇とアの待遇より，「チューリップ→$\overline{コスモス}$→$\overline{アサガオ}$」となるので，「チューリップが好きな人は，アサガオが好きではない」は確実に言える。

15 4

解説 1から200までの整数全体の集合をUとし，そのうち2の倍数，5の倍数，7の倍数全体の集合をそれぞれA，B，Cとすると，$A \cap B$は2かつ5の倍数，すなわち2と5の最小公倍数10の倍数全体の集合であり，$B \cap C$は5かつ7の倍数，すなわち5と7の最小公倍数35の倍数全体の集合であり，$C \cap A$は7かつ2の倍数，すなわち7と2の最小公倍数14の倍数全体の集合であり，$A \cap B \cap C$は2かつ5かつ7の倍数，すなわち2と5と7の最小公倍数70の倍数全体の集合である。

それぞれの集合の要素の個数は，$n(U) = 200$，$n(A) = 100$，$n(B) = 40$，$n(C) = 28$，$n(A \cap B) = 20$，$n(B \cap C) = 5$，$n(C \cap A) = 14$，$n(A \cap B \cap C) = 2$だから，袋の中に残ったボールの個数は，$n(\overline{A \cup B \cup C}) = n(U) - n(A \cup B \cup C) = n(U) - \{n(A) + n(B) + n(C) - n(A \cap B) - n(B \cap C) - n(C \cap A) + n(A \cap B \cap C)\} = 200 - \{100 + 40 + 28 - 20 - 5 - 14 + 2\} = 69$〔個〕である。

16 4

解説 与えられた図の点を下図のようにA～Qとする。

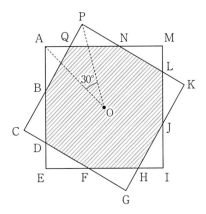

図形の対称性から，$\triangle ABQ \equiv \triangle CBD \equiv \triangle EFD \equiv \triangle GFH \equiv \triangle IJH \equiv \triangle KJL \equiv \triangle MNL \equiv \triangle PNQ$である。4点A，B，O，Pについて，A，Pは直線BOの同じ側にあって，$\angle BAO = \angle BPO = 45°$である。よって，円周角の定理の逆より，この4点は1つの円周上にある。したがって，弧APに対する円周角より，$\angle ABP = \angle AOP = 30°$となる。ここで，$\triangle ABQ$は30°，60°，90°の直角三角

形であるので，3辺の比は $2:1:\sqrt{3}$ である。$AQ = x$〔cm〕とすると，$AE = AB + BD + DE = AB + BQ + QA = \sqrt{3}\,x + 2x + x = (3 + \sqrt{3})x$〔cm〕である。これが6cmに等しいから，$(3 + \sqrt{3})x = 6$　$x = \dfrac{6}{3 + \sqrt{3}} = 3 - \sqrt{3}$ となる。

以上より，求める斜線部の面積は，（正方形AEIMの面積）$- \triangle ABQ - \triangle EFD - \triangle IJH - \triangle MNL = $（正方形AEIMの面積）$- \triangle ABQ \times 4 = 6^2 - \dfrac{1}{2} \cdot \sqrt{3}\,x \cdot x \times 4 = 6^2 - \dfrac{1}{2} \cdot \sqrt{3}\,(3 - \sqrt{3}) \cdot (3 - \sqrt{3}) \times 4 = 24(3 - \sqrt{3})$〔cm²〕である。

17　5

解説　「$\boxed{a}\boxed{b}\boxed{c}6$」$= n$ とする。n は3，7，11のいずれでも割り切れるから，3かつ7かつ11の倍数，すなわち3と7と11の最小公倍数231の倍数であり，整数 k を用いて $n = 231k$ と表せる。

これより，$1006 \leqq n \leqq 9996$　$\Leftrightarrow$　$1006 \leqq 231k \leqq 9996$　$\Leftrightarrow$　$4\dfrac{82}{231} \leqq k \leqq 43\dfrac{13}{11}$

また，n の一の位の数字が6であることも考慮すると，k の値は6，16，26，36の4通りであり，それぞれの k の値に対応する n の値は，$(k,\ n) = (6,\ 1386)$，$(16,\ 3696)$，$(26,\ 6006)$，$(36,\ 8316)$ である。

以上より，$a + b + c$ が最大となるのは，$n = 3696$ の場合で，$a + b + c = 3 + 6 + 9 = 18$ である。

18　3

解説　道のりが一定のとき，時間は速さに反比例する。Aが忘れ物に気づいた地点から家までの道のりと，家から駅までの道のりを歩いた場合，$\dfrac{12}{3} + 12 = 16$〔分〕かかるから，この道のりを歩く速さの3倍で走ると，かかる時間は $16 \times \dfrac{1}{3} = \dfrac{16}{3}$〔分〕である。家に到着してから再び出発するまでにかかった時間を x 分とすると，駅に到着した時刻はいつもと同じだったことから，$\dfrac{12}{3} + \dfrac{16}{3} + x = 12$ が成り立ち，これを解くと $x = 2\dfrac{2}{3}$

よって，家に到着してから再び出発するまでにかかった時間は $2\dfrac{2}{3}$ 分 $= 2$ 分40秒である。

19 2

解説 赤色のコインが5枚，黄色のコインが4枚，青色のコインが3枚，合計12枚のコインの中から同時に3枚のコインを取り出すとき，すべての取り出し方は $_{12}C_3 = 220$〔通り〕である。このうち，赤色のコインを2枚取り出す取り出し方は $_5C_2 \times _7C_1 = 70$〔通り〕，黄色のコインを2枚取り出す取り出し方は $_4C_2 \times _8C_1 = 48$〔通り〕，青色のコインを2枚取り出す取り出し方は $_3C_2 \times _9C_1 = 27$〔通り〕だから，2枚だけ同じ色になる確率は $\dfrac{70 + 48 + 27}{220} = \dfrac{29}{44}$ である。

20 3

解説 全生徒の数を x 人とする。分かっていることアより，全生徒の完走時間の合計は 71〔分〕$\times x$〔人〕$= 71x$〔分〕…①

分かっていることイより，完走時間が45分未満の生徒の完走時間の合計は 43〔分〕$\times 20$〔人〕$= 860$〔分〕…②

分かっていることウより，完走時間が45分以上1時間未満の生徒の完走時間の合計は 54〔分〕$\times 0.4x$〔人〕$= 21.6x$〔分〕…③

分かっていることエと他の分かっていることの生徒数より，完走時間が1時間以上1時間30分未満の生徒の完走時間の合計は 75〔分〕$\times (x - 20 - 0.4x - 0.2x)$〔人〕$= (30x - 1500)$〔分〕…④

分かっていることオより，完走時間が1時間30分以上の生徒の完走時間の合計は 105〔分〕$\times 0.2x$〔人〕$= 21x$〔分〕…⑤

完走時間の合計の関係から，①＝②＋③＋④＋⑤ ⇔ $71x = 860 + 21.6x + (30x - 1500) + 21x$ が成り立つ。これを解いて，$x = 400$

よって，完走時間が1時間以上の生徒の数は，$x - (20 + 0.4x) = 0.6x - 20 = 0.6 \cdot 400 - 20 = 220$〔人〕である。

21 4

解説 1：誤り。平成28年の「のり類（生重量）」の収穫量の対前年増加量は $300,683 - 297,370 = 3,313$〔t〕，平成29年は $304,308 - 300,683 = 3,625$〔t〕で，平成29年度の方が上回っている。 2：誤り。平成26年の「かき類（殻付き）」の収穫量を100としたときの平成29年の指数は $100 \times \dfrac{173,900}{183,685} = 94.6\cdots$で，95を

下回っている。　3：誤り。平成27年から平成30年までの4年における「ほたてがい」の収穫量の1年当たりの平均は，$\dfrac{248{,}000 + 214{,}000 + 135{,}000 + 173{,}000}{4}$ ＝19万2,500〔t〕で，19万2,000tを上回っている。　4：正しい。「まだい」の収穫量に対する「ぶり類」の収穫量の倍率は，平成26年が$\dfrac{134{,}608}{61{,}702}$＝2.18…，平成27年が$\dfrac{140{,}292}{63{,}605}$＝2.2…，平成28年が$\dfrac{140{,}868}{66{,}965}$＝2.103…，平成29年が$\dfrac{138{,}999}{62{,}850}$＝2.2…，平成30年が$\dfrac{138{,}229}{60{,}736}$＝2.2…で，表中の各年とも「ぶり類」の収穫量は「まだい」の収穫量の2.1倍を上回っている。　5：誤り。平成27年の「まだい」の収穫量の対前年増加率は$\dfrac{63{,}605 - 61{,}702}{61{,}702} \times 100 \doteqdot 3$〔％〕，平成28年は$\dfrac{66{,}965 - 63{,}605}{63{,}605} \times 100 \doteqdot 5$〔％〕で，平成28年度の方が大きい。

22　5

解説　1：誤り。平成28年度の「窯業品」の輸送量を100としたときの令和元年度の指数は$100 \times \left(1 + \dfrac{13.1}{100}\right) \times \left(1 - \dfrac{11.5}{100}\right) \times \left(1 + \dfrac{0.4}{100}\right) = 100.4\cdots$で，平成28年度を上回っている。　2：誤り。平成28年度の「窯業品」の輸送量を100としたときの平成30年度の指数は$100 \times \left(1 + \dfrac{13.1}{100}\right) \times \left(1 - \dfrac{11.5}{100}\right) = 100.09\cdots$で，平成28年度より多い。　3：誤り。本問の資料だけでは輸送量の値は分からない。4：誤り。「機械」の輸送量の平成29年度に対する令和元年度の増加率は，「日用品」の輸送量の$\left\{\left(1 + \dfrac{10.1}{100}\right) \times \left(1 + \dfrac{14.9}{100}\right) - 1\right\} \div \left\{\left(1 + \dfrac{8.2}{100}\right) \times \left(1 + \dfrac{4.1}{100}\right) - 1\right\}$＝2.09…倍で，2倍より大きい。　5：正しい。平成27年度の「砂利・砂・石材」の輸送量を100としたときの平成30年度の指数は$100 \times \left(1 + \dfrac{5.5}{100}\right) \times \left(1 - \dfrac{8.5}{100}\right)$ $\times \left(1 - \dfrac{6.0}{100}\right) = 90.7\cdots$で，90を上回っている。

23 5

解説 1：誤り。助産師の人数の平成24年に対する平成26年の増加人数は，保健師の人数のそれの $\frac{33,956 - 31,835}{48,452 - 47,279} = 1.8\cdots$〔倍〕で，2倍を下回っている。

2：誤り。平成26年の准看護師の人数を100としたときの平成30年の指数は $100 \times \frac{304,479}{340,153} = 89.5\cdots$で，90を下回っている。 3：誤り。准看護師の人数の平成28年に対する平成30年の減少率は $\frac{304,479 - 323,111}{323,111} \times 100 = -5.7\cdots$〔％〕で，6％を下回っている。 4：誤り。平成22年において，就業保健師等の人数の合計に占める看護師のそれの割合は $\frac{952,723}{952,723 + 368,148 + 45,028 + 29,672} \times 100 \fallingdotseq 68$〔％〕で，70％に満たない。 5：正しい。保健師における人数と助産師における人数との差は，平成22年が $45,028 - 29,672 = 15,356$〔人〕，平成24年が $47,279 - 31,835 = 15,444$〔人〕，平成26年が $48,452 - 33,956 = 14,496$〔人〕，平成28年が $51,280 - 35,774 = 15,506$〔人〕，平成30年が $52,955 - 36,911 = 16,044$〔人〕で，最も小さいのは平成26年である。

24 1

解説 1：正しい。アフリカの人口の1970年に対する2019年の増加率 $\left(7,713,468〔千人〕 \times \frac{17.0}{100} - 3,700,437〔千人〕 \times \frac{9.8}{100}\right) \div \left(3,700,437〔千人〕 \times \frac{9.8}{100}\right) \times 100 \fallingdotseq 261$〔％〕は，ヨーロッパの人口の1970年に対する2019年の増加率 $\left(7,713,468〔千人〕 \times \frac{9.7}{100} - 3,700,437〔千人〕 \times \frac{17.8}{100}\right) \div \left(3,700,437〔千人〕 \times \frac{17.8}{100}\right) \times 100 \fallingdotseq 14$〔％〕の $\frac{261}{14} = 18.6\cdots$〔倍〕で，18倍より大きい。 2：誤り。2019年の北アメリカの人口は，1970年の $\left(7,713,468〔千人〕 \times \frac{4.7}{100}\right) \div \left(3,700,437〔千人〕 \times \frac{6.2}{100}\right) = 1.5\cdots$〔倍〕で，1.7倍を下回っている。 3：誤り。1970年のアジアの人口を100としたときの2019年の指数は $100 \times \left(7,713,468〔千人〕 \times \frac{59.7}{100}\right) \div \left(3,700,437〔千人〕 \times \frac{57.9}{100}\right) \fallingdotseq 215$で，210を上回っている。 4：誤り。世界人口の合計の1970年に対する2019年の増加人数に占める南ア

フリカの割合は，$\left(7{,}713{,}468〔千人〕× \dfrac{8.4}{100} - 3{,}700{,}437〔千人〕× \dfrac{7.8}{100}\right) ÷$
$(7{,}713{,}468〔千人〕- 3{,}700{,}437〔千人〕)×100 ≒ 9\%$で，10％より小さい。
5：誤り。1970年におけるヨーロッパの人口に対するオセアニアの人口の比率
$\dfrac{0.5}{17.8} ≒ 0.028$は，2019年におけるヨーロッパの人口に対するオセアニアの人口
の比率$\dfrac{0.5}{9.7} = 0.051$を下回っている。

25 4

解説 1つの円にn本の弦をどの2本も円の内部で交わり，また，どの3本
も同一の点で交わらないように引いてこの円を分割するとき，分割されてで
きた平面の数は最大となり，この数をa_nとする。n本の弦があるとき，
$(n+1)$本目の弦lを引くと，lはn本の弦とn個の点で交わり，$(n+1)$個の
線分に分けられる。この$(n+1)$個の線分が新しい境界となって，分割され
てできる平面の数は$(n+1)$個だけ増える。よって，$a_{n+1} = a_n + (n+1)$が成
り立つ。$a_1 = 2$であり，$b_n = a_{n+1} - a_n = n+1$とおくと，$a_n = a_1 + \displaystyle\sum_{k=1}^{n-1} b_k =$
$2 + \displaystyle\sum_{k=1}^{n-1}(k+1) = \dfrac{1}{2}(n^2 + n + 2)$となる。よって，7本の直線を加えてこの円を
分割したとき，分割されてできた平面の最大数は$a_{2+7} = a_9 = \dfrac{1}{2}(9^2 + 9 + 2)$
$= 46$である。

26 1

解説 一筆書きは以下の①，②の法則に則る。
①：奇点が0個または2個の場合，一筆書きが可能である。
②：奇点が2個の場合，その一筆書きの解はいずれかの奇点から始まり，も
う一方の奇点で終わる。奇点が0個の場合，どこから始めてもよく，必ず始
めた位置で終わる。
図形A～Eの奇点の数はそれぞれ，A：0個，B：2個，C：8個，D：4個，
E：4個である。以上より，一筆書きができる図形はAとBである。

27 3

解説 問題図Ⅰの展開図を組み立てたサイコロは，向かい合う面の目の数の和がそれぞれ7となる。ここで，問題図Ⅱの互いに接する4個のサイコロを少し離すと，下図のようになる。よって，床に接した4面の数の積は$2 \times 1 \times 2 \times 5 = 20$である。

28 3

解説 点Pは下図のように$P \to P_1 \to P_2 \to P_3 \to P_4$と移動しながら軌跡を描く。最初，点Aを中心として中心角90°，半径$2\sqrt{5}\,a$の弧を描いて点P_1へ移動する。続いて，点Bを中心として中心角90°，半径$2\sqrt{2}\,a$の弧を描いて点P_2へ移動する。続いて，滑らかな曲線を描きながら点P_3へ移動する。最後に，点Cを中心として中心角90°，半径$4\sqrt{2}\,a$の弧を描いて点P_4へ移動する。$BP_1 < AP < CP_3$であることと，点P_1，P_2から直線lまでの距離がそれぞれ等しいことに着目すると，選択肢3の軌跡が妥当である。

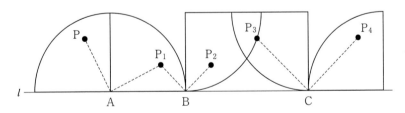

29 2

解説 国会は「通常国会」「臨時国会」「特別国会」と「参議院の緊急集会」がある。それぞれどのようなものなのかを調べておくとよい。　A：正しい。不逮捕特権（憲法第50条）に明記されている。　B：誤り。「特別国会」と「臨時国会」の説明が反対である。　C：正しい。懲罰（憲法第58条）に明記されている。　D：誤り。国政調査権，いわゆる証人喚問であるが，虚偽の証言をした場合の罰則はある。

30 3

解説 A：正しい。　B：誤り。刑事上の紛争ではなく，「民事上の紛争限定」である。　C：誤り。証人に尋問することも被告人に質問をすることもできる。　D：正しい。検察審査会制度は，くじで選ばれた11人の審査員で構成されている。Aの裁判員制度は有名であるが，検察審査会制度も重要な制度であるので，確認しておくとよい。

31 1

解説 2：1994年のルワンダ虐殺に関する内容である。　3：チェチェン紛争は，ロシア連邦からの独立を目指すチェチェン独立派とロシア連邦との間で起こったものである。　4：アルバニア系住民が多数占めているのはボスニア・ヘルツェゴビナではなく「コソボ」である。　5：ソマリアではなく「スーダン」である。バシル大統領もスーダンの大統領であった。ダルフール紛争は2022年2月現在も継続中である。

32 1

解説 2：1970年に設置されたのは「国民生活センター」であるので，「消費生活センター」は誤りである。消費生活センターは，地方自治体に設置が義務付けられている消費生活に関する相談窓口である。　3：「欠陥を立証しなくても」という部分が誤りで，欠陥を証明する必要はある。　4：「本制度は宅地建物取引には一切適用されない」という部分が誤りで，一定の条件を満たせば適用される。　5：2000年に制定されたのは「消費者契約法」である。

33 4

解説 A：「ヴェーダ」「ウパニシャッド」という部分から「バラモン教」である。　BC：「ブラフマン」と「アートマン」，その直後にある「梵我一如」という用語を合わせて説明できるようにしておきたい。　D：「ヴァルダマーナ」「苦行と不殺生」という部分から「ジャイナ教」である。

34 5

解説 1：朝鮮で起こったのは「甲午農民戦争」である。　2：日本側の全権は正しいが，清の全権は袁世凱ではなく「李鴻章」である。　3：三国干渉は「ロシア・ドイツ・フランス」であり，「アメリカ」は含まれていない。4：満州を占領したきっかけは「北清事変（義和団の乱）」である。

35 1

解説 2：テオドシウス帝ではなく「ディオクレティアヌス帝」である。3：「アリウス派」が異端，「アタナシウス派」が正統である。　4：ローマ帝国と東ローマ帝国の説明が逆である。　5：ローマ法に関する記述は正しいが，キケロは法学者ではなく弁論家である。

36 2

解説 1：小地形と大地形の説明が逆である。内的営力が大地形，外的営力が小地形である。　3：新期造山帯は古生代ではなく，中生代や新生代の造山活動によって形成されたものである。　4：氾濫原，三角州は「沖積平野」である。侵食平野にみられる地形は準平原，ケスタ地形などである。5：「カルスト地形」についての説明。乾燥地形は「風化や風食作用」によって作られる。

37 4

解説 1：過去に1988年，2008年の大統領選挙に挑戦しているため，2度目ではなく3度目である。　2：「環太平洋経済連携協定への復帰」は未だなされていない。　3：現職が敗れたのは1992年のジョージ・H・W・ブッシュ以来であった。　5：勝利したのは共和党ではなく「民主党」である。

38 2

解説 \ 「2050年カーボンニュートラルに伴うグリーン成長戦略」に関する問題である。このような時事問題は毎年出題がされるため，受験する年度の近くでどのような取り組みを政府が行っているかということに敏感になる必要がある。特に環境問題の分野においては，どのような取り組みをしているのかを必ず確認しておく必要がある。選択肢の正誤に関しては，あまりにも極端な内容のものは誤りと考えて差し支えないだろう。

39 4

解説 \ 「令和3年度税制改正の大綱」に関する問題である。時事問題であるので，この問題を復習するというよりは，選択肢を読んでどのようなことが話題になっているのかということを分析することが大切である。「子育て支援」「固定資産税」「住宅ローン減税」「中小企業の再編支援」など，選択肢には生活に身近なものが多く盛り込まれている。今後どのような分野が時事問題として出題されるかを予想し，時間があるときにその分野をネット等で確認するとよい。

40 1

解説 \ 都道府県地価に関する出題である。毎年状況が変わるので，この問題の選択肢の内容を吟味するよりは，この種の問題ではどのようなことが問われるのかを確認すべきである。ポイントは，「基準地価がどうなったか」「三大都市圏の変化」「最高価格の土地はどうなったか」「上昇率と下落率の上位」などである。このようなことをおさえたうえで最新の地価を確認すると，今後の試験に活かせるはずである。

41 4

解説 \ 糸の張力は向心力と等しくなる。向心力は，（小球の質量）×（半径）×（角速度）^{2}で求められる。ここで，毎分60回の割合で回転しているので，角速度は2π〔rad/s〕となる。よって，求める糸の張力は，$0.5 \times 2 \times (2\pi)^2 \fallingdotseq 39.438\cdots$〔N〕となる。

42 2

解説 一次コイルと二次コイルの巻き数の比と電圧の比は等しいので，二次コイルの電圧は，$200 \times \dfrac{150}{600} = 50$〔V〕となる。電力の損失がないことから，一次コイルと二次コイルの電力は等しい。二次コイルに流れる電流をI〔A〕とすると，$200 \times 0.10 = 50 \times I$より，$I = 0.40$〔A〕となる。

43 1

解説 1：正しい。ガラクタンは寒天などに含まれる単糖のガラクトースが多数つながった構造をした多糖類である。よって，ガラクタンを加水分解するとガラクトースが得られる。　2：誤り。グルコースは単糖である。　3：誤り。グリコーゲンはグルコースが多数つながった枝分かれ構造の多い多糖である。分子式は$(C_6H_{10}O_5)_n$で表される。　4：誤り。セルロースはヨウ素デンプン反応を示さない。　5：誤り。マルトースは，デンプンをアミラーゼで加水分解すると得られる。

44 2

解説 体心立方格子，面心立方格子，六方最密構造の単位格子中の原子の数は，それぞれ2個，4個，2個である。面心立方格子と六方最密構造は最密構造となっており，その充填率はともに約74％である。六方最密構造をとる金属の例として，Mg（マグネシウム）やZn（亜鉛）などがある。

45 1

解説 A：正しい。カエルの卵は，卵黄が植物極側に偏って分布している端黄卵である。卵割腔は卵黄の少ない動物極側に偏って形成される。　B：正しい。　C：誤り。神経管はのちに脳や脊髄等となる。脊索は神経胚初期に中胚葉からできるが，のちに退化する。　D：誤り。誘導を促す胚の領域を形成体（オーガナイザー）という。

46 2

解説 1：誤り。エチレンには，果実の成熟や落果，落葉を促進する働きがある。　2：正しい。　3：誤り。オーキシンには，細胞分裂の促進，細胞

の伸長，落果・落葉の防止などの働きがある。　4：誤り。フロリゲンには，花芽の形成を促進する働きがある。　5：誤り。サイトカイニンには，細胞分裂の促進や葉の老化の抑制をする働きがある。

47 4

解説 ハッブルは，数十個の銀河の後退速度と距離を測定し，銀河の後退速度はその銀河までの距離に比例することを発見した。この法則をハッブルの法則という。

48 2

解説 1：誤り。海水に含まれる塩類で最も多いのが塩化ナトリウム（77.9％），次いで塩化マグネシウム（9.6％），次いで硫酸マグネシウム（6.1％）である。　2：正しい。　3：誤り。大きな海流の循環を環流という。　4：誤り。表層と深層での大循環を形成することを深層循環という。　5：誤り。貿易風が弱まることで表層の暖水が平年よりも東に広がり，海面水温が平年よりも高くなる現象をエルニーニョ現象という。

教養試験 実施問題

※1　解答時間は2時間。

※2　問題は全48問あり。うち問題番号 [1] － [28] までの28問は必須問題。問題番号 [29] － [48] までの20問は選択問題。選択問題は，20問のうち12問を任意に選択して解答する。解答数が12問を超えた分は採点されない。

[1]　次の文の主旨として，最も妥当なのはどれか。

　ヨーロッパにおける時間の問題には，常にキリスト教的な意識が結びついているといえるわけですが，やはり私自身の考えでは，時間というものは，ある一種の終末的なもの，エスカトロジック*なものだと思うのです。つまりわれわれは，時間というものを通じて，ある一つの目的に向かって近づいていくという考え方──これは私のものの考え方の根本にもあると思うのです。その目的が直接に宗教的なものであっても，あるいはそうでない，もっとヒューマンなものであっても，時間というものを通ってわれわれはある一つの目標に向かって進んでいるという考え──これはキリスト教の影響かもしれませんけれども，それを私はどうしても否定することができない。ハイデッガーみたいに，時間を存在の根本規定として，存在そのものにまで徹底的に入れてしまえば，まだ少しほかの考え方もできるかもしれませんが，私のばあい，人間は時間の中に生きている，人間を通って時間が展開する，という考え方はどうしても強いのです。時間というものは人間の存在そのものとまったく合一してしまうのでなくて，むしろ人間の存在そのものは時間の中に制約されて，変な言い方ですが，時間とはある程度区別されて存在しているのではないかという気がします。多少キリスト教的ですけれども，それがやはり時間の実相ではないかという気がします。

（森有正「生きることと考えること」による）

＊　エスカトロジー………終末論

　1　ヨーロッパにおける時間の問題には，常にキリスト教的な意識が結びついている。

　2　人間は，時間というものを通じて，ある一つの目的に向かって近づいていく。

　3　ハイデッガーは，時間を存在の根本規定として，存在そのものにまで徹底的に入れてしまう。

4　時間というものは，人間の存在そのものとまったく合一してしまう。

5　人間の存在そのものは，時間の中に制約されて存在している。

2　次の文の主旨として，最も妥当なのはどれか。

　傾聴の場で，自分の価値観に加え，もう一つ脇に置いておかなければならないのが「一般的な価値観」です。

　特に傾聴の最初の段階で一般的な価値観を持ち出して諭したり，アドバイスしたりすると，相手は話す気力を失ってしまいます。

　私たちは自分の価値観と一般的な価値観をすり合わせて，日々，ものごとを判断しています。

　ここでいう一般的な価値観とは，多くの人が共有している最大公約数的なものです。

　たとえば，自殺はよくないことだという一般的な価値観があります。「つらくて自殺したい気持ちになることがあるんですよ」といわれたとき，「命は大事にしなきゃいけない。自殺は絶対によくないものです」といったら，相手はもうそれ以上，話すことができなくなってしまうでしょう。

　傾聴の場は，善・悪を判断をする場ではありません。

　相手のいうことを，まずは「そのまま」「あるがまま」に受け止めて，共感してあげなければなりません。

　それなのに自分の価値観や一般的な価値観を持ち出してしまい，相手を傷つけてしまうことはよくあります。

　「そんな暗いこといってないで，元気を出して。もっと明るい話をしよう」などといったら，それは，とどめの一撃になってしまうでしょう。

　しかし，人はそういうことをいってしまいがちです。私もたまにいってしまうことがあります。頭ではわかっていても，いってしまう自分がいるのです。

　そこを私もきちんと反省していかなければならないと思っています。

（金田諦應「傾聴のコツ」による）

1　傾聴の最初の段階で一般的な価値観を持ち出して諭したり，アドバイスしたりすると，相手は話す気力を失ってしまう。

2　私たちは自分の価値観と一般的な価値観をすり合わせて，日々，物事を判断している。

3　自分の価値観とすり合わせている一般的な価値観とは，多くの人が共有している最大公約数的なものである。

4　傾聴の場は，善・悪を判断するのではなく，相手のいうことを，あるがままに受け止めて，共感してあげなければならない。

5　自分の価値観や一般的な価備観を持ち出してしまい，相手を傷つけてしまうことはよくあることである。

3　**次の文の主旨として，最も妥当なのはどれか。**

　人はだれもが，「おぎゃー」と泣いて，生まれてくるでしょう。生まれてきたときには，不純なものは何もないじゃない。年を取ってどうなろうが，この世の中に自分が生まれてきたということは真実。大切なのは，この世で命を授かったということなんだよ。

　お母さんから，命をいただいた，ということは，仏さまの世界から見たら人生に借りができたんだからね。いま生きている人は，いままさに大事なものをいただいているんだよ。いろんなできごとがあって，喜んだり悲しんだりできるのは，生きているからこそ。生きる力の恵みを授かったんだからね。それが毎日生きているのが当たり前になっちゃうと，感謝の気持ちを忘れておかしくなってくるんだよな。

　大事なことは，せっかくいただいた命をいかにして生きるか，ということでしょ。決して生きることを放棄することなく，どんな苦難があっても切り抜けていかなくちゃならない。そして，ひとつでもいいから世の中に対していいことをして，自分の人生にお返ししていきましょうということだな。「一日が一生」の気持ちで，一日一日，新しい人生を感じながら歩いていけばいい。

　ものごと始まったことはいつか終わる。自分の命もいつかは死を迎える。そのときまで，生きられるだけ精一杯生きることでしょうな。

（酒井雄哉「続・一日一生」による）

1　年を取ってどうなろうが，この世の中に自分が生まれてきたということは真実であり，大切なのは，この世で，命を授かったということである。

2　いろんな出来事があって，喜んだり悲しんだりできるのは，生きているからこそである。

3　生きる力の恵みを授かったのに，毎日生きているのが当たり前になると，感謝の気持ちを忘れてしまうものである。

4　どんな苦難があっても，決して生きることを放棄せず，一つでもいいから世の中に対して良いことをし，自分の人生にお返ししていくことが大事である。

5 始まった物事はいつか終わるように，自分の命もいつかは死を迎えるものである。

4 次の短文Ａ～Ｆの配列順序として，最も妥当なのはどれか。
A 生物にとって時間とは何かを明らかにするためには，まず，それぞれの生物の持つ時間の長さを比べてみる必要がある。
B 生まれてから年老いて死ぬまでの時間，つまり寿命が第一候補として挙がるかもしれない。
C 冷徹な生態学者の目で生物全体を俯瞰（ふかん）したとき，最も重要な意味を持ち，なおかつきっちりと測定可能なのは，生物が生まれてから子どもを残すまでの一世代あたりの時間である。
D では生物にとっていちばん意味の大きい時間の長さとは，いつからいつまでの時間だろうか。
E しかしよく考えると，人間以外のほとんどの生物は天寿を全うする前に餓死したり病死したり敵に食われたりする。
F そういう生物が自然環境下で最大何年生きるのかを測定するのはひどく難しい。

（渡辺佑基「進化の法則は北極のサメが知っていた」による）
1 A－B－D－F－E－C
2 A－D－B－E－F－C
3 A－D－E－C－B－F
4 B－E－A－C－D－F
5 B－E－F－A－C－D

5 次の文の空所Ａ～Ｃに該当する語又は語句の組合せとして，最も妥当なのはどれか。

同類の人たちで行う対話は，緻密かもしれないが，全体としては退屈なことが多い。価値観が似ていて，基本的な前提を問い直すことがないため，大枠では意見が一致しやすいからだ。

問題になるのは細かい違いだけで，それが大事なこともあるが，冷静に考えるとどうでもいいことも多い。いずれにせよ，　　Ａ　　なことは問われない。これは哲学を専門とする人でも変わらない。

他方，いろんな立場の人たちが集まっていっしょに考えると，それぞれが

普段自分では問わなかったこと，当たり前のように思っていたことをおのずと問い，考えるようになる。前提を問う，　B　なことをあらためて考える——それはまさしく哲学的な「体験」だろう。

　誰がどのような体験をするのか，どんなことに気づき，何を問い直すのか，どのような意味で新しい見方に出会うのかは，その場にいる人によっても違う。ある人は，その人にしか当てはまらない個人的なことに気づくかもしれない。あるいは，誰もが目を開かれるような深い洞察に，参加者みんなで至るかもしれない。

　その内容は，哲学という専門分野から見ても，興味深いものになっているかもしれないが，初歩的なところにとどまっていたり，粗雑な議論になっていたりするのかもしれない。哲学の専門家や哲学好きな人は，話のレベルの高さや低さに　C　するかもしれないが，それは専門家の勝手な趣味であって，私自身はあまり気にしていない。

（梶谷真司「考えるとはどういうことか」による）

	A	B	C
1	根本的	自明	一喜一憂
2	根本的	重要	一喜一憂
3	表面的	曖昧	一喜一憂
4	表面的	自明	自己満足
5	主観的	重要	自己満足

6 　次の英文中に述べられていることと一致するものとして，最も妥当なのはどれか。

Like all major cities in the world, Tokyo also has youth hostels* that serve adventurous international travelers, easily found online. But Tokyo also has a variety of inexpensive hotels and inns* that offer an interesting experience to foreign travelers. One of the most common, and perhaps least unique, is a simple "business hotel," usually located in the neighborhood of major train stations. The cost for one night is usually under 10,000 yen, and in return you get a clean but very small room, typically for one or two people, with a combined bath/shower and toilet.

　A more traditional Japanese inn, called a *minshuku*, can be found in metropolitan Tokyo, but they're more common in rural areas or small cities. You might think of a *minshuku* as a Japanese version of a bed-and-breakfast*, indeed, sometimes in someone's private home.

In many cases, you're expected to bring your own towel and toiletries*, or those may be available for a small price. And you may also end up sharing the inn's public bath with other guests.

Probably the most unique lodging experience you can find is in a "capsule hotel," literally just that: you will sleep in a small capsule, situated on top of the capsule of another guest. Inside your "capsule" you may have a TV or stereo, but the bath facilities are all public.

（David A. Thayne：「TOKYO CITY GUIDE」による）

* youth hostel………ユースホステル　　* inn………小旅館，小ホテル
* bed-and-breakfast………朝食付き民宿　　* toiletries………洗面品（類）

1　東京のユースホステルは，ネットで簡単に見つけられるため，世界で広く知れ渡っているが，冒険好きな旅行者しか利用していない。

2　東京には様々な格安ホテルがあるが，外国人旅行者が最も面白いと感じるのは，電車の主要駅の近くにあるシンプルなビジネスホテルである。

3　日本ならではの伝統的な宿泊施設である民宿は，日本式の朝食付き民宿のようなもので，田舎や小さな町にあるが，東京の都心で見かけることはない。

4　民宿では，タオルや洗面品をほかの宿泊客と一緒に使うことになる場合が多いため，持参する方が無難である。

5　ほかでは味わえないのがカプセルホテルでの宿泊で，文字通り小さなカプセルの中で寝るが，カプセルはほかの客が寝ているカプセルの上に据えられている。

---

⑦ 次の英文中に述べられていることと一致するものとして，最も妥当なのはどれか。

Even though touching, especially hugging, is common in American culture, dancing with a partner is much more intimate. That kind of dancing was not part of my education or upbringing, so I'm sure it felt as strange to me at first as it did to most of the Japanese dancers. The Japanese teacher, an expert salsa dancer herself, talked a lot about leading and following. I became fascinated with that dynamic.

If you think about it, learning dance is an amazing life lesson. It's all about cooperation, concentration and trust, feeling what your partner is feeling, and working through "problems" together while still having fun. And that lesson crosses cultures as well. Partner dance is partner dance, whether you're doing the tango or the Texas* two-step.

Here in Texas, everyone seems to be dancing these days. The Texas two-step, cowboy style, has always been big here, but now Latin, and in particular Tejano* dance is popular too. When I went to a Tejano music festival recently, I couldn't take my eyes off the older couples. They moved together with the kind of grace and intimacy that only comes from truly knowing your partner. After years and years of marriage, they were still enjoying the dance of life together. I couldn't help but think, hey, that's what I want to be doing at 80.

Dance lets us literally step into another culture, and, for some of us, back into life and a whole new side of ourselves.

(Kay Hetherly：鈴木香織「A Taste of Japan」による)

＊ Texas………テキサス州

＊ Tejano………メキシコ系テキサス州人，テハーノ

1 人と触れ合うこと，とりわけ抱き合うことは，アメリカ文化の中で珍しいことである。

2 パートナーと踊るダンスは，私の育ってきた環境にはなかったが，初めから居心地の悪さを感じることはなかった。

3 ダンスとは，協力と集中，信頼，パートナーの気持ちを感じ取ること，そして苦しみつつも共に問題を乗り越えることである。

4 音楽祭で高齢のカップルに目を奪われたが，私は80歳になったとき，ああいうふうにしていたいとは思わなかった。

5 ダンスは，私たちに別の文化に足を踏み入れさせてくれ，ダンスによって，自分自身のまったく新しい面に出会う人もいる。

8 次の英文の空所ア，イに該当する語の組合せとして，最も妥当なのはどれか。

Jomon pottery* was once thought to look primitive and even grotesque; though an object of archeological* interest, it was not appreciated for its artistic value. Thanks in no small part to **Okamoto Taro**'s paeans* to their ［ ア ］, however, Jomon works now grace the opening pages of any history of Japanese art. While the art of subsequent eras reflected the influence of China or the West, these earliest ceramics bear designs not found anywhere else in the world.

Another hallmark of the Jomon era is the *dogu*. These extremely deformed human figures, made of clay, are known for their exaggerated hips and goggle-like eyes. Indeed, they bear an uncanny resemblance to modern abstract sculpture.

Theories abound as to the original function of the dogu. They may have been images of gods, or talismans* to ward off evil or illness, or figurines* used in rituals to ensure good harvests or fertility*. And then there are those who ［ イ ］ they are effigies* of visiting space aliens.

（三浦史子：Alan Gleason「英語で日本文化の本」による）

＊ Jomon pottery………縄文土器 　　＊ archeological………考古学の
＊ paean………賛辞 　　＊ talisman………護符，お守り
＊ figurine………小立像，人形 　　＊ fertility………多産
＊ effigy………肖像，彫像

	ア	イ
1	beauty	believe
2	beauty	reject
3	importance	reject
4	safety	wish
5	safety	believe

⑨ 次の英文ア～オの配列順序として，最も妥当なのはどれか。

ア　The old man was thin and gaunt with deep wrinkles in the back of his neck.

イ　The blotches* ran well down the sides of his face and his hands had the deep-creased scars from handling heavy fish on the cords.

ウ　They were as old as erosions in a fishless desert.

エ　The brown blotches of the benevolent skin cancer the sun brings from its reflection on the tropic sea were on his cheeks.

オ　But none of these scars were fresh.

（Ernest Hemingway：林原耕三・坂本和男「対訳ヘミングウェイ2」による）

＊blotch………大きなしみ

1　ア－ウ－オ－イ－エ

2　ア－エ－イ－オ－ウ

3　ア－オ－ウ－エ－イ

4　イ－ウ－オ－エ－ア

5　イ－エ－オ－ア－ウ

10　A～Fの6チームが，次の図のようなトーナメント戦で，サッカーの試合を行った。今，トーナメント戦の結果について，次のア～エのことが分かっているとき，確実にいえるのはどれか。ただし，全ての試合は，1点以上の得点の差がついて勝敗が決まり，引き分けがなかった。

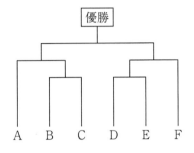

ア　Aの全試合の得点の合計は3点で，Bの全試合の得点の合計は9点であった。

イ　Cの全試合の得点の合計は1点で，Cの全試合の失点の合計は2点であった。

ウ　Dの全試合の得点の合計は8点で，Dの全試合の失点の合計は4点であった。

エ　Eの全試合の失点の合計は1点で，Fの全試合の失点の合計は3点であった。

1　優勝はBチームで，決勝戦での得点は5点であった。

2　優勝はBチームで，決勝戦での失点は4点であった。

3　優勝はDチームで，決勝戦での得点は4点であった。

4　優勝はDチームで，決勝戦での失点は3点であった。

5　優勝はFチームで，決勝戦での得点は3点であった。

11 ある暗号で「ヒラメハウミノサカナ」が「徒厨稚厚机堀絵仮付侍」で表されるとき，同じ暗号の法則で「ヘコアユ」を表したのはどれか。

1 「役縦働咲」

2 「材縦紙叶」

3 「書町縮培」

4 「兵児亜湯」

5 「裕紅仏暗」

12 A～Fの6人がマラソン競走をした。今，ゴールでのタイム差について，次のア～カのことが分かっているとき，EとFの着順の組合せはどれか。ただし，Aのタイムは6人の平均タイムより速かったものとする。

ア　AとCのタイム差は3分であった。

イ　BとDのタイム差は6分であった。

ウ　CとEのタイム差は18分であった。

エ　DとEのタイム差は27分であった。

オ　AとFのタイム差は6分であった。

カ　BとFのタイム差は12分であった。

	E	F
1	1位	2位
2	1位	3位
3	1位	4位
4	6位	2位
5	6位	3位

13 A～Eの5人が，ある競技の観戦チケットの抽選に申し込み，このうちの1人が当選した。5人に話を聞いたところ，次のような返事があった。このとき，5人のうち3人が本当のことを言い，2人がうそをついているとすると，確実にいえるのはどれか。

A 「当選したのはBかCのどちらかだ。」

B 「当選したのはAかCのどちらかだ。」

C 「当選したのはDかEである。」

D 「私とCは当選していない。」

E 「当選したのはBかDのどちらかだ。」

1　Aが当選した。

2　Bが当選した。

3　Cが当選した。

4　Dが当選した。

5　Eが当選した。

14　次の図のように，円卓の周りに黒い椅子4脚と白い椅子4脚がある。今，A〜Hの8人の座る位置について，次のア〜エのことが分かっているとき，確実にいえるのはどれか。

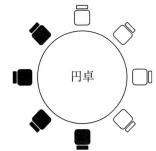

ア　Aから見て，Aの右隣の椅子にDが座っている。

イ　Bから見て，Bの右隣の椅子にGが座り，Bの左隣は黒い椅子である。

ウ　Cから見て，Cの右側の1人おいた隣の椅子にEが座っている。

エ　Dから見て，Dの右隣の椅子にFが座り，Dの両側は白い椅子である。

1　Aから見て，Aの左隣の椅子にEが座っている。

2　Cから見て，Cの左隣の椅子にHが座っている。

3　Eは，黒い椅子に座っている。

4　Gは，白い椅子に座っている。

5　Hは，白い椅子に座っている。

15　A〜Fの6人が共同生活をしており，毎日1人ずつ順番で朝食を準備している。今，ある月から翌月にかけての連続した14日間について，次のア〜オのことが分かっているとき，Aの翌日に朝食を準備したのは誰か。ただし，6人の各人は，朝食を準備した日の6日後に，必ずまた朝食を準備するものとする。

ア　Bは，第5火曜日と5日の日に朝食を準備した。

イ　Cは，3日の日に朝食を準備した。

ウ　Dは，水曜日に朝食を準備した。

エ　Eは，第1金曜日に朝食を準備した。

オ　Fは，月の終わりの日に朝食を準備した。

  1 B
  2 C
  3 D
  4 E
  5 F

16 次の図のように，短辺の長さが1，長辺の長さが3の長方形ABCDがある。今，線分BEの長さが1となるように点Eをとり，線分ACと線分DEの交点をFとするとき，∠CFEの大きさはどれか。

  1 105°
  2 120°
  3 135°
  4 150°
  5 165°

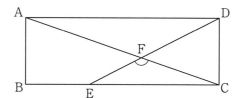

17 a, b が正の整数であり，$a+b=4$ を満たすとき，整数 $2^2 \times 3^a \times 4^b$ の正の約数の個数のうち最小となる個数はどれか。

  1 17個
  2 18個
  3 19個
  4 20個
  5 21個

18 ある川の下流のP地点と上流のQ地点の間を航行する船A，Bがあり，AはPからQへ3時間，BはQからPへ1時間30分で到着する。今，AはPを，BはQを同時に出発したが，Aは出発の48分後にエンジンが停止し，川を流された。BがAに追いつくのは，Aのエンジンが停止してから何分後か。ただし，川の流れの速さは8km/時，静水時におけるAの速さはBの速さの1.5倍であり，川の流れ及び船の速さは一定とする。

  1 24分
  2 26分
  3 28分
  4 30分
  5 32分

19 満水のタンクを空にするために，複数のポンプで同時に排水する。ポンプＡ，Ｂ及びＣでは16分，ＡとＢでは24分，ＡとＣでは30分かかる。今，ＢとＣのポンプで排水するとき，排水にかかる時間はどれか。

1　18分

2　20分

3　24分

4　28分

5　32分

20 大学生ＰとＱは，入館料がそれぞれ1,000円の博物館Ａ，800円の博物館Ｂ，600円の博物館Ｃに行く。今，Ｐのみが2,000円の入会金を支払って博物館Ａ～Ｃの共通会員になり，この3つの博物館で会員だけが使用できる入館料50％割引券を1枚，25％割引券を3枚，10％割引券を16枚もらった。このとき，Ｐが支払う入会金と入館料の合計金額が，Ｑが支払う入館料の合計金額より少なくなるためには，Ｐは博物館Ａ～Ｃに合計して最低何回入館する必要があるか。ただし，ＰとＱはいつも一緒に同じ博物館に行き，同じ回数入館するものとし，博物館Ａ～Ｃにそれぞれ1回は入館する。また，割引券は1回の入館につき1枚しか使用できないものとする。

1　7回

2　13回

3　14回

4　16回

5　20回

21 次の表から確実にいえるのはどれか。

酒類の生産量の推移

（単位　1,000kL）

区　　分	平成24年度	25	26	27	28
ビ　ー　ル	2,803	2,862	2,733	2,794	2,753
焼 ち ゅ う	896	912	880	848	833
清　　　酒	439	444	447	445	427
ウイスキー類	88	93	105	116	119
果 実 酒 類	91	98	102	112	101

1 平成27年度のビールの生産量の対前年度増加量は，平成25年度のそれ
を下回っている。
2 表中の各区分のうち，平成25年度における酒類の生産量の対前年度増
加率が最も小さいのは，焼ちゅうである。
3 平成24年度のウイスキー類の生産量を100としたときの平成26年度の
それの指数は，120を上回っている。
4 平成25年度から平成28年度までの4年度における果実酒類の生産量の
1年度当たりの平均は，10万3,000kLを上回っている。
5 表中の各年度とも，ビールの生産量は，清酒の生産量の6.2倍を上回っ
ている。

22 次の表から確実にいえるのはどれか。

用途別着工建築物床面積の対前年増加率の推移

(単位 ％)

用　　　途	平成26年	27	28	29
居　住　専　用	△13.0	△1.2	4.3	△0.9
製　造　業　用	△2.7	14.9	△8.4	15.4
医療，福祉用	△5.3	△29.6	1.6	△6.4
卸売業，小売業用	△8.2	△20.0	6.1	△16.8
運　輸　業　用	12.1	15.4	10.2	0.6

(注) △は，マイナスを示す。

1 平成29年において，「居住専用」の着工建築物床面積及び「医療，福祉
用」の着工建築物床面積は，いずれも平成27年のそれを上回っている。
2 平成26年の「卸売業，小売業用」の着工建築物床面積を100としたとき
の平成29年のそれの指数は，70を下回っている。
3 表中の各年のうち，「製造業用」の着工建築物床面積が最も少ないのは，
平成28年である。
4 平成27年において，「製造業用」の着工建築物床面積の対前年増加面積
は，「運輸業用」のそれの1.5倍を下回っている。
5 「医療，福祉用」の着工建築物床面積の平成26年に対する平成29年の
減少率は，「卸売業，小売業用」の着工建築物床面積のそれの1.1倍より大
きい。

23 次の図から確実にいえるのはどれか。

東京都，特別区，八王子市及び町田市における食品の要因別苦情件数の推移

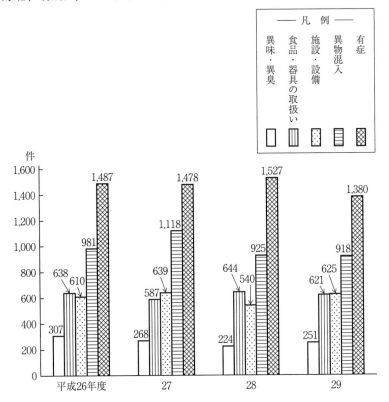

1　平成26年度の「施設・設備」の苦情件数を100としたときの平成28年度のそれの指数は，90を上回っている。

2　平成26年度から平成29年度までの4年度における「有症」の苦情件数の1年度当たりの平均は，1,450件を下回っている。

3　平成28年度において，「異味・異臭」の苦情件数の対前年度減少率は，「施設・設備」の苦情件数のそれより大きい。

4　平成29年度において，「有症」の苦情件数の対前年度減少数は，「食品・器具の取扱い」のそれの6倍を下回っている。

5　平成29年度において，図中の5つの要因の苦情件数の合計に占める「異物混入」のそれの割合は，25％を超えている。

24 次の図から確実にいえるのはどれか。

エネルギー源別一次エネルギー国内供給の構成比の推移

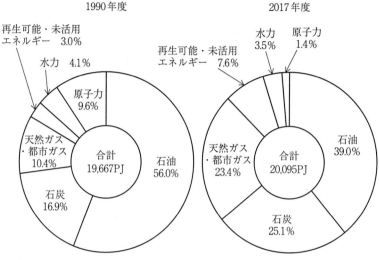

（注）単位：PJ＝10^{15}J

1 一次エネルギー国内供給の合計の1990年度に対する2017年度の増加量に占める「再生可能・未活用エネルギー」のそれの割合は，250％を超えている。

2 1990年度及び2017年度の両年度とも，「天然ガス・都市ガス」の一次エネルギー国内供給は，「水力」のそれの３倍を上回っている。

3 1990年度の「石炭」の一次エネルギー国内供給を100としたときの2017年度のそれの指数は，150を下回っている。

4 「原子力」の一次エネルギー国内供給の1990年度に対する2017年度の減少率は，「石油」の一次エネルギー国内供給のそれの３倍より小さい。

5 2017年度の「天然ガス・都市ガス」の一次エネルギー国内供給は，1990年度のそれの240％を超えている。

25 次の図のような，1辺の長さが8cmの立方体がある。辺ABの中点を
P，辺BCの中点をQとして，この立方体を点F，P，Qを通る平面で切断
したとき，△FPQを底面とする
三角すいの高さはどれか。

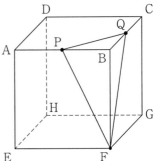

1 $\dfrac{4}{3}$ cm

2 $\sqrt{2}$ cm

3 2cm

4 $\dfrac{8}{3}$ cm

5 $2\sqrt{2}$ cm

26 次の図のような，辺の長さがa及び2aの模様の異なる2種類の長方形
のパネルがある。この2種類のパネルをそれぞれ4枚ずつ，透き間なく，
かつ，重ねることなく並べて1辺の長さが4aの正方形を作るとき，この正
方形の模様として有り得ないのはどれか。ただし，パネルは裏返して使用
しないものとする。

1

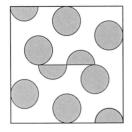

2

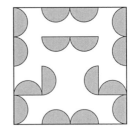

3

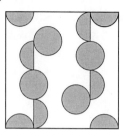

4

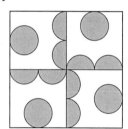

5

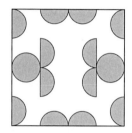

27 次の図のような，1辺を1cmとする立方体12個を透き間なく積み上げた立体がある。この立体の表面積はどれか。

平面図

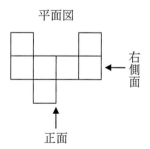

← 右側面

↑
正面

正面図

右側面図

1　41cm²

2　42cm²

3　43cm²

4　44cm²

5　45cm²

28 次の図のような，正方形と長方形を直角に組み合わせた形がある。今，この形の内側を，一部が着色された一辺の長さaの正三角形が，矢印の方向に滑ることなく回転して1周するとき，A及びBのそれぞれの位置において，正三角形の状態を描いた図の組合せはどれか。

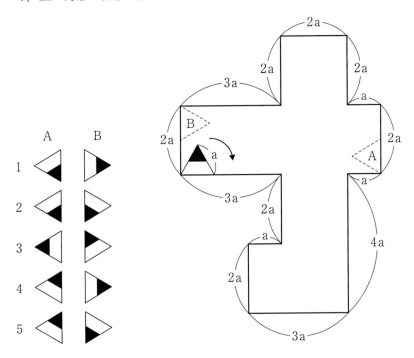

29 我が国の裁判所及び司法制度に関する記述として，妥当なのはどれか。

1 日本国憲法は，全ての司法権は，最高裁判所及び法律の定めるところにより設置する下級裁判所に属し，下級裁判所には高等裁判所，地方裁判所，家庭裁判所，簡易裁判所，行政裁判所があると定めている。

2 裁判官は，裁判により心身の故障のため職務を執ることができないと決定された場合に限り罷免され，行政機関は裁判官の懲戒処分を行うことができない。

3 最高裁判所は，訴訟に関する手続，弁護士，裁判所の内部規律及び司法事務処理に関する事項について，規則を定める権限を有する。

4 内閣による最高裁判所の裁判官の任命は，その任命後初めて行われる参議院議員選挙の際，国民の審査に付さなければならない。

5 裁判員制度は，重大な刑事事件及び民事事件の第一審において導入されており，原則として有権者の中から無作為に選ばれた裁判員６人が，有罪・無罪と量刑について，３人の裁判官と合議して決定する。

30 法の下の平等に関するA～Dの記述のうち，妥当なものを選んだ組合せはどれか。

A 日本国憲法は，全て国民は法の下に平等であって，人種，信条，性別，社会的身分又は門地により，政治的，経済的又は社会的関係において差別されないとし，また，華族その他の貴族の制度を禁止している。

B ヘイトスピーチとは，特定の人種や民族への差別をあおる言動のことをいい，国連から法的規制を行うよう勧告されているが，我が国ではヘイトスピーチを規制する法律は制定されていない。

C 最高裁判所は，2013年に，婚外子の法定相続分を嫡出子の半分とする民法の規定を違憲と判断し，これを受けて国会は同規定を改正した。

D 1999年に制定された男女共同参画社会基本法は，性的少数者に対する偏見の解消に向けた地方公共団体の責務を定めており，これを受けて地方公共団体は，同性カップルのパートナーシップの証明を始めた。

1 A B
2 A C
3 A D
4 B C
5 B D

[31] 第二次世界大戦の終結と戦後の国際政治の動向に関する記述として, 妥当なのはどれか。

1　1945年, アメリカ・ソ連・イギリスの3首脳は, マルタ会談で, 国際連合の設立と運営原則を取り決め, 同時にソ連の対日参戦について話し合った。

2　1955年, インドネシアのバンドンでアジア・アフリカ会議が開催され, 主権と領土保全の尊重及び内政不干渉等からなる「平和10原則」が採択された。

3　1989年, アメリカのブッシュ大統領とソ連のゴルバチョフ共産党書記長は, ヤルタ会談で, 冷戦終結を宣言した。

4　1990年, 全欧安全保障協力機構 (OSCE) が発足し, ヨーロッパの対立と分断の終結を約した「パリ憲章」を宣言したが, 1995年にOSCEは解散した。

5　1991年, ソ連が解体し, ソ連に属していた11か国は, 緩やかな結びつきである経済相互援助会議 (COMECON) を創設した。

[32] 国際経済体制の変遷に関する記述として, 妥当なのはどれか。

1　ブレトン・ウッズ体制とは, 自由貿易を基本とした国際経済秩序をめざして, IMFとIBRD (国際復興開発銀行) が設立され, GATTが結ばれた体制をいい, この体制下では, ドルを基軸通貨とする固定相場制が採用された。

2　1971年, ニクソン大統領がドル危機の深刻化により金とドルの交換を停止したため, 外国為替相場は固定相場制を維持できなくなり, 1976年にIMFによるスミソニアン合意で, 変動相場制への移行が正式に承認された。

3　1985年, 先進5か国は, レーガン政権下におけるアメリカの財政赤字と経常収支赤字を縮小するため, G5を開き, ドル高を是正するために各国が協調して為替介入を行うルーブル合意が交わされた。

4　GATTは, 自由, 無差別, 多角を3原則として自由貿易を推進することを目的としており, ケネディ・ラウンドでは, サービス貿易や知的財産権に関するルール作りを行うことが1993年に合意された。

5　UNCTAD (国連貿易開発会議) は, GATTを引き継ぐ国際機関として設立され, 貿易紛争処理においてネガティブ・コンセンサス方式を取り入れるなど, GATTに比べて紛争解決の機能が強化された。

33 生命倫理に関するA～Dの記述のうち，妥当なものを選んだ組合せはどれか。

A　1986年にアメリカで起きた「ベビーM事件」では，代理出産契約で産まれた子どもの親権が問題となり，裁判の結果，子どもに対する親権は代理母に認められた。

B　日本の臓器移植法では，本人に拒否の意思表示がない限り，家族の同意があれば臓器移植ができることや，親族への優先提供が認められること等の改正が2009年に行われた。

C　クローンとは，ある個体と全く同じ遺伝子を持つ個体をいい，1990年代にクローン羊「ドリー」が誕生したが，日本では，2001年にクローン技術規制法が施行された。

D　ゲノムとは，生物の細胞の染色体の一組に含まれる全遺伝情報のことであり，ヒトゲノムの解析は完了していないが，病気の診断や治療への応用が期待されている。

1　A　B
2　A　C
3　A　D
4　B　C
5　B　D

34 次の文は，江戸時代の元禄文化における美術作品に関する記述であるが，文中の空所A～Cに該当する作者名又は作品名の組合せとして，妥当なのはどれか。

京都の　　A　　が残した「紅白梅図屏風」は，中央に水流を描き，左右に白梅・紅梅を配している。　　A　　のほかの作品には，「　　B　　」や，工芸品の「　　C　　」等がある。

	A	B	C
1	尾形光琳	燕子花図屏風	八橋蒔絵螺鈿硯箱
2	尾形光琳	見返り美人図	色絵藤花文茶壺
3	俵屋宗達	燕子花図屏風	八橋蒔絵螺鈿硯箱
4	俵屋宗達	見返り美人図	色絵藤花文茶壺
5	菱川師宣	燕子花図屏風	色絵藤花文茶壺

35 オスマン帝国に関する記述として，妥当なのはどれか。

1　イェニチェリは，キリスト教徒の子弟を徴用し，ムスリムに改宗させて官僚や軍人とする制度であり，これによって育成された兵士で，スルタン直属の常備歩兵軍団であるデヴシルメが組織された。

2　カピチュレーションは，オスマン帝国内での安全や通商の自由を保障する恩恵的特権であり，イギリスやオランダに対して与えられたが，フランスには与えられなかった。

3　セリム1世は，13世紀末にアナトリア西北部でオスマン帝国を興し，バルカン半島へ進出してアドリアノープルを首都としたが，バヤジット1世は，1402年のニコポリスの戦いでティムール軍に大敗を喫した。

4　メフメト2世は，1453年にコンスタンティノープルを攻略し，サファヴィー朝を滅ぼして，その地に首都を移し，更には黒海北岸のクリム＝ハン国も服属させた。

5　スレイマン1世のときに，オスマン帝国は最盛期を迎え，ハンガリーを征服してウィーンを包囲し，1538年にプレヴェザの海戦でスペイン等の連合艦隊を破った。

36 次の文は，温帯の気候に関する記述であるが，文中の空所A～Dに該当する語の組合せとして，妥当なのはどれか。

温帯は，四季の変化がはっきりした温和な気候に恵まれ，人間活動が活発にみられるのが特徴である。

ヨーロッパの西岸では，　A　が吹くため，冬は温和で夏は涼しく，季節にかかわらず適度な降水があり，穀物栽培と牧畜が組み合わされた混合農業や　B　が広く行われている。また，森林では，　C　が多くみられる。

東アジアでは，　D　が吹くため，夏は高温で冬は寒冷となっており，稲作が広く行われている。

	A	B	C	D
1	季節風	遊牧	針葉樹	極偏東風
2	季節風	酪農	落葉広葉樹	偏西風
3	極偏東風	酪農	落葉広葉樹	季節風
4	偏西風	遊牧	針葉樹	極偏東風
5	偏西風	酪農	落葉広葉樹	季節風

37 日韓の軍事情報包括保護協定（GSOMIA）に関する記述として，妥当なのはどれか。

1 GSOMIAは，軍事上の機密情報を提供し合う際，第三国への漏えいを防ぐために結ぶ協定であり，日韓では，文在寅政権の下，2016年に締結された。

2 韓国は昨年8月，日本が輸入管理の優遇対象国から韓国を除外したことを受け，日本とのGSOMIAの破棄を日本に通告した。

3 米国は昨年8月，韓国が日本とのGSOMIAの破棄を決めたことについて，軍事安全協力の実施や終了は主権国家の権利であるとの声明を発表した。

4 韓国は昨年11月，いつでもGSOMIAを終了させることができるという前提で，日本とのGSOMIAを破棄する通告の効力を停止した。

5 日本と韓国は，GSOMIAの失効回避を受け，中国の成都で日韓首脳会談を昨年12月に開催する方向で調整に入ったが，会談は実現しなかった。

38 昨年10月に行われた消費税率の引上げに関する記述として，妥当なのはどれか。

1 消費税率の引上げは，2014年4月以来，5年半ぶりであり，税率10％への引上げは，当初2015年10月に予定されていたが，2度にわたって延期されていた。

2 税率を据え置く軽減税率制度は，外食と酒類を除く飲食料品等に導入されたが，週2回以上発行される定期購読の新聞には電子版を除いて適用されない。

3 ポイント還元制度は，中小店舗でキャッシュレス決済により買物をした場合にポイント還元が受けられるものであり，その実施期間は限定されていない。

4 プレミアム付商品券は，消費税率の引上げに伴う負担軽減策として，3歳半までの子どもがいる子育て世帯のみを対象に発行された。

5 消費税率の引上げによる増収分は，社会保障の充実と安定のために使われるが，増収分の使い道に幼児教育・保育の無償化は含まれない。

39 昨年6月に大阪で開催された主要20か国・地域首脳会議（G20サミット）の首脳宣言に関する記述として，妥当なのはどれか。
  1 世界経済の成長は，足元で安定化の兆しを示しているが，2019年後半から2020年に向けては，緩やかに下向く見通しであるとした。
  2 貿易と投資については，「自由，公正，無差別で透明性があり予測可能な安定した貿易及び投資環境の実現に向けて，保護主義と闘う」と明記した。
  3 海洋プラスチックごみについては，「大阪ブルー・オーシャン・ビジョン」を共有し，2050年までに追加的な汚染をゼロにすることをめざすとした。
  4 地球温暖化対策については，国際的枠組みである「パリ協定」をめぐって中国とそれ以外の国・地域との溝が埋まらず，両者の立場を併記した。
  5 女性の雇用の質の改善や男女の賃金格差の減少はできないが，女性に対するあらゆる形態の差別を終わらせるために更なる行動を取るとした。

40 昨年のノーベル化学賞に関する記述として，妥当なのはどれか。
  1 受賞者は，吉野彰氏とスタンリー・ウィッティンガム氏の2人で，ウィッティンガム氏はノーベル賞史上最高齢での受賞となった。
  2 授賞理由はリチウムイオン電池の開発であり，スマートフォンや電気自動車の普及を可能にし，化石燃料に頼らない社会の基盤を築いたことが評価された。
  3 吉野彰氏は，太陽光発電の蓄電池を開発するためにリチウムイオン電池の研究に着手し，その電池は1981年に最初に商品化された。
  4 日本の企業研究者のノーベル化学賞受賞は，2002年の白川英樹氏以来であり，吉野彰氏が2人目となった。
  5 吉野彰氏は，受賞記念講演で，小学生のときに先生の薦めで日本人初のノーベル化学賞を受賞した湯川秀樹氏の著書を読み，化学にひかれたと語った。

41 電車が振動数864Hzの警笛を鳴らしながら，20m/sの速さで観測者に近づいてくる。観測者が静止しているとき，観測される音の振動数はどれか。ただし，音速を340m/sとする。
  1 768Hz
  2 816Hz
  3 890Hz

4 918Hz

5 972Hz

42 起電力が3.0V，内部抵抗が0.50 Ωの電池に可変抵抗器を接続したところ，電流が1.2A流れた。このときの電池の端子電圧 V〔V〕と可変抵抗器の抵抗値 R〔Ω〕の組合せはどれか。

	V	R
1	3.6 V	3.0 Ω
2	3.6 V	2.0 Ω
3	2.4 V	3.0 Ω
4	2.4 V	2.0 Ω
5	0.60 V	3.0 Ω

43 アルコールに関する記述として，妥当なのはどれか。

1 メタノールやエタノールのように，炭化水素の水素原子をヒドロキシ基で置換した化合物をアルコールという。

2 アルコールにナトリウムを加えると，二酸化炭素が発生し，ナトリウムアルコキシドを生じる。

3 濃硫酸を160～170℃ に加熱しながらエタノールを加えると，分子内で脱水反応が起こり，ジエチルエーテルが生じる。

4 グリセリンは，2価のアルコールで，自動車エンジンの冷却用不凍液，合成繊維や合成樹脂の原料として用いられる。

5 エチレングリコールは，3価のアルコールで，医薬品や合成樹脂，爆薬の原料として用いられる。

44 温度27℃，圧力 1.0×10^5 Pa，体積72.0Lの気体がある。この気体を温度87℃，体積36.0Lにしたときの圧力はどれか。ただし，絶対零度は－273℃とする。

1 2.0×10^5 Pa

2 2.4×10^5 Pa

3 2.8×10^5 Pa

4 3.2×10^5 Pa

5 3.6×10^5 Pa

[45] 次の文は，DNAの構造に関する記述であるが，文中の空所A～Cに該当する語の組合せとして，妥当なのはどれか。

　DNAは，リン酸と糖と塩基からなるヌクレオチドが連なったヌクレオチド鎖で構成される。DNAを構成するヌクレオチドの糖は　A　であり，塩基にはアデニン，　B　，　C　，シトシンの4種類がある。

　DNAでは，2本のヌクレオチド鎖は，塩基を内側にして平行に並び，アデニンが　B　と，　C　がシトシンと互いに対になるように結合し，はしご状になり，このはしご状の構造がねじれて二重らせん構造となる。

	A	B	C
1	デオキシリボース	ウラシル	グアニン
2	デオキシリボース	グアニン	チミン
3	デオキシリボース	チミン	グアニン
4	リボース	グアニン	チミン
5	リボース	チミン	ウラシル

[46] 生態系における物質収支に関する記述として，妥当なのはどれか。
1　総生産量とは，生産者が光合成によって生産した無機物の総量をいう。
2　生産者の純生産量とは，総生産量から現存量を引いたものをいう。
3　生産者の成長量とは，純生産量から枯死量と被食量を引いたものをいう。
4　消費者の同化量とは，生産量から被食量と死亡量を引いたものをいう。
5　消費者の成長量とは，摂食量から不消化排出量を引いたものをいう。

[47] 太陽系の天体に関する記述として，妥当なのはどれか。
1　惑星は，太陽の周りを公転する天体であり，地球型惑星と木星型惑星に分類されるが，火星は地球型惑星である。
2　小惑星は，太陽の周りを公転する天体であり，その多くは，木星と土星の軌道の間の小惑星帯に存在する。
3　衛星は，惑星などの周りを回る天体であり，水星と金星には衛星はあるが，火星には衛星はない。
4　彗星は，太陽の周りをだ円軌道で公転する天体であり，氷と塵からなり，太陽側に尾を形成する。
5　太陽系外縁天体は，冥王星の軌道よりも外側を公転する天体であり，海王星は太陽系外縁天体である。

48 地球の内部構造に関する記述として，妥当なのはどれか。

1 　地球の内部構造は，地殻・マントル・核の３つの層に分かれており，表層ほど密度が大きい物質で構成されている。

2 　マントルと核の境界は，モホロビチッチ不連続面と呼ばれ，地震学者であるモホロビチッチが地震波の速度が急に変化することから発見した。

3 　地殻とマントル最上部は，アセノスフェアという低温でかたい層であり，その下には，リソスフェアという高温でやわらかく流動性の高い層がある。

4 　地球の表面を覆うプレートの境界には，拡大する境界，収束する境界，すれ違う境界の３種類があり，拡大する境界はトランスフォーム断層と呼ばれる。

5 　地殻は，大陸地殻と海洋地殻に分けられ，大陸地殻の上部は花こう岩質岩石からできており，海洋地殻は玄武岩質岩石からできている。

《 解 答 ・ 解 説 》

1 2

解説　本文の序盤に見られる「これは私のものの考え方の根本にもあると思うのです」に着目したい。この直前の内容が，筆者の一番の主張である。

2 4

解説　筆者が説明する，傾聴ということのあるべき姿を捉える必要がある。筆者が論したり，アドバイスしたりすることを禁じるのは，傾聴の場を成立させるための手段にすぎない。

3 4

解説　筆者は誕生を仏教の観点から位置づけた上で，それを前提とした人生観を一番の主張として訴えている。

4 2

解説　D・Eに見られる，接続詞「では」，「しかし」，またFの指示語「そういう」に着目することで，各短文の前後関係を推測することが可能である。

他に，Bの「かもしれない」とEの「しかし」を並べると，「譲歩→逆接」という定番の論理展開になることもヒントとなろう。

5 1

解説 同類の人たちで行う対話と，いろんな立場の人たちとの対話の対比を押さえることが大切である。前者は，細かく，緻密であるのに対して，後者は前提を問うものである。

6 5

解説 1：「ユースホステルは冒険好きな旅行者しか利用していない」が誤り。　2：「外国人が最も面白いと感じる」が誤り。ビジネスホテルは一般的でふつうのホテルだとある。　3：「東京の都心で見かけることはない」が誤り。　4：「タオルや洗面品をほかの宿泊客と一緒に使う」が誤り。少額で手に入るとある。

7 5

解説 1：人と触れ合うこと，とりわけ抱き合うことは，アメリカの文化の中で一般的だとあるので誤り。　2：ダンスは，初めは居心地が悪かったとあるので誤り。　3：「苦しみつつも」ではなく「楽しみながら」であれば正しい。4：「私は80歳になったとき，ああいうふうにしていたいと思った」であれば正しい。

8 1

解説 ア：直前では縄文土器の芸術的価値が評価されていなかったことが述べられており，「しかしながら」という接続詞が続くことから，アには「美しさ」が入り，「少なからず岡本太郎がそれらの美しさに対して賞賛したおかげで」となる。　イ：土偶の本来の機能についてはいろいろな説がある。イには「信じる」が入り，「（地球に）やってきた宇宙人の肖像だと信じる人々もいるのだ」となる。

9 2

解説 整序問題では，代名詞や接続詞，冠詞などに着目して文の順序を判断する。選択肢を見ると，老人の容姿について説明している英文だと予想できるので，アが最初であり，エが続くことがわかる。次に，blotch「しみ」とscar「傷」に注目する。「しみ」と「傷」の両方について述べているのがイ。イを受けて，オ「それらの傷のうちどれも」と表現しているので，イ→オの順がわかる。よって，ア「老人は，首の後ろに深いしわがあり，げっそりやせていた」→エ「熱帯の海に反射した太陽の光によって，皮膚がんのような茶色い大きなしみが頬にできていた」→イ「しみは顔の両側にあり，手には大物を釣り上げたときに深く刻まれた傷があった」→オ「それらの傷のうちどれも新しくはなかった」→ウ「魚がいない，風に侵食された砂漠と同じくらいの古さだった」。となる。

10 3

解説 1：誤り。Bチームが優勝した場合，Bチームは1回戦でCチームに勝ち，Cチームは1回戦しか試合がないことになる。すると，条件イより，Cチームの得点は1点，失点は2点となるので，1回戦のBチームの得点は2点，失点は1点となる。次に，Bチームは2回戦でAチームに勝ち，Aチームは2回戦しか試合がないことになる。すると，条件アより，Aチームの得点は3点となるので，Bチームの失点は3点となる。また，勝敗が決まるためには1点以上の得点の差がつく必要があるので，2回戦のBチームの得点は4点以上となる。すると，条件アより，Bチームの全試合の得点の合計は9点なので，決勝戦での得点は最大でも9－2－4＝3〔点〕となり，選択肢と矛盾する。

2：誤り。1より，Bチームが優勝した場合，決勝戦でBチームの失点は2点以下となるはずなので，選択肢と矛盾する。

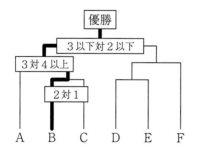

3：正しい。Dチームが優勝した場合，Dチームは1回戦でEチームに勝ち，Eチームは1回戦しか試合がないことになる。すると，条件エより，1回戦でのEチームの失点は1点となるので，Dチームの得点は1点となり，勝敗が決まるためには失点は0点となる。次に，Dチームは2回戦でFチームに勝ち，Fチームは2回戦しか試合がないので，条件エより，2回戦でのFチームの失点は3点となる。すると，2回戦でのDチームの得点は3点，失点は2点以下となる。さらに，条件ウより，Dチームの全試合の得点の合計は8点なので，決勝戦でのDチームの得点は8－1－3＝4〔点〕となる。よって，「優勝はDチームで，決勝戦の得点は4点であった」は確実にいえる。 4：誤り。3より，Dチームが優勝した場合，決勝戦でのDチームの失点は3点以下となるが，2回戦での失点が確定していないので，「優勝はDチームで，決勝戦の失点は3点であった」は確実にはいえない。

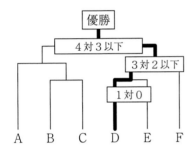

5：誤り。Fチームが優勝した場合，FチームはDチームとEチームの勝者と2回戦で対戦することになる。1回戦でDチームが負けた場合，Dチームは1回戦しか試合がなく，条件ウより，Dチームの1回戦での得点は8点，失点は4点となるが，これでは得点が失点を上回っているためDチームが負けたことと矛盾する。よって，Dチームは1回戦で勝ったはずである。すると，Eチームは1回戦で負けたことになり，条件エより，1回戦でのEチームの失点は1点なので，Dチームの得点は1点となり，勝敗が決まるためには失点が0点となるはずである。次に，2回戦でDチームがFチームに負けたとき，条件ウより，2回戦でのDチームの得点は8－1＝7〔点〕，失点は4点となるが，これでは得点が失点を上回るためDチームが負けたことと矛盾する。よって，「優勝はFチームで，決勝戦での得点は3点であった」は確実にはいえない。

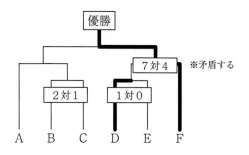

7対4　※矛盾する

2対1　1対0

A　B　C　D　E　F

11 5

解説 「ヒラメハウミノサカナ」が「徒厨稚厚机堀絵仮付侍」と暗号化されるので，もとの文字と暗号の字数が等しいことから，五十音表を作成して考える。

	あ	か	さ	た	な	は	ま	や	ら	わ
あ		付	仮		侍	厚			厨	
い					徒	堀				
う	机									
え						稚				
お					絵					

まず，あ段の「ラ」，「ハ」，「サ」，「カ」，「ナ」に対応する暗号「厨」，「厚」，「仮」，「付」，「侍」に注目すると，それぞれの漢字の部首が「厂（がんだれ）」または「イ（にんべん）」となっている。次に，い段の「ヒ」，「ミ」に対応する暗号「徒」，「堀」に注目すると，それぞれの漢字の部首が「彳（ぎょうにんべん）」または「土（つちへん）」となっている。次に，う段の「ウ」に対応する暗号「机」に注目すると，漢字の部首が「木（きへん）」となっている。次に，え段の「メ」に対応する暗号「稚」に注目すると，漢字の部首が「禾（のぎへん）」となっている。さらに，お段の「ノ」に対応する暗号「絵」に注目すると，漢字の部首が「糸（いとへん）」となっている。ここで，それぞれの漢字の部首の画数に注目すると，あ段は2画，い段は3画，う段は4画，え段は5画，お段は6画となることがわかる。すると，「ヘコアユ」は，え段，お段，あ段，う段のカタカナが並んでいるので，それぞれ5, 6, 2, 4画の部首をもつ漢字が対応すると予測できる。　1：誤り。「役縦働咲」のそれぞれの漢字の部首

の画数は3，6，2，3画である。　2：誤り。「材縦紙叶」のそれぞれの漢字の部首の画数は4，6，6，3画である。　3：誤り。「書町縮培」のそれぞれの漢字の部首の画数は4，5，6，3画である。　4：誤り。「兵児亜湯」のそれぞれの漢字の部首の画数は2，2，2，3画である。　5：正しい。「裕紅仏暗」のそれぞれの漢字の部首の画数は5，6，2，4画となるので，これが正解となる。

12 3

解説　Aの到着時刻を基準（0分）として，速く到着した場合はその差を−，遅く到着した場合はその差を＋とし，わからないものは−の場合と＋の場合に分け，樹形図を作成する。すると，条件ア，ウ～カより次のような樹形図が作成できる。

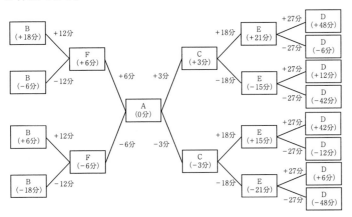

次に，条件イより，BとDのタイム差が6分であることを考慮すると，それぞれのタイムの組合せについて，①～④の4通りが考えられる。

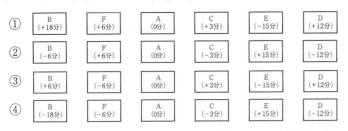

さらに，問題文よりAのタイムは6人の平均タイムより速かったことから，それぞれの場合の平均タイムを求めると，①の場合は $\dfrac{18+6+0+3-15+12}{6}$

＝４〔分〕，②の場合は$\dfrac{-6+6+0-3+15-12}{6}=0$〔分〕，③の場合は$\dfrac{6-6+0+3-15+12}{6}=0$〔分〕，④の場合は$\dfrac{-18-6+0-3+15-12}{6}$＝－４〔分〕となる。よって，この条件を満たすのは①の場合だけであり，ゴールしたのが速いものから順にE，A，C，F，D，Bとなる。したがって，Eは１位，Fは４位となる。

13　2

解説　A～Eの発言をもとに表を作成し，当選しなかったと確定できる場合は×，それ以外の場合は○をつけるものとする。Aの発言より，「当選したのはBかCのどちらかだ」とあるので，A，D，Eが当選しなかったことが確定するため×となり，BとCは○となる。同様に考えると，Bの発言よりAとCは○，B，D，Eは×となり，Cの発言よりDとEは○，A，B，Cは×となり，Dの発言よりCとDは×，A，B，Eは○となり，Eの発言よりBとDは○，A，C，Eは×となる。次に，表を縦から見ると，もしAが当選していたら，Aに×をつけたA，C，Eはうそをついていることになる。よって，この場合にうそをついている人数は３人となる。同様に考えると，Bが当選していたらうそをついているのはBとCの２人，Cが当選していたらうそをついているのはC，D，Eの３人，Dが当選していたらうそをついているのはA，B，Dの３人，Eが当選していたらうそをついているのはA，B，Eの３人となる。以上より，次のような表が作成できる。

		当選者				
		A	B	C	D	E
発言者	A	×	○	○	×	×
	B	○	×	○	×	×
	C	×	×	×	○	○
	D	○	○	×	×	○
	E	×	○	×	○	×
うそつき		3	2	3	3	3

すると，２人がうそをついていたことになるのは，Bが当選した場合だけである。したがって，「Bが当選した」は確実にいえることになる。

14 3

解説 条件アより，AとDの位置関係は次のようになる。

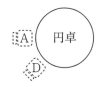

条件イより，BとG，および黒い椅子の位置関係は次のようになる。

条件ウより，CとEの位置関係は次のようになる。

条件エより，DとFの位置関係は次のようになる。なお，Dの両隣が白い椅子なので，Dが座っている椅子も白色となる。

次に，条件ア～エを組み合わせると，8人が座る位置について，①，②の2通りが考えられる。

①の場合　　　　　②の場合

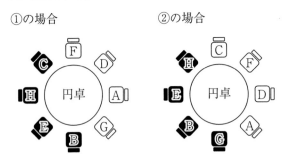

224

１：誤り。①，②のいずれの場合であっても，Ａの左隣の椅子に座っているのはＧである。　２：誤り。①，②のいずれの場合であっても，Ｃの左隣の椅子に座っているのはＦである。　３：正しい。①，②のいずれの場合であっても，Ｅは黒い椅子に座っている。　４：誤り。②の場合では，Ｇは黒い椅子に座っている。　５：誤り。①，②のいずれの場合であっても，Ｈは黒い椅子に座っている。

15 1

解説 条件ア〜オをもとに，当番表を作成していく。条件アより，Ｂは第５火曜日と翌月の５日の日に朝食を準備したため，翌月の５日の日の曜日は，ある月の第５火曜日から６日後なので月曜日となる。また，翌月の５日の日が月曜日なので，４日の日が日曜日，３日の日が土曜日，２日の日が金曜日，１日の日が木曜日となる。条件イより，Ｃは３日の日の土曜日に朝食を準備したことになる。条件エより，Ｅは２日の日の第１金曜日に朝食を準備したことになる。条件オより，Ｆはある月の終わりの日である水曜日に朝食を準備したことになる。すると，条件ウより，Ｄは水曜日に朝食を準備しているが，ある月の終わりの日の水曜日はＦが朝食を準備したことが確定しているので，Ｄは翌月の７日の日の水曜日に朝食を準備したことになり，その６日前である１日の日の木曜日にも朝食を準備したことになる。すると，残ったＡは４日の日の日曜日に朝食を準備したことになる。ここまでで，当番表は次のようになる。

	日	月	火	水	木	金	土
ある月			日付： 朝食：Ｂ	日付： 朝食：Ｆ	日付：１日 朝食：Ｄ	日付：２日 朝食：Ｅ	日付：３日 朝食：Ｃ
	日付：４日 朝食：Ａ	日付：５日 朝食：Ｂ		日付：７日 朝食：Ｄ			

したがって，Ａの翌日に朝食を準備したのはＢとなる。

16 3

解説 図のように補助線（破線の部分）を引き，点Ｇ，Ｈ，Ｉ，Ｊをとる。∠DAG ＝ 90°なので，∠CAD ＝ x，∠HAG ＝ y，∠CAH ＝ zとすると，$x + y + z = 90°$…①となる。また，△CAD ≡ △ACBより，∠CAD ＝ ∠ACB ＝ xとなる。一方，△GAH ≡ △ECHより，∠HAG ＝ ∠HCE ＝ yとなる。ここ

で，辺AH＝辺HCより，△HACは二等辺三角形なので，∠CAH＝∠ACH
が成り立つため，$x + y = z$となる。これを式①に代入すると，$x + y + (x + y)$
＝90°，$x + y = 45$°となる。さらに，△ECH ≡ △JDEより，∠HCE＝
∠EDJ＝yとなり，三角形の対頂角は等しいため，∠CFE＝∠AFD＝180°
－$(x + y)$＝180°－45°＝135°となる。

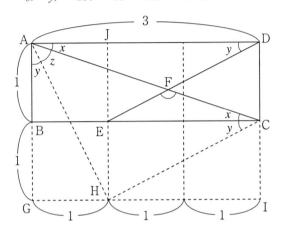

17 2

解説 ある整数が$2^2 \times 3^a \times 4^b = 2^{2+2b} \times 3^a$と素因数分解できるとき，正の約
数の個数は$(2 + 2b + 1) \times (a + 1)$〔個〕となる。また，正の整数$a$，$b$につい
て，$a + b = 4$を満たすaとbの組合せは$(a, b) = (1, 3)$，$(2, 2)$，$(3, 1)$の
3通り考えられる。$(a, b) = (1, 3)$のとき，正の約数の個数は$(2 + 2 \times 3 + 1)$
$\times (1 + 1) = 18$〔個〕となる。$(a, b) = (2, 2)$のとき，正の約数の個数は
$(2 + 2 \times 2 + 1) \times (2 + 1) = 21$〔個〕となる。$(a, b) = (3, 1)$のとき，正の
約数の個数は$(2 + 2 \times 1 + 1) \times (3 + 1) = 20$〔個〕となる。したがって，最小
の正の約数の個数は18〔個〕となる。

18 4

解説 問題文の条件を図にまとめる。川の流れの速さは8〔km/時〕であり，
これが流速となる。また，静水時のBの速さをx〔km/時〕とすると，静水時
のAの速さはBの速さの1.5倍なので，1.5x〔km/時〕と表せる。

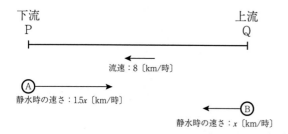

ここで，AはP地点からQ地点まで移動するのに3時間かかるが，Aの移動速度は流速の分だけ小さくなるため，P地点からQ地点までの距離は $(1.5x - 8) \times 3 \cdots$ ①と表せる。一方，BはQ地点からP地点まで移動するのに1時間30分かかるが，Bの移動速度は流速の分だけ大きくなるため，Q地点からP地点までの距離は $(x + 8) \times 1.5 \cdots$ ②と表せる。式①と式②は，同じ距離となるので，$(1.5x - 8) \times 3 = (x + 8) \times 1.5$ が成り立ち，$x = 12$ 〔km/時〕となり，これが静水時のBの速さとなる。よって，静水時のAの速さは $1.5 \times 12 = 18$ 〔km/時〕，P地点からQ地点までの距離は，式①より $(1.5 \times 12 - 8) \times 3 = 30$ 〔km〕となる。次に，Aが出発して48分後にエンジンが停止したが，そのときまでのAの移動距離は $(18 - 8) \times \dfrac{48}{60} = 8$ 〔km〕となる。また，エンジンが停止してから y 分後には，Aは $8 \times \dfrac{y}{60}$ 〔km〕だけ川を流されたことになる。一方，AとBが出発してから，エンジンが停止して y 分後までの $(48 + y)$ 分間で，Bが移動した距離は $(12 + 8) \times \dfrac{48+y}{60}$ 〔km〕となる。ここで，エンジンが停止してから y 分後のAの位置は，Q地点から見て $30 - \left(8 - 8 \times \dfrac{y}{60}\right)$ 〔km〕離れていることに注目すると，BがAに追いつくための条件は，$30 - \left(8 - 8 \times \dfrac{y}{60}\right)$ $= (12 + 8) \times \dfrac{48+y}{60}$ となるので，これを解くと $y = 30$ 〔分〕となる。したがって，BがAに追いつくのは，Aのエンジンが停止してから30分後となる。

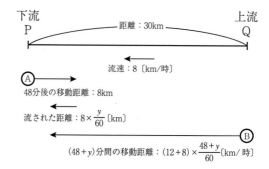

227

19 2

解説 ポンプA，B，Cの単位時間当たりの排水量をそれぞれa〔/分〕，b〔/分〕，c〔/分〕とすると，ポンプA，B，Cを用いたときの単位時間当たりの排水量は$(a + b + c)$〔/分〕，ポンプAとBを用いたときの単位時間当たりの排水量は$(a + b)$〔/分〕，ポンプAとCを用いたときの単位時間当たりの排水量は$(a + c)$〔/分〕と表せる。また，それぞれの場合に満水のタンクを空にするためにかかった時間は16分，24分，30分なので，タンクの中の水の量は，$16(a + b + c)$，$24(a + b)$，$30(a + c)$と表せる。ここまでをまとめると，次のようになる。

	ポンプ	排水量〔/分〕	時間〔分〕	タンクの中の水の量
①	AとBとC	$a + b + c$	16	$16(a + b + c)$
②	AとB	$a + b$	24	$24(a + b)$
③	AとC	$a + c$	30	$30(a + c)$

ここで，それぞれの場合の時間が16分，24分，30分なので，16，24，30の最小公倍数である240をタンクの中の水の量と仮定すると，①より$16(a + b + c) = 240$，$a + b + c = 15$…①'となる。②，③についても同様に考えると，$a + b = 10$…②'，$a + c = 8$…③'となる。式①' − 式③'より$b = 7$，式①' − 式②'より$c = 5$となるので，$b + c = 7 + 5 = 12$となる。よって，BとCのポンプで排水するときにかかる時間をt〔分〕とすると，$t(b + c) = 12t = 240$が成り立ち，これを解くと$t = 20$〔分〕となる。

20 2

解説 博物館A，B，Cにそれぞれ入館料50％，25％，10％の割引券を使ったとき，割引される金額を求めると表のようになる。

博物館		A	B	C
入館料〔円〕		1,000	800	600
割引される金額〔円〕				
割引	50％	500	400	300
	25％	250	200	150
	10％	100	80	60

2,000円の会費に支払い割引券を使うPの合計金額が，会費を支払わず割引券

を使わないＱの合計金額より少なくなる最小の入館回数を求めたいので，Ｐの割引金額が会費2,000円を上回る最小の入館回数を求めればよいことになる。そのためには，できるだけ割引金額が大きくなるような入場料割引券の使い方を考えることになる。このことを踏まえて，以下にそれぞれの入館料割引券の使い方を示す。

①入館料50％割引券：１枚

割引金額が最も大きくなるのは博物館Ａなので，１枚しかない入館料50％割引券は，博物館Ａに使用する。これで割引金額は500円となる。

②入館料25％割引券：３枚

割引金額が最も大きくなるのは博物館Ａなので，３枚の入館料25％割引券はすべて博物館Ａに使用する。これで割引金額は $250 \times 3 = 750$〔円〕となる。

③入館料10％割引券：16枚

割引金額が大きくなるのは博物館Ａ，Ｂ，Ｃの順であるが，問題文より，それぞれの博物館に１回は入館することになるので，まず博物館ＢとＣに入館料10％割引券を１枚ずつ使用する。これで割引金額は $80 + 60 = 140$〔円〕となる。ここまでの割引金額の合計は $500 + 750 + 140 = 1,390$〔円〕となり，割引金額が2,000円を上回るためには，あと $2,000 - 1,390 = 610$〔円〕を超えなければならない。よって，残りの入館料10％割引券を最も割引金額の大きな博物館Ａに使用すると，合計７枚使用することで割引金額が $100 \times 7 = 700$〔円〕となるので，割引金額の合計が2,000円を超えることになる。

したがって，Ｐの最小の入館回数は $1 + 3 + 1 + 1 + 7 = 13$〔回〕となる。

---

21 4

解説 1：誤り。（平成27年度のビールの生産量の対前年増加量）＝（平成27年度のビールの生産量）－（平成26年度のビールの生産量）＝ 2,794 － 2,733 ＝ 61〔1,000kL〕，（平成25年度のビールの生産量の対前年増加量）＝（平成25年度のビールの生産量）－（平成24年度のビールの生産量）＝ 2,862 － 2,803 ＝ 59〔1,000kL〕より，（平成27年度のビールの生産量の対前年増加量）＞（平成25年度のビールの生産量の対前年増加量）となる。　2：誤り。（今年の対前年増加率）＝ $\left(\dfrac{今年の生産量}{昨年の生産量} \times 100 - 100 \right)$〔％〕より，（平成25年度の焼ちゅうの対前年増加率）＝ $\left(\dfrac{平成25年度の焼ちゅうの生産量}{平成24年度の焼ちゅうの生産量} \times 100 - 100 \right) = \left(\dfrac{912}{896} \times 100 - 100 \right)$〔％〕と表せる。同様に，（平成25年度の清酒の対前年増加率）

$= \left(\dfrac{444}{439} \times 100 - 100 \right)$ 〔%〕と表せる。ここで, $\dfrac{912}{896}$ と $\dfrac{444}{439}$ という分数の大小を比較すると, $\dfrac{912}{896} \fallingdotseq 1.02$, $\dfrac{444}{439} \fallingdotseq 1.01$ となるので, $\dfrac{912}{896} > \dfrac{444}{439}$ となる。すると, $\left(\dfrac{912}{896} \times 100 - 100 \right) > \left(\dfrac{444}{439} \times 100 - 100 \right)$ と判断できるので,（平成 25 年度の焼ちゅうの対前年増加率）＞（平成 25 年度の清酒の対前年増加率）となる。よって, 平成 25 年度の焼ちゅうの対前年増加率が最も小さいわけではない。 3：誤り。平成 24 年度のウィスキー類の生産量を 100 とすると, 平成 26 年度のそれの指数は $\dfrac{105}{88} \times 100 \fallingdotseq 119.3$ となるので, 120 を下回っている。 4：正しい。平成 25 年度から平成 28 年度までの 4 年度における果実酒類の生産量の 1 年度当たりの平均は, $\dfrac{98 + 102 + 112 + 101}{4} = 103.25$ 〔1,000kL〕＝ 10 万 3,250 〔kL〕となるので, 10 万 3,000 〔kL〕を上回っている。 5：誤り。（平成 26 年度の清酒の生産量の 6.2 倍）＝ 447 × 6.2 ≒ 2,771 〔1,000kL〕であり,（平成 26 年度のビールの生産量）＝ 2,733 〔1,000kL〕は, これを下回っている。

---

22 5

解説 1：誤り。（今年の対前年増加率〔%〕）＝ $\left(\dfrac{今年の量}{昨年の量} \times 100 - 100 \right)$ より,（今年の量）＝（昨年の量）× $\left(\dfrac{今年の対前年増加率〔\%〕+ 100}{100} \right)$ と表せる。よって, 平成 27 年の「医療, 福祉用」の着工建築物床面積を 100 とすると,（平成 28 年の「医療, 福祉用」の着工建築物床面積）＝（平成 27 年の「医療, 福祉用」の着工建築物床面積）×

$\left(\dfrac{平成 28 年の「医療, 福祉用」の着工建築物床面積の対前年増加率〔\%〕+ 100}{100} \right)$

$= 100 \times \dfrac{1.6 + 100}{100} = 101.6$,（平成 29 年の「医療, 福祉用」の着工建築物床面積）＝ $101.6 \times \dfrac{-6.4 + 100}{100} \fallingdotseq 95.1$ と表せる。よって,（平成 29 年の「医療, 福祉用」の着工建築物床面積）＜（平成 27 年の「医療, 福祉用」の着工建築物床面積）となる。 2：誤り。平成 26 年の「卸売業, 小売業用」の着工建築物床面積を 100 とすると,（平成 27 年の「卸売業, 小売業用」の着工建築物床面積）＝ $100 \times \dfrac{-20.0 + 100}{100} = 80$,（平成 28 年の「卸売業, 小売業用」の着工建

築物床面積) $= 80 \times \dfrac{6.1+100}{100} = 84.88$, （平成29年の「卸売業，小売業用」の着工建築物床面積) $= 84.88 \times \dfrac{-16.8+100}{100} \fallingdotseq 70.6$ となるので，70を下回っていない。　3：誤り。平成26年の「製造業用」の着工建築物床面積を100とすると，（平成27年の「製造業用」の着工建築物床面積) $= 100 \times \dfrac{14.9+100}{100} = 114.9$，（平成28年の「製造業用」の着工建築物床面積) $= 114.9 \times \dfrac{-8.4+100}{100} = 105.2$ となるので，（平成26年の「製造業用」の着工建築物床面積）＜（平成28年の「製造業用」の着工建築物床面積）となる。よって，平成28年の「製造業用」の着工建築物床面積が最も少ないわけではない。　4：誤り。資料からは，用途別着工建築物床面積の実数に関する情報が読み取れないので，異なる用途における着工建築物床面積の実数，およびその対前年増加量を比較することはできず，判断できない。　5：正しい。1より，（昨年の量) $=$ （今年の量) $\times \left(\dfrac{100}{\text{今年の対前年増加率〔\%〕}+100} \right)$ と表せる。また，平成27年の「医療，福祉用」の着工建築物床面積を100とすると，（平成26年の「医療，福祉用」の着工建築物床面積) $=$ （平成27年の「医療，福祉用」の着工建築物床面積) $\times \left(\dfrac{100}{\text{平成27年の「医療，福祉用」の着工建築物床面積の対前年増加率〔\%〕}+100} \right)$ $= 100 \times \dfrac{100}{-29.6+100} \fallingdotseq 142$ となる。また，1において，（平成29年の「医療，福祉用」の着工建築物床面積) $= 95.1$ と既に求めている。ここで，（平成26年に対する平成29年の減少率〔\%〕) $= \left(100 - \dfrac{\text{平成29年の量}}{\text{平成26年の量}} \times 100 \right)$ と表せるので，（「医療，福祉用」の平成26年に対する平成29年の減少率) $= 100 - \dfrac{95.1}{142} \times 100 \fallingdotseq 33.0$ 〔\%〕となる。次に，2より，（「卸売業，小売業用」の平成26年に対する平成29年の減少率) $= 100 - \dfrac{70.6}{100} \times 100 = 29.4$ 〔\%〕となり，その1.1倍は $29.4 \times 1.1 = 32.34$ 〔\%〕となる。よって，（「医療，福祉用」の平成26年に対する平成29年の減少率）＞（「卸売業，小売業用」の平成26年に対する平成29年の減少率の1.1倍）となる。

23 3

解説 1：誤り。平成26年度の「施設・設備」の苦情件数を100とすると，平成28年度のそれの指数は$\frac{540}{610} \times 100 \fallingdotseq 88.5$となるので，90を下回っている。

2：誤り。平成26年度から平成29年度までの4年度における「有症」の苦情件数の1年度当たりの平均は，$\frac{1{,}487+1{,}478+1{,}527+1{,}380}{4}=1{,}468$〔件〕であり，1,450件を上回っている。　3：正しい。(今年の対前年減少率〔％〕) $=\Big(100-\frac{今年の量}{昨年の量} \times 100\Big)$より，(平成28年度における「異味・異臭」の苦情件数の対前年度減少率) $=\Big(100-\frac{224}{268} \times 100\Big)$〔％〕，(平成28年度における「施設・設備」の苦情件数の対前年度減少率) $=\Big(100-\frac{540}{639} \times 100\Big)$〔％〕となる。ここで，$\frac{224}{268}$と$\frac{540}{639}$という分数の大小を比較すると，$\frac{224}{268} \fallingdotseq 0.836$，$\frac{540}{639} \fallingdotseq 0.845$より，$\frac{224}{268}<\frac{540}{639}$となる。よって，$\Big(100-\frac{224}{268} \times 100\Big)>\Big(100-\frac{540}{639} \times 100\Big)$と判断できるので，(平成28年度における「異味・異臭」の苦情件数の対前年度減少率)＞(平成28年度における「施設・設備」の苦情件数の対前年度減少率)となる。4：誤り。(平成29年度における「食品・器具の取扱い」の苦情件数の対前年度減少数) $=644-621=23$〔件〕となり，その6倍は$23 \times 6 = 138$〔件〕となる。一方，(平成29年度における「有症」の苦情件数の対前年度減少数) $=1{,}527-1{,}380=147$〔件〕となる。よって，(平成29年度における「有症」の苦情件数の対前年度減少数)＞(平成29年度における「食品・器具の取扱い」の苦情件数の対前年度減少数の6倍)となる。　5：誤り。平成29年度における5つの要因の苦情件数の合計に占める「異物混入」のそれの割合は，$\frac{918}{251+621+625+918+1{,}380} \times 100 \fallingdotseq 24.2$〔％〕となるので，25％を下回っている。

24 4

解説 1：誤り。一次エネルギー国内供給の合計の1990年度に対する2017年度増加量は，$20{,}095-19{,}667=428$〔PJ〕となる。また，(「再生可能・未活用エネルギー」の国内供給) = (一次エネルギー国内供給の合計)×(「再生可能・未活用エネルギー」の国内供給の構成比)より，「再生可能・未活用エネルギー」の1990年度に対する2017年度増加量は，$(20{,}095 \times 0.076)-(19{,}667$

× 0.030）＝ 1,527.22 − 590.01 ＝ 937.21〔PJ〕となる。よって，一次エネルギー国内供給の合計の 1990 年度に対する 2017 年度増加量に占める「再生可能・未活用エネルギー」のそれの割合は，$\frac{937.21}{428} \times 100 \doteqdot 219$〔％〕であり，250％を下回っている。　2：誤り。1990 年度において，「水力」の一次エネルギー国内供給の 3 倍は 19,667 × 0.041 × 3〔PJ〕＝ 19,667 × 0.123〔PJ〕，「天然ガス・都市ガス」の一次エネルギー国内供給は 19,667 × 0.104〔PJ〕と表せる。すると，0.123 ＞ 0.104 より，（「水力」の一次エネルギー国内供給の 3 倍）＞（「天然ガス・都市ガス」の一次エネルギー国内供給）と判断できる。よって，1990 年度において，「天然ガス・都市ガス」の一次エネルギー国内供給は，「水力」の一次エネルギー国内供給の 3 倍を下回っている。　3：誤り。（1990 年度の「石炭」の一次エネルギー国内供給）＝ 19,667 × 0.169〔PJ〕≒ 3,324〔PJ〕となり，その 1.5 倍は 3,323.7 × 1.5 ≒ 4,986〔PJ〕となる。一方，（2017 年度の「石炭」の一次エネルギー国内供給）＝ 20,095 × 0.251〔PJ〕＝ 5,044〔PJ〕となるので，（1990 年度の「石炭」の一次エネルギー国内供給）× 1.5 ＜（2017 年度の「石炭」の一次エネルギー国内供給）となる。よって，1990 年度の「石炭」の一次エネルギー国内供給を 100 とすると，2017 年度のそれの指数は 150 を上回ることになる。　4：正しい。（「原子力」の一次エネルギー国内供給の 1990 年度に対する 2017 年度の減少率）＝$\left(100 - \frac{20,095 \times 0.014}{19,667 \times 0.096} \times 100\right)$〔％〕≒ 85.1〔％〕，（「石油」の一次エネルギー国内供給の 1990 年度に対する 2017 年度の減少率の 3 倍）＝$\left(100 - \frac{20,095 \times 0.390}{19,667 \times 0.560} \times 100\right) \times 3$〔％〕≒ 28.8 × 3 ＝ 86.4〔％〕となる。よって，（「原子力」の一次エネルギー国内供給の 1990 年度に対する 2017 年度の減少率）＜（「石油」の一次エネルギー国内供給の 1990 年度に対する 2017 年度の減少率の 3 倍）となる。　5：誤り。（2017 年度の「天然ガス・都市ガス」の一次エネルギー国内供給）＝ 20,095 × 0.234〔PJ〕≒ 4,702〔PJ〕，（1990 年度の「天然ガス・都市ガス」の一次エネルギー国内供給の 240％）＝ 19,667 × 0.104 × 2.40〔PJ〕≒ 4,909〔PJ〕となる。よって，（2017 年度の「天然ガス・都市ガス」の一次エネルギー国内供給）＜（1990 年度の「天然ガス・都市ガス」の一次エネルギー国内供給の 240％）となる。

25 4

解説 問題文の条件を図に反映させると，次のようになる。

図より，△BPQは∠PBQ = 90°の直角二等辺三角形となるので，これを底面と考えると，三角すいFBPQの体積は $4 \times 4 \times \dfrac{1}{2} \times 8 \times \dfrac{1}{3} = \dfrac{64}{3}$ 〔cm³〕 …①となる。次に，問題文の条件で切り取った立方体の断面である

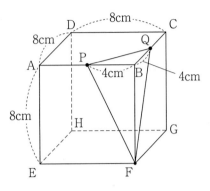

△FPQについて考える。△FBPは∠FBP = 90°の直角三角形なので，三平方の定理より，辺FP $= \sqrt{4^2 + 8^2} = 4\sqrt{5}$ 〔cm〕となり，同様に考えると辺FQ $= 4\sqrt{5}$ 〔cm〕となるので，△FPQは二等辺三角形となる。また，△BPQより，辺PQ $= \sqrt{4^2 + 4^2} = 4\sqrt{2}$ 〔cm〕となる。ここで，点Fから辺PQに垂直二等分線を引き，辺PQとの交点をHとすると，辺PH $= 4\sqrt{2} \times \dfrac{1}{2} = 2\sqrt{2}$ 〔cm〕，△FPHは∠FHP = 90°の直角三角形なので，辺FH $= \sqrt{(4\sqrt{5})^2 - (2\sqrt{2})^2} = 6\sqrt{2}$ 〔cm〕となる。よって，△FPQの面積は $4\sqrt{2} \times 6\sqrt{2} \times \dfrac{1}{2} = 24$ 〔cm²〕となる。ここで，△FPQを底面とする三角すいBFPQの高さを x 〔cm〕とすると，体積は $24 \times x \times \dfrac{1}{3} = 8x$ 〔cm³〕となり，これは式①で求めた三角すいFBPQの体積と等しいので，$8x = \dfrac{64}{3}$ が成り立ち，$x = \dfrac{8}{3}$ 〔cm〕となる。

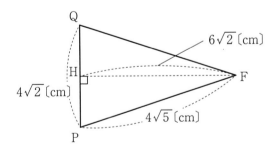

26 1

解説 図のように，選択肢1の正方形の模様をつくるためには，①のパネルが3枚，②のパネルが5枚必要となる。

  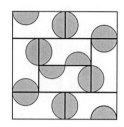

27 4

解説 1辺を1cmとする正方形を縦に3個，横に4個並べたものを用意し，真上から見たときの様子を考える。また，同じ位置に積み上げた立方体の個数を，それぞれの正方形に記入する。すると，問題文の平面図より，真上から見ると上の段の2箇所，下の段の3箇所には立方体が存在しないことがわかるので，それぞれ0と記入する（図1）。

次に，問題文の正面図より，正面から見ると左から1，2，2，3個の立方体が積み上がって見えるので，これらの数字をメモする。すると，右から2列目は真ん中の段しか立方体が存在しないので，右から2列目の真ん中の段には立方体が2個積み上げられていることがわかるので，2と記入する（図2）。

さらに，問題文の右側面図より，右側面から見ると左から2，3，1個の立方体が積み上がって見えるので，これらの数字をメモする。すると，下の段は左から2列目しか立方体が存在しないので，左から2列目の下の段には立方体が2個積み上げられていることがわかるので，2と記入する。また，1番右の列の真ん中の段は，正面から見ても右側面から見ても立方体が3個積み上がって見えるので，この位置に3を記入する。同様に考えると，1番左の列の上の段には1が記入できる（図3）。

図1　　　　　　　図2　　　　　　　図3

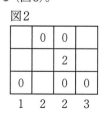 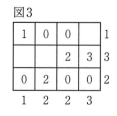

ここまでで，合計8個の立方体の位置がわかったので，残りの立方体は12－8＝4〔個〕となる。また，立方体が積み上がった個数がわからない位置は3箇所あるが，これらには最低でも1個の立方体が存在するはずなので，いずれか1箇所だけ2個の立方体が積み上がっていることになる。1番右の列の上の段の位置は，右側面から見ると立方体が1個しか見えないので1となり，1番左の列の真ん中の段の位置は，正面から見ると立方体が1個しか見えないので1となるので，残った左から2列目の真ん中の段の位置が2となるはずである。以上より，それぞれの位置の立方体の数，ならびのこの立体の見取り図は次のようになる。

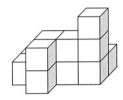

次に，この立体の表面積を考える。この立体を構成する立方体の1辺は1cmなので，1つの面の面積は1cm²，立方体1個当たりの面の数は6個なので，表面積は$1 \times 6 = 6$〔cm²〕となる。ここで，この立体は合計12個の立方体で構成されているので，これらの立方体の面が互いに接していなければ，立体の表面積は$6 \times 12 = 72$〔cm²〕となる。しかし，上記より，いくつかの立方体は接している。そこで，2個の立方体がそれぞれ1つの面で接しているとき，表面積は$1 \times 2 = 2$〔cm²〕だけ小さくなることに注目すると，（立体の表面積）＝72－（立方体が接する面の数）×2〔cm²〕が成り立つ。例えば，次のように2個の立方体の側面が接している場合，および立方体が積み上がっている場合には，それぞれ（立方体が接する面の数）＝2となる。

2個の立方体の側面が接している場合

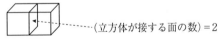

立方体が積み上っている場合

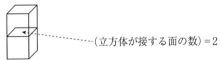

すると，この立体の（立方体が接する面の数）＝14となるので，（立体の表面積）＝72－14×2＝44〔cm²〕となる。

28 5

解説 問題文の図のような一部が着色された正三角形を滑ることなく回転させると，それぞれの位置における正三角形の向きは図1のようになる。三角形を時計回りに回転させる場合，右下の頂点が回転軸となり，次の回転における回転軸となる頂点は，反時計回りに入れ替わることに注目すると，考えやすくなる（図2）。

図1

図2

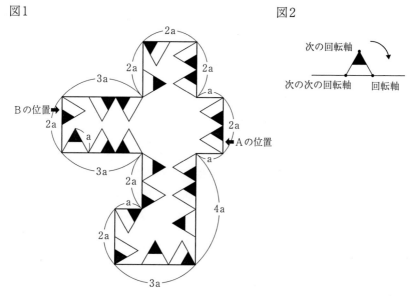

29 3

解説 1：日本国憲法には下級裁判所の詳細に関する規定はなく，行政裁判所も存在しない。　2：裁判官は公の弾劾によっても罷免される。　4：衆議院議員総選挙の際に，国民審査に付される。　5：裁判員制度が導入されているのは，重大な刑事事件の第一審のみ。

30 2

解説 A：正しい。法の下の平等は憲法第14条によって定められている。
B：誤り。ヘイトスピーチ解消法が制定され，2016（平成28）年6月に施行された。　C：正しい。民法改正により，現在では婚外子の法定相続分は嫡出子と同等となっている。　D：誤り。男女共同参画社会基本法に，そのような規定はない。

31 2

解説 1：マルタ会談ではなくヤルタ会談に関する記述である。　3：ヤルタ会談ではなくマルタ会談に関する記述である。　4：1975年に開催された全欧安全保障協力会議（CSCE）が，1995年に常設機関として改組され全欧安全保障協力機構（OSCE）となった。　5：1991年に，11カ国により独立国家共同体（CIS）が結成された（1993年にジョージアも加盟）。COMECONは冷戦時代の東側諸国による経済機構であり，1991年に解散した。

32 1

解説 2：スミソニアン合意ではなく，キングストン合意で変動相場制への移行が正式承認された。　3：ルーブル合意ではなく，プラザ合意である。
4：ウルグアイラウンドによってサービス貿易や知的財産権に関するルール作りを行うことが，1993年に合意された。　5：GATTを引き継いで設立されたのは，WTO（世界貿易機関）である。

33 4

解説 A：代理母に親権は認められなかったので誤り。　B：正しい。法改正で，法的に有効な遺言ができない15歳未満の人による臓器提供が可能となった。　C：正しい。国連でも2005年にクローン人間禁止宣言が採択されたが，宣言に法的拘束力はない。　D：ヒトゲノムの解析は2003年に完了しているので誤り。

34 1

解説 尾形光琳は，元禄期に京都で活躍した画家・工芸家。「紅白梅図屏風」，「燕子花図屏風」，「八橋蒔絵螺鈿硯箱」はともに光琳の代表作である。

Ａ：俵屋宗達は，寛永期に活躍した画家で，代表作は「風神雷神図屛風」である。菱川師宣は元禄期に活躍した浮世絵の大成者で，代表作は「見返り美人図」である。　Ｃ：「色絵藤花文茶壺」は，京焼色絵陶器を大成し，元禄期に活躍した野々村仁清の作品の一つである。

35 5

解説 1：イェニチェリとは，デヴシルメによって徴用されたキリスト教徒の子弟をムスリムに改宗させ，兵士にふさわしいものを訓練してメンバーとしたスルタン直属の奴隷身分兵士からなる常備歩兵軍団のことである。デヴシルメは，オスマン帝国の官僚・軍団兵士の要員を強制的に徴用する制度である。　2：カピチュレーションは，はじめフランスに対して与えられ，のちにイギリスやオランダに与えられた。　3：オスマン帝国を興したのは，セリム１世ではなくオスマン１世である。1402年にティムール軍に大敗した戦いは，ニコポリスの戦いではなくアンカラの戦いである。　4：メフメト２世が滅ぼしたのは，サファヴィー朝ではなくビザンツ帝国である。

36 5

解説 Ａ：ヨーロッパは，ユーラシア大陸の西岸に位置する。大陸西岸では偏西風が吹き，暖流上の空気を運んで来るので，冬は温暖で夏は涼しい。一年を通して適度な降水がある。　Ｂ：ヨーロッパでは，麦類・根菜類・飼料作物の栽培と家畜の飼育を組合せた混合農業や，乳牛を飼育し，生乳・バター・チーズなどの乳製品を生産する酪農が行われている。遊牧は，水と飼料となる草を求めて家畜と共に移動する牧畜であり，中央アジアから北アフリカの乾燥帯，北極海沿岸のツンドラ地域などで行われている。　Ｃ：ヨーロッパでは，ブナ・カシ・シイなどの落葉広葉樹が多くみられるが，高地にはマツなどの針葉樹もみられ，混合林となっている。　Ｄ：東アジアは，ユーラシア大陸の東岸に位置する。大陸東岸では，冬は大陸内部の高気圧から寒冷な北西の季節風が吹き，夏には洋上の高気圧から高温多湿の南東の季節風が吹く。そのため，冬は低温，夏は高温となり気温の年較差が大きい。なお，極偏東風は，高緯度地域で吹く風で，極高圧部から亜寒帯低圧帯に向かって吹く。

37 4

解説 1：2016年のGSOMIA締結当時の韓国大統領は朴槿恵である。
2：日本は輸出管理の優遇対象国から韓国を除外した。 3：米国の政府高官
らは「強い懸念と失望」を表明した。 5：2019年末に日韓首脳会談は実現し
た。

38 1

解説 2：電子版を除く週2回以上発行される定期購読の新聞には，軽減
税率が適用される。 3：ポイント還元制度は，2020年6月までの期限付きで
実施された。 4：子育て世帯だけでなく，住民税の非課税世帯も対象となっ
た。 5：増収分の一部は，幼児教育・保育の無償化の財源ともなる。

39 3

解説 1：世界経済の成長は，緩やかに上向く見通しであるとした。
2：2019年のG20では，自由貿易の基本原則維持に向けて努力することで一
致したが，保護主義への対抗は明記されなかった。 4：中国ではなく，米国
とそれ以外の国・地域との間で溝が埋まらなかった。 5：女性の雇用の質の
改善や男女の賃金格差を減少させることとした。

40 2

解説 1：2019年のノーベル化学賞受賞者は，吉野彰氏，スタンリー・
ウィッティンガム氏，ジョン・グッドイナフ氏の3名で，史上最高齢の受賞
者は，当時97歳のグッドイナフ氏である。 3：リチウム電池が商品化され
たのは，1991年のことである。 4：企業研究者として2002年にノーベル化
学賞を受賞したのは，田中耕一氏である。白川秀樹氏の受賞は2000年で，白
川氏は企業研究者ではない。 5：吉野彰氏は，小学生のときに教師の薦め
でイギリスの科学者ファラデーの著書『ロウソクの科学』を読み，科学に興味
を持ったと語っている。

41 4

解説

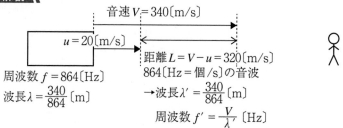

観測者は静止し，電車が$u=20$〔m/s〕で近づいてくる時，ある時電車から発せられた音は1秒間に340m進みその間電車は20m進む。1秒間に864個の音波が発せられるので，1秒後に音の到達する地点と電車が移動した地点との間には864個の音波がありそれら地点間の距離は320mとなる。したがってそこにある音波の波長$\lambda'=\dfrac{320}{864}$〔m〕で，周波数$f'=\dfrac{V}{\lambda'}=\dfrac{340}{\dfrac{320}{864}}=\dfrac{340}{320}\times864$ $=918$[Hz]となる。4が該当する。

42 4

解説

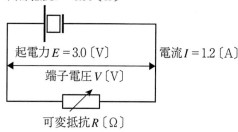

端子電圧$V=E-Ir=3.0-1.2\times0.50=2.4$〔V〕となる。したがって$V=IR$より$2.4=1.2\times R$ → $R=\dfrac{2.4}{1.2}=2.0$〔Ω〕となる。4が該当する。

43 1

解説 1：正しい。それぞれの化合物を示性式で表すと，メタノールCH_3OH，エタノールC_2H_5OHとなり，ともにヒドロキシ基$-OH$をもっている。　2：誤り。「二酸化炭素」ではなく，「水素」とすると正しい記述となる。　3：誤り。「ジエチルエーテル」ではなく，「エチレン」とすると正しい記述となる。　4：誤り。「グリセリン」ではなく，「エチレングリコール」とすると正しい記述となる。　5：誤り。「エチレングリコール」ではなく，「グリセリン」とすると正しい記述となる。

44 2

解説 気体の圧力，体積，温度の関係については，ボイル・シャルルの法則が成り立つ。問題文より，気体の状態を変化させた後の圧力をP〔Pa〕とすると，$\dfrac{(1.0 \times 10^5) \times 72.0}{273 + 27} = \dfrac{P \times 36.0}{273 + 87}$が成り立つ。これを整理すると，$P = \dfrac{(1.0 \times 10^5) \times 72.0}{273 + 27} \times \dfrac{273 + 87}{36.0} = 2.4 \times 10^5$〔Pa〕となる。

45 3

解説 DNAのヌクレオチドを構成する糖はデオキシリボースであり，RNAではリボースとなる。DNAの2本のヌクレオチド鎖は，一方のアデニンと他方のチミン，および一方のグアニンと他方のシトシンが互いに対になるように結合している。なお，RNAのヌクレオチド鎖には，チミンの代わりにウラシルが存在する。

46 3

解説 1：誤り。「無機物」ではなく，「有機物」とすると正しい記述となる。　2：誤り。「現存量」ではなく，「呼吸量」とすると正しい記述となる。3：正しい。生産者は，消費者に食べられたり，生産者自身の一部が枯れ落ちて失われたりするため，これらを純生産量から引いたものが成長量となる。4：誤り。消費者の同化量は，摂食量から不消化排出量を引いたものである。5：誤り。「成長量」ではなく，「同化量」とすると正しい記述となる。

[47] 1

解説 2：小惑星帯は火星と木星の軌道の間にある。　3：火星は2つの衛星を持ち，水星と金星は衛星を持たない。　4：彗星の尾は太陽と反対方向に延びる。　5：太陽系外縁天体とは，海王星の軌道よりも外側を公転している天体をいい，冥王星はその一つである。

[48] 5

解説 1：地球内部では深部ほど圧力が高くなり，岩石を構成している鉱物の結晶構造や種類がより高密度の物へと変化していく。　2：モホロビチッチ不連続面は地殻とマントルの境界を指す。　3：地殻とマントル最上部の低温で硬い部分をリソスフェア，その下にある高温でやわらかく流動性の高い部分をアセノスフェアという。　4：すれ違う境界はトランスフォーム断層と呼ばれる。

教養試験 実施問題

※1 解答時間は2時間。

※2 問題は全48問あり。うち問題番号 [1] － [28] までの28問は必須問題。問題番号 [29] － [48] までの20問は選択問題。選択問題は，20問のうち12問を任意に選択して解答する。解答数が12問を超えた分は採点されない。

[1] **次の文の主旨として，最も妥当なのはどれか。**

　美とは何であるか，を問うときに，もっとも月並みな方法ではあるが，言葉の由来を考えておくことは助けになるであろう。そこでまず，現在話されている日本語の範囲で，「美しい」という言葉をきれい（綺麗）という言葉と比べて考えてみよう。普通の日本語では，澄み切った水を見て「きれいな水」と言うし，偽りのない心を「きれいな心」という。「美しい」は，「きれい」とほとんど同義である場合も見受けられる。しかし，美しい水という言葉は，あまり言われないであろう。ただ，「美しい」景色の構成要素として，「きれいな」水が含まれていることもある。「美しい」は，語感として「きれいな」よりも複雑なのではないか。

　たとえば，美しい景色について考えてみても，セーヌ河の水が相当程度濁っていて「きれいな水」ではなくても，それだからと言って，これを含むパリの眺めが，美しい景色でなくなることはない。また，美しい心について考えてみれば，たとえば，人生行路の間には，ひとの非をかばうために，自ら汚辱に沈み，あえて偽りを言わなければならないようなこともあるが，これは「きれいな心のひと」と言うよりも「美しい心のひと」と呼びうる場合もあるのではないか。また，きれいな色ばかりで構成されていなくても，古びた汚い建物や，ごみにまみれた「きれい」でない街並みであっても，体験のゆたかな見方では，却って影の深い美しい景色に見えることがあり，事実，佐伯祐三や荻須高徳のパリの絵などを見れば，決してきれいな街が描かれているのではないのに，美しい街になっている。

　この例からも明らかなように，美とは感覚的なきれいさではなく，心によって生じてくる輝き，すなわち精神の所産であることを暗示する。

（今道友信「美について」による）

　1　美とは何であるか，を問うときに，言葉の由来を考えておくことは助けになる。

2 　美しい景色の構成要素として，きれいな水が含まれていることもあり，美しいは，語感としてきれいよりも複雑である。

3 　美しい景色について考えてみても，セーヌ河の水がきれいな水ではなくても，パリの眺めが，美しい景色でなくなることはない。

4 　きれいな色ばかりで構成されていなくても，体験のゆたかな見方では，却って影の深い美しい景色に見えることがある。

5 　美とは感覚的なきれいさではなく，心によって生じてくる輝き，すなわち精神の所産である。

[2] 　次の文の主旨として，最も妥当なのはどれか。

　人間は聖人でないかぎり過失はあるもので，それを責めたり忠告したりすることは非常にむずかしい。さまざまな階級や人間関係が存在するのが社会というもので，さらに人の性質も千差万別であるから，同じ態度や同じ言葉で責めたり忠告することはできない。

　周囲には同輩もいれば，目上の人もいる。志の同じ他人もいれば，志の違う親戚もいる。境遇が同じ他人がいるかと思えば，境遇の違う親友もいるから，人を見て法を説く必要がある。まして父子のような親しい間柄でも，悪事・非行を責めるのは容易なことではない。孟子は「父子善を責むるは恩を傷うの大なるものなり」といっているが，たとえ父子の間柄でも，恩を仇と思われることもままあったりするのである。

　しかしながら，自分の部下はもちろん，身寄り・親戚・友人であっても，その行為に誤った点があれば，それは自分の責任として忠告して直させなければならない。ことに目下の者の過失に対しては心を遣い，極力その改心に力を注いでやるようにする。そしてその過失の責め方については，どこまでも慎重に，相手の地位・境遇・年齢などに応じて，そのやり方を変える必要がある。

　あるときは温和な態度で注意する場合もあるだろうし，あるいは正面から猛烈に責める場合もあろう。過失を過失として自覚させて改めさせることが，過失を責めることの主眼であるから，どんな方法でやるにしても，この目的に外れないようにするのが，過失に対する巧妙な叱り方である。

　　　　　　　　　　　　　（渋沢栄一「富と幸せを生む知恵」による）

1 　人間は聖人でないかぎり過失があり，それを責めたり忠告したりすることは非常にむずかしい。

2 人の性質は千差万別であるから，同じ態度や同じ言葉で責めたり忠告することはできない。

3 父子のような親しい間柄でも，悪事・非行を責めるのは容易なことではなく，恩を仇と思われることもある。

4 過失の責め方については，慎重に相手の地位・境遇・年齢などに応じて，やり方を変える必要がある。

5 過失を猛烈に責め自覚させて改めさせることが，過失を責めることの主眼である。

3 次の文の主旨として，最も妥当なのはどれか。

日ごろから練習やトレーニングを欠かさない。日ごろの努力の積み重ねがあって初めて，本番で結果を出すことができます。

本番ではきちんとやるべきことをやる。緊張したり不安になったりして，やるべきことができなければ，いくら実力があっても宝の持ち腐れに終わります。本番でも練習やリハーサルと同じような状態に自分を持っていき，なおかつやるべきことをすることで，結果がついてきます。

メジャーリーグのイチロー選手は，結果が出ているときであれ，反対に結果が思わしくないときであれ，いつも決まった時間に球場に入り，決まった練習メニューをこなしています。調子がいいときは軽めに練習して，調子がよくないときはたくさん練習することもありません。

イチロー選手は，その決められた練習メニューをこなすから結果を出せると考えているのでしょう。

やるべきことをきちんとできるようにするためには，本番でも無意識にできるようになっていなければなりません。

何が起こるか分からない本番では，想定外のことが起こり得ます。このとき状況にうまく対応できないと，やるべきことができなくなる恐れがあります。

やるべきことをきちんとするためには，体に覚えさせるしかありません。それは徹底した練習やリハーサルで身につくのです。練習やトレーニングは，本番でやるべきことを無意識に行うためにするものです。

練習やトレーニングに本番のつもりで取り組むと，脳に本番で結果を出す回路ができます。本番では，その回路が正しくつながるようになります。

練習やトレーニングは，「転ばぬ先の杖」でもあります。

（茂木健一郎「本番に強い脳をつくる」による）

1　日ごろの努力の積み重ねがあって初めて，本番で結果を出すことができるのであり，日ごろから練習やトレーニングは欠かしてはならない。

2　緊張したり不安になったりして，やるべきことができなければ，いくら実力があっても宝の持ち腐れに終わる。

3　メジャーリーグのイチロー選手は，決められた練習メニューをこなすから結果を出せると考えている。

4　やるべきことをきちんとできるようにするためには，本番でも無意識にできるようになっていなければならない。

5　練習やトレーニングに本番のつもりで取り組むと，脳に本番で結果を出す回路ができ，本番では，その回路が正しくつながるようになる。

4　次の短文A～Gの配列順序として，最も妥当なのはどれか。

A　教育者というのは，別に学校の教師に限らない。

B　そういう人のアイデンティティは，教育者ということになる。

C　会社員の中にも，教育者としてのアイデンティティを持っている人はいる。

D　街で子どもたちを集めてサッカースクールをやったり，剣道の教室をやったり，ピアノを教えたりという人は，たくさんいるだろう。

E　教育者というと少し堅苦しいが，要するに人を育てることに情熱をもって取り組んでいる人ということだ。

F　その中には小遣い稼ぎだと思ってやる人もいるかもしれないが，多くの人は，子どもたちに何か大切なことを伝えたい，という思いをもってやっている。

G　アイデンティティとは，「自分は，○○である」と張りをもって言えるときの「○○」のことだ。

（齋藤孝「教育力」による）

1　A－C－D－F－B－G－E
2　A－C－E－F－D－G－B
3　A－D－B－G－F－E－C
4　A－D－C－F－G－B－E
5　A－D－F－B－C－E－G

5 次の文の空所A～Cに該当する語の組合せとして，最も妥当なのはどれか。

　知というのは，根源的には，生命体が生きるための実践活動と切り離せない。人間だけでなく，細胞をはじめあらゆる生命体は，一瞬一瞬，リアルタイムで変動する環境条件のなかで生きぬこうともがいている。生命的な行動のルールは，遺伝的資質をふくめた自分の過去の身体的体験にもとづいて，時々刻々，自分で動的に創りださなくてはならない。

　だから生命体は，システム論的には自律システムなのである。　Ａ　のように外部から静的な作動ルールをあたえられる他律システムとは成り立ちが違うのだ。生命体は自己循環的に行動ルールを決めるので，習慣性がうまれ，あたかも静的なルールにしたがうように見えるが，この本質的相違を忘れるととんでもないことになる。その先には混乱と衰亡しかないということだ。

　つまり，知とは本来，主観的で　Ｂ　的なもののはずである。実際，ピアジェやフォン・グレーザーズフェルドなど構成主義の心理学者がのべるように，幼児の発達とは，外部の客観世界を正確に認知していくのではなく，環境世界に適応するように主観的な世界を内部構成していく過程に他ならない。それが知のベースであることは，現代人でも共通である。

　要するに，現実に地上に存在するのは，個々の人間の「主観世界」だけなのだ。「客観世界」や，それを記述する「客観知」のほうが，むしろ人為的なツクリモノなのである。それらをまるでご神託のように尊重するのは，　Ｃ　論理主義を過信する現代人の妙な癖である。まずは，クオリアに彩られた生命的な主観世界から出発しなくてはならない。

（西垣通「集合知とは何か」による）

	A	B	C
1	インターフェイス	一人称	実用的
2	コンピュータ	三人称	実用的
3	コンピュータ	一人称	形式的
4	人工知能	三人称	形式的
5	人工知能	一人称	直感的

6 次の英文中に述べられていることと一致するものとして，最も妥当なのはどれか。

A : Japan is famous throughout the world for the large amount of personal savings its citizens have in the bank, and I read recently that one of the reasons for this can be laid at the feet of Confucianism*, which teaches frugality*.

B : Well, that is a very romantic theory, although you'll probably find that the true reason is more pragmatic. Japanese houses are mostly of timber-frame* construction, and they usually need to be rebuilt or refurbished every thirty years or so. This means that people tend to save as much as possible so they are ready for any eventuality. But, you might be interested to know that Japan's savings ratio has been in decline since the burst of the bubble economy, and it is currently considerably lower than figures in the United States and many European countries. Japanese households save approximately 1.8% of disposable income, but USA households save 5.2% and UK households 5.8%.

A : Really? I had no idea. I suppose the ageing* of society is a contributing factor to this. People can only save if they are earning, so the higher the percentage of retirees, the less number of people there are with a large enough disposable income to save.

(Christopher Belton：渡辺順子「知識と教養の英会話　第2版」による)

＊ Confucianism………儒教　　　＊ frugality………倹約
＊ timber-frame………木骨造の　　　＊ ageing………老齢化

1　日本は個人貯蓄率が高いことで世界でも有名であるが，本当の理由は倹約を説く儒教によるものである。

2　日本の家はたいてい木造の骨組みで建てられているため，30年以上建て替える必要はない。

3　日本の貯蓄率は，バブル経済の崩壊以来上昇し，アメリカや多くのヨーロッパの国の貯蓄率より高くなっている。

4　日本の家庭の約1.8％が貯蓄しており，イギリスの家庭の約5.8％より低くなっているのは，社会の高齢化が原因である。

5　退職者の割合が高くなればなるほど，貯蓄できるだけの十分な可処分所得がある人の数が減る。

7 次の英文中に述べられていることと一致するものとして，最も妥当なのはどれか。

Today, many people believe that Einstein was not a good student, and there is a famous story that he once failed math. It is a great story because it gives hope to many poor math students, but it is not true.

The truth is that Einstein was one of the best students in the school. He loved math so much that he often studied difficult math books by himself during the summer. He read Euclid* when he was just 10 years old.

Einstein was intelligent, but he did not like to be told what to do. He sometimes made his teachers very angry. He was once made to leave school, and some of his teachers said that he was lazy. One of them said he would never do anything special in his life!

Einstein liked to spend a lot of time alone, and it was very easy to make him angry. He often used to throw things at the other children, and one time he threw a chair at his violin teacher!

When Einstein was nine, he started going to a school that was well known for teaching math and science.

Einstein was not interested in space and time until he got older. Most children think about space and time when they are very young, but Einstein did not start thinking about them until he was an adult. Because he was an adult, Einstein was able to think about them more deeply.

Einstein once said that he believed that being a slow child was what helped him to explain the theory of relativity.

(Jake Ronaldson 「英語で読むアインシュタイン」による)

* Euclid………ユークリッド

1 アインシュタインは，優秀な生徒だったわけではなく，数学では一度落第したことがあった。

2 教師の中には，アインシュタインは怠け者だと言う人がいたが，アインシュタインは生きている間に何か特別なことをするだろうと言う人もいた。

3 アインシュタインは，大半の時間を一人で過ごしていたせいか，ほとんど怒ることのない子どもであった。

4 時間と空間について，多くの子どもは，大人になるまで深く考えないものだが，アインシュタインは，小さい頃からよく考えていた。

5　アインシュタインは，自分が奥手だったせいで，相対性理論を解明する
ことができたと思うと語ったことがあった。

8　次の英文の空所ア，イに該当する語の組合せとして，最も妥当なのは
どれか。

　Giri is a deep-rooted* concept of Jap anese ethics which implies the
give-and-take principle in social interaction. It is a concept which drives a
person to fulfill one of life's duties as a Japanese. One feels obligated to do
a favor of those who have been thoughtful or helpful in some way. If A
treats B, B must host the next party for A. Thus, restaurants 　ア　 as
meeting places to fulfill host-guest roles. Gifts should be periodically given
to such people as one's boss, parents-in-law, go-between, or children's
tutor, so year-round, department stores are crowded with people
concerned with gift-giving. Furthermore, *giri* applies in times of crisis, as
well. Neighbors feel obligated to help each other in the event of a crisis
such as a fire, flood, or funeral. Consequently, people may 　イ　in such
a way with the hope of not only of maintaining their respectability* but
also of benefiting from reciprocity* on the other's part. Today young
people tend to undervalue social obligations. However, they learn to
confonn to the traditional *giri* as they mature. People are bound by various
social principles of mutual obligations. In short, *giri* is a key social force
which holds Japanese society together.

（橋内武：本名信行・Bates Hoffer「日本文化を英語で説明する辞典」による）

＊ deep-rooted………深く根ざした　　＊ respectability………体面
＊ reciprocity………相互利議

	ア	イ
1	affect	act
2	affect	tire
3	flourish	avoid
4	flourish	act
5	refuse	tire

9 次の英文ア～オの配列順序として，最も妥当なのはどれか。

ア　The more things a man is interested in, the more opportunities of happiness he has, and the less he is at the mercy of fate, since if he loses one thing he can fall back upon another.

イ　What hunger is in relation to food, zest is in relation to life.

ウ　Life is too short to be interested in everything, but it is good to be interested in as many things as are necessary to fill our days.

エ　The man who enjoys watching football is to that extent superior to the man who does not.

オ　The man who enjoys reading is still more superior to the man who does not, since opportunities for reading are more frequent than opportunities for watching football.

　　　　　（*Interest*, Bertrand Russell：龍口直太郎「現代随筆論文選」による）

1　アーイーウーエーオ

2　アーウーイーオーエ

3　アーエーイーオーウ

4　イーウーオーエーア

5　イーエーオーアーウ

10 A，Bのホッケーチームが，1人ずつ交互にボールを打ち込んでゴールに入った得点を競うゲームを行った。ルールは，1回ゴールに入ると1点，外れると0点とし，5人ずつ打って多く得点を挙げたチームを勝ちとする。また，両チームとも5人目が打った段階で，得点が同じで勝敗がつかない場合は延長戦を行い，勝敗がつくまで1人ずつ交互に打ち続ける。その結果について，次のア～オのことが分かっているとき，確実にいえるのはどれか。

　ア　Aチームの2人目は，得点を入れた。

　イ　Aチームは，全部で3人が得点を入れた。

　ウ　Aチームが2人続けて得点を入れることができなかったのは，1回だけであった。

　エ　両チームとも，4人目は得点を入れた。

　オ　両チームとも，2人続けて得点を入れたことはなかった。

1 Aチームが，2点差で勝った。
2 Bチームが，1点差で勝った。
3 Bチームの7人目は，得点を入れることができなかった。
4 両チームとも，2人目は得点を入れた。
5 8人目で勝敗がついた。

11 ある暗号で「CLUB」が「上上下，中上下，下上下，上上中」，「DAWN」が「上中上，上上上，下中中，中中中」で表されるとき，同じ暗号の法則で「下上上，上下中，中中下，中下上」と表されるのはどれか。
1 「SORT」
2 「SHOP」
3 「SHIP」
4 「PORT」
5 「MIST」

12 A～Fの6人が，あるレストランでいっしょにランチを食べた。メニューは焼肉定食か煮魚定食で，ライスとスープのお代わりが無料であった。今，次のア～カのことが分かっているとき，確実にいえるのはどれか。ただし，1人で両方の定食を食べた者はいなかった。
ア Aは焼肉定食を食べた。
イ Bはスープのみお代わりした。
ウ CとEは異なった種類の定食を食べた。
エ Eはライスをお代わりしなかった。
オ ライスをお代わりした者は3人，スープをお代わりした者は4人であった。
カ 煮魚定食を食べた者のうち，ライスとスープの両方をお代わりした者は3人であった。
1 Aはライスをお代わりした。
2 Dは焼肉定食を食べた。
3 Fはスープをお代わりしなかった。
4 焼肉定食を食べた者はライスをお代わりしなかった。
5 煮魚定食を食べた者はライスをお代わりした。

13 9枚の同じ形，同じ大きさの金メダルA～Iがある。このうち7枚は純金製で同じ重さであるが，2枚は金メッキをしたもので純金製より軽い。天秤ばかりを使って，次のア～エのことが分かっているとき，金メッキのメダルはどれか。ただし，2枚の金メッキのメダルは同じ重さである。

ア　左にA・C・E，右にD・F・Gのメダルをのせたところつり合った。

イ　左にA・E・F，右にB・D・Hのメダルをのせたところつり合った。

ウ　左にA・E・F，右にC・D・Gのメダルをのせたところつり合わなかった。

エ　左にB・D・H，右にE・F・Iのメダルをのせたところつり合った。

1　A

2　B

3　C

4　D

5　E

14 あるクラスの児童40人に，イヌ，ネコ，メダカを飼っているかを尋ねた。今，次のア～クのことが分かっているとき，確実にいえるのはどれか。

ア　イヌを飼っている人は9人いた。

イ　ネコを飼っている人は10人いた。

ウ　メダカを飼っている人は10人いた。

エ　どれも飼っていない人は21人いた。

オ　すべてを飼っている人は2人いた。

カ　ネコとメダカを飼っている人は4人いた。

キ　イヌだけ，メダカだけを飼っている人は同数であった。

ク　ネコだけを飼っている人は5人いた。

1　イヌを飼っていてメダカを飼っていない人は4人である。

2　イヌとネコを飼っている人は5人である。

3　イヌとネコを飼っている人と，イヌとメダカを飼っている人は同数である。

4　イヌとネコだけを飼っている人は1人もいない。

5　メダカだけを飼っている人はイヌとネコだけを飼っている人の2倍である。

15 あるスタジアムで行われたサッカーの試合の観客407人に，応援チーム及び誰といっしょに応援に来たのかを聞いた。今，次のア〜エのことが分かっているとき，ひとりで応援に来た観客の人数はどれか。

ア　観客はホームチーム又はアウェーチームのどちらかの応援に来ており，ホームチームの応援に来た人数は325人だった。

イ　ホームチームの応援に来た女性は134人で，アウェーチームの応援に来た男性より86人多かった。

ウ　ホームチームの応援にひとりで来た男性は21人で，アウェーチームの応援に仲間と来た女性より9人少なかった。

エ　ホームチームの応援に仲間と来た女性は119人で，アウェーチームの応援に仲間と来た男性より77人多かった。

1　42人

2　44人

3　46人

4　48人

5　50人

16 次の図のように，辺BC＝24cmとする長方形ABCDがあり，辺ABの中点をE，辺ADを4等分した点をそれぞれF，G，Hとし，F，G，Hから辺BCに垂線を引いた。今，CからA，E及びGに直線を引き，∠CGD＝45°であるとき，斜線部の面積はどれか。

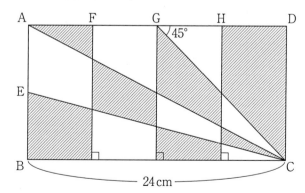

1　108cm²

2　126cm²

3　144cm²

4　162cm²

5　180cm²

17 13^{19} と 19^{13} の和の一の位の数を A，17^{17} の一の位の数を B としたとき，A と B の積はどれか。

   1   14

   2   28

   3   36

   4   42

   5   56

18 X町とY町を結ぶ道路がある。この道路を，AはX町からY町へ，BとCはY町からX町へ向かって3人同時に徒歩で出発した。Bの歩く速さはAの $\dfrac{4}{5}$，Cの歩く速さはAの $\dfrac{3}{4}$ で，AはBと出会ってから10秒後にCと出会った。AがX町を出発してY町に到着するまでにかかった時間はどれか。ただし，3人の進む速さは，それぞれ一定とする。

   1   10分10秒

   2   10分20秒

   3   10分30秒

   4   10分40秒

   5   10分50秒

19 TOKUBETUの8文字を並べるとき，2つのTの間に他の文字が1つ以上入る並べ方は何通りあるか。

   1   1260通り

   2   2520通り

   3   7560通り

   4   8820通り

   5   10080通り

20 A社, B社及びC社の3つの会社がある。この3社の売上高の合計は, 10年前は5,850百万円であった。この10年間に, 売上高は, A社が9%, B社が18%, C社が12%それぞれ増加し, 増加した金額は各社とも同じであったとすると, 現在のC社の売上高はどれか。

1 1,534百万円
2 1,950百万円
3 2,184百万円
4 2,600百万円
5 2,834百万円

21 次の表から確実にいえるのはどれか。

パルプ, くず紙の輸入額の推移

(単位 100万米ドル)

国	2012年	2013	2014	2015	2016
中　　　国	17,248	17,306	17,413	18,040	17,230
ド　イ　ツ	4,404	4,457	4,319	3,943	3,787
ア メ リ カ	3,502	3,619	3,753	3,431	3,141
イ タ リ ア	2,211	2,388	2,290	2,277	2,011
イ　ン　ド	1,285	1,370	1,657	1,609	1,622
韓　　　国	1,872	1,931	1,832	1,813	1,576

1 2012年のアメリカのパルプ, くず紙の輸入額を100としたときの2016年のそれの指数は, 90を上回っている。
2 表中の各年とも, ドイツのパルプ, くず紙の輸入額は, イタリアのパルプ, くず紙の輸入額の1.8倍を上回っている。
3 表中の各国のうち, 2014年におけるパルプ, くず紙の輸入額の対前年減少率が最も大きいのは, ドイツである。
4 2014年において, インドのパルプ, くず紙の輸入額の対前年増加額は, 中国のそれの2倍を上回っている。
5 2012年から2016年までにおける5年の中国のパルプ, くず紙の輸入額の1年当たりの平均は, 175億米ドルを上回っている。

22 次の表から確実にいえるのはどれか。

自家用旅客自動車のガソリン燃料消費量の対前年度増加率の推移

(単位 %)

種 別	平成26年度	27	28	29
バ ス ・ 特 種	△6.8	1.2	△3.4	0.8
普 通 車	△7.2	△1.5	△1.7	△0.2
小 型 車	△8.9	△6.8	△4.7	△5.9
ハイブリッド車	27.0	17.9	13.6	13.8
軽 自 動 車	2.3	0.9	3.9	2.6

(注) △は，マイナスを示す。

1 平成29年度において，「バス・特種」の燃料消費量及び「軽自動車」の燃料消費量は，いずれも平成27年度のそれを上回っている。

2 表中の各種別のうち，平成28年度の燃料消費量の「合計」に占める燃料消費量の割合が，前年度のそれより大きいのは，「普通車」だけである。

3 平成26年度の「小型車」の燃料消費量を100としたときの平成29年度のそれの指数は，90を上回っている。

4 「ハイブリッド車」の燃料消費量の平成26年度に対する平成29年度の増加率は，「軽自動車」の燃料消費量のそれの6倍より大きい。

5 表中の各年度のうち，「バス・特種」の燃料消費量が最も少ないのは，平成26年度である。

23 次の図から確実にいえるのはどれか。

23区における部門別二酸化炭素排出量の推移

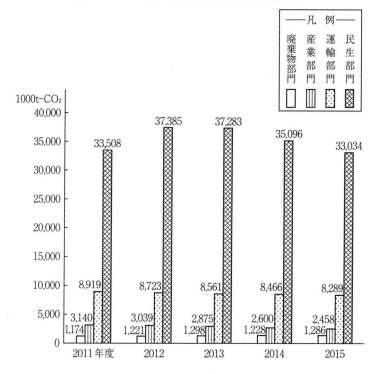

1 2011年度から2015年度までにおける5年度の民生部門の二酸化炭素排出量の1年度当たりの平均は，3,500万$t\text{-}CO_2$を下回っている。

2 2011年度の民生部門の二酸化炭素排出量を100としたときの2012年度のそれの指数は，115を上回っている。

3 2012年度から2015年度までの各年度とも，運輸部門の二酸化炭素排出量の対前年度減少量は，10万$t\text{-}CO_2$を上回っている。

4 図中の各年度とも，二酸化炭素排出量の合計に占める産業部門の二酸化炭素排出量の割合は，5.8％を上回っている。

5 2012年度の廃棄物部門の二酸化炭素排出量の対前年度増加率は，2015年度のそれより小さい。

24 次の図から確実にいえるのはどれか。

住宅の所有の関係別住宅数の構成比の推移

平成15年 平成25年

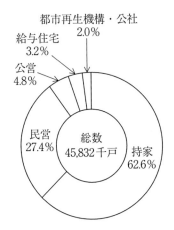

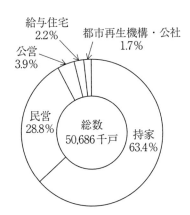

1　平成15年における「民営」の戸数に対する「公営」の戸数の比率は, 平成25年におけるそれを上回っている。

2　「持家」の戸数の平成15年に対する平成25年の増加数は,「民営」の戸数のそれの1.8倍を上回っている。

3　平成15年及び平成25年の両年とも,「持家」の戸数は,「公営」のそれの15倍を上回っている。

4　「公営」の戸数の平成15年に対する平成25年の減少率は,「給与住宅」の戸数のそれより大きい。

5　平成15年の「都市再生機構・公社」の戸数を100としたときの平成25年のそれの指数は, 90を下回っている。

25 次の図は，正八面体の展開図のうちの1つの面に●印，3つの面に矢印を描いたものであるが，この展開図を各印が描かれた面を外側にして組み立てたとき，正八面体の見え方として，有り得るのはどれか。

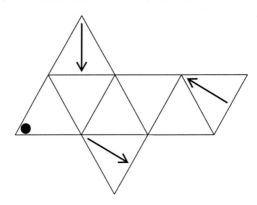

1

2
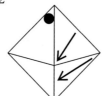

3

4
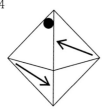

5
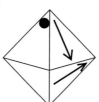

26 次の図のような，小さな正方形を縦に4個，横に6個並べてつくった長方形がある。今，小さな正方形を6個並べてつくった1～5の5枚の型紙のうち，4枚を用いてこの長方形をつくるとき，使わない型紙はどれか。ただし，型紙は裏返して使わないものとする。

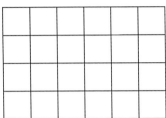

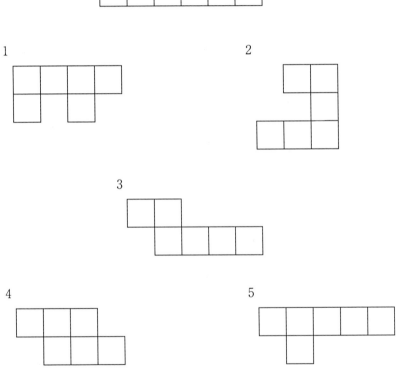

27 次の図は，ある立体について正面から見た図及び真上から見た図を示したものである。この立体を正面に向かって左の側面から見た図として，有り得るのはどれか。

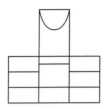

正面から見た図

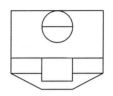

真上から見た図

1

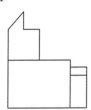

2

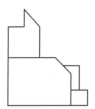

3

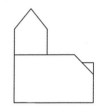

4

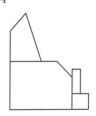

5

28 次の図のような，二等辺三角形が，Aの位置からBの位置まで線上を滑ることなく矢印の方向に回転するとき，頂点Pが描く軌跡の長さはどれか。ただし，円周率は π とする。

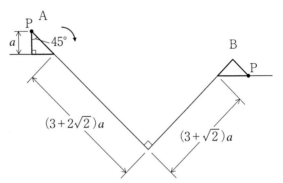

1 $\left(1 + \dfrac{11\sqrt{2}}{4}\right)\pi a$

2 $\dfrac{7\sqrt{2}}{2}\pi a$

3 $(1 + 3\sqrt{2})\pi a$

4 $\left(1 + \dfrac{7\sqrt{2}}{2}\right)\pi a$

5 $(2 + 3\sqrt{2})\pi a$

29 日本国憲法に規定する衆議院の優越に関する記述として，妥当なのはどれか。

1 法律案及び予算については，衆議院に先議権があるため，参議院より先に衆議院に提出しなければならない。

2 参議院が，衆議院の可決した法律案を受け取った後，国会休会中の期間を除いて60日以内に議決しないときは，直ちに衆議院の議決が国会の議決となる。

3 参議院が，衆議院の可決した予算を受け取った後，国会休会中の期間を除いて30日以内に議決しないときは，衆議院は，参議院がその予算を否決したものとみなすことができる。

4 条約の締結に必要な国会の承認について，衆議院で可決し，参議院で衆議院と異なった議決をした場合に，衆議院で総員の3分の2以上の多数で再び可決したときは，衆議院の議決が国会の議決となる。

5 内閣総理大臣の指名について，衆議院と参議院とが異なった議決をした場合に，両院協議会を開いても意見が一致しないときは，衆議院の議決が国会の議決となる。

30 次のA～Eのうち，日本国憲法に規定する天皇の国事行為に該当する
ものを選んだ組合せとして，妥当なのはどれか。

A 国務大臣を任命すること
B 大赦及び特赦を決定すること
C 国会を召集すること
D 最高裁判所長官を指名すること
E 衆議院を解散すること

1 A C
2 A D
3 B D
4 B E
5 C E

31 モンテスキューの思想に関する記述として，妥当なのはどれか。

1 モンテスキューは，「リバイアサン」の中で，人間は自然状態のもとで
は「万人の万人に対する闘争」を生み出すので，各人は，契約により主権
者に自然権を譲渡して，その権力に従うべきだとした。

2 モンテスキューは，「統治二論」の中で，政府とは国民が自然権を守る
ために，代表者に政治権力を信託したものであるから，政府が自然権を侵
害した場合，国民には抵抗権が生じるとした。

3 モンテスキューは，「法の精神」の中で，国家の権力を立法・行政・司
法の3つに分け，それぞれを異なる機関で運用させ，相互の抑制と均衡を
図る三権分立制を唱えた。

4 モンテスキューは，「社会契約論」の中で，個々人の間での契約によって
1つの共同体をつくり，公共の利益の実現をめざす一般意志を人民が担う
ことによって，本当の自由と平等が実現できるとする人民主権論を唱えた。

5 モンテスキューは，「諸国民の富」の中で，国家は国民が自由に活動する
ための条件を整備すればよく，国家の任務は国防や治安の維持など，必要最
小限のものに限るという自由放任主義の国家を夜警国家と呼んで批判した。

32 我が国の消費者問題に関する記述として，妥当なのはどれか。

1 消費者基本法は，消費者保護基本法を改正して施行された法律であり，
消費者の権利の尊重及び消費者の自立の支援を基本理念としている。

2 製造物責任法（PL法）では，消費者が欠陥製品による被害を受けた場合，製造した企業の過失を立証すれば，製品の欠陥を証明しなくても損害賠償を受けられる。

3 クーリング・オフは，特定商取引法を改称した訪問販売法により設けられた制度で，訪問販売等で商品を購入した場合，消費者は期間にかかわらず無条件で契約を解除できる。

4 消費者契約法では，事業者の不当な行為で消費者が誤認して契約した場合は，一定期間内であれば契約を取り消すことができるが，国が認めた消費者団体が消費者個人に代わって訴訟を起こすことはできない。

5 消費者庁は，消費者安全法の制定により，消費者行政を一元化するために，厚生労働省に設置され，苦情相談や商品テスト等を行っている。

[33] 次のA～Cは，実存主義の思想家に関する記述であるが，それぞれに該当する思想家の組合せとして，妥当なのはどれか。

A 実存的生き方について3つの段階を示し，第1段階は欲望のままに享楽を求める美的実存，第2段階は責任をもって良心的に社会生活を営む倫理的実存，第3段階は良心の呵責の絶望の中で，神の前の「単独者」として，本来の自己を回復する宗教的実存であるとした。

B 人間の自由と責任とを強調し，実存としての人間は，自らそのあり方を選択し，自らを未来の可能性に向かって投げかけることによって，自分が何であるかという自己の本質を自由につくりあげていく存在であるとして，このような人間に独自なあり方を「実存は本質に先立つ」と表現した。

C 「存在とは何か」という根本的な問題に立ち返り，人間の存在の仕方そのものを問い直そうとした。自らの存在に関心をもち，その意味を問う人間を，現存在（ダーザイン）と呼び，人間は，世界の中に投げ出されて存在している「世界内存在」であるとした。

	A	B	C
1	キルケゴール	ハイデッガー	ヤスパース
2	キルケゴール	サルトル	ハイデッガー
3	ニーチェ	ヤスパース	キルケゴール
4	ニーチェ	サルトル	ハイデッガー
5	サルトル	ハイデッガー	ヤスパース

34 鎌倉時代の仏教に関する宗派，開祖，主要著書及び中心寺院の組合せとして，妥当なのはどれか。

	宗派	開祖	主要著書	中心寺院
1	浄土真宗	法然	選択本願念仏集	本願寺（京都）
2	臨済宗	栄西	興禅護国論	建仁寺（京都）
3	浄土宗	親鸞	教行信証	知恩院（京都）
4	曹洞宗	道元	立正安国論	久遠寺（山梨）
5	時宗	一遍	正法眼蔵	永平寺（福井）

35 次の文は，スペイン内戦に関する記述であるが，文中の空所A～Dに該当する語句又は国名の組合せとして，妥当なのはどれか。

1931年に王政が倒れたスペインでは，1936年に　A　が誕生した。これに対して，地主等に支持されたフランコ将軍が　A　に対して反乱をおこし，内戦となった。

このスペイン内戦に際し，イギリスや　B　は不干渉政策をとり，ドイツと　C　はフランコ側を公然と支援した。　A　側には，　D　や国際義勇軍の支援があったものの，1939年，フランコ側が勝利をおさめた。

	A	B	C	D
1	ブルム内閣	フランス	ポルトガル	ソ連
2	ブルム内閣	ソ連	ポルトガル	イタリア
3	人民戦線政府	ポルトガル	ソ連	イタリア
4	人民戦線政府	ソ連	イタリア	フランス
5	人民戦線政府	フランス	イタリア	ソ連

36 世界の人口問題に関する記述として，妥当なのはどれか。

1 人口転換とは，人口の出生・死亡率が，多産多死から多産少死の時代を経て，少産少死へと変化することをいう。

2 第二次世界大戦後，アジア，アフリカ，ラテンアメリカの発展途上国では，人口が爆発的に増加し，中国では人口を抑制するための家族計画が推進されたが，インドでは推進されなかった。

3 人間が常に居住する地域はアネクメーネ，人間の居住がみられない地域はエクメーネと呼ばれ，アネクメーネは拡大している。

4　人口の増加には，人口の移動によって生じる自然増加と，出生数と死亡数の差によって起きる社会増加とがある。

5　人口ピラミッドにおいて，底辺の広い富士山型は多産多死型を示し，つぼ型は少産少死型を示しており，つぼ型より更に出生率が低いときにみられるのが釣鐘型である。

37　国際捕鯨委員会 (IWC) に関する記述として，妥当なのはどれか。

1　IWCは，クジラ資源の保存を目的に国際捕鯨取締条約に基づき設立された国際機関であり，捕鯨産業の秩序ある発展は当該条約に明記されていない。

2　昨年9月，我が国はブラジルで開かれたIWC総会で，商業捕鯨の一部再開を提案し，採択された。

3　昨年12月，我が国は2019年6月末にIWCを脱退し，7月から日本の領海及び排他的経済水域に限定して商業捕鯨を行うことを表明した。

4　昨年12月の我が国のIWC脱退表明を受けて，反捕鯨国であるアイスランドやノルウェーは，強く批判した。

5　我が国は，2019年6月末のIWC脱退後もオブザーバーとしてIWCに参加し，国際機関と連携しながら，南極海での調査捕鯨を続けることとした。

38　昨年7月に成立した改正公職選挙法に関する記述として，妥当なのはどれか。

1　参議院議員の定数を6人減とする改正公職選挙法は，衆議院本会議において，自由民主，公明両党の賛成多数で可決，成立した。

2　参議院議員の総定数は，議員1人当たりの有権者数が最も多い埼玉選挙区の定数を2人減，比例代表選出議員の定数を4人減とし，248人となった。

3　参議院議員の定数が減ったのは，沖縄の本土復帰に向け1970年に沖縄選挙区を設けて以来となった。

4　参議院比例代表選挙では，拘束名簿式の一部に非拘束名簿式の特定枠が導入された。

5　今回の改正法で導入された特定枠の制度では，政党その他の政治団体が，候補者のうち一部の者にあらかじめ順位を定め，当選者を優先的に決められる。

39 昨年6月に閣議決定された「経済財政運営と改革の基本方針2018」（骨太の方針）に関する記述として，妥当なのはどれか。

1 少子化対策や社会保障に対する安定財源を確保するとともに，現役世代の不安等に対応するため，2020年10月1日に消費税率を8％から10％に引き上げる方針を明記した。

2 新たな財政健全化目標として，2025年度の国・地方を合わせた基礎的財政収支（プライマリー・バランス）の黒字化と同時に，債務残高対GDP比の安定的な引下げをめざすとした。

3 未来投資戦略として，3歳から5歳までのすべての子どもたちの幼稚園，保育所，認定こども園の費用を無償化し，0歳から2歳児については，住民税非課税世帯を対象に無償化を進めるとした。

4 新たな外国人材の受入れとして，一定の専門性・技能を有し即戦力となる外国人材を幅広く受け入れていく仕組みを構築する必要があるため，リカレント教育の拡充を盛り込んだ。

5 新経済・財政再生計画では，社会保障関係費を「高齢化による増加分に相当する伸びにおさめる」とし，3年間で伸びを1.5兆円に抑えるとする具体的な数値目標を設定した。

40 昨年6月に成立した「働き方改革を推進するための関係法律の整備に関する法律」（働き方改革関連法）に関するA～Dの記述のうち，妥当なものを選んだ組合せはどれか。

A 残業時間の上限規制とは，長時間労働を是正するため，残業時間の上限を原則として1か月について45時間及び1年について360時間とするものであり，違反した企業には罰則が科される。

B 高度プロフェッショナル制度とは，高収入の一部専門職を労働時間規制から完全に外す制度であるが，労働者保護の観点から批判があったため，その創設は盛り込まれなかった。

C 勤務間インターバル制度とは，過労死対策のため，仕事を終えてから次に働き始めるまでに，あらかじめ決めた時間を空けさせて働き手の休息を確保する制度であり，違反した企業には罰則が科される。

D 同一労働同一賃金とは，正規と非正規の労働者の不合理な待遇差の改善を図るもので，格差が生じた場合には企業に説明する義務が課され，大企業では2020年4月から，中小企業では2021年4月からそれぞれ適用される。

1　A　　B
2　A　　C
3　A　　D
4　B　　C
5　B　　D

41　次の図のように，天井から2本の糸でつるされたおもりが静止している。おもりにはたらく重力の大きさが2Nであるとき，糸Aの張力 T_A の大きさはどれか。ただし，糸の重さは考えないものとする。

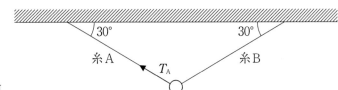

1　1N

2　$\dfrac{2}{\sqrt{3}}$N

3　$\sqrt{3}$N

4　2N

5　4N

42　200回巻きのコイルを貫く磁束が，0.75秒間に 1.8×10^{-3}Wbだけ変化したとき，コイルの両端に生じる誘導起電力の大きさはどれか。

1　0.15 V
2　0.27 V
3　0.36 V
4　0.48 V
5　0.54 V

43 次の文は，アルミニウムに関する記述であるが，文中の空所A～Cに該当する語の組合せとして，妥当なのはどれか。

アルミニウムの単体は，鉱石の ▭A▭ を精製して得られる酸化アルミニウムを氷晶石とともに ▭B▭ して製造される。また，アルミニウムは両性金属であり，酸，強塩基の水溶液と反応して ▭C▭ を発生する。

	A	B	C
1	ボーキサイト	溶融塩電解	水素
2	ボーキサイト	電解精錬	酸素
3	アルマイト	電解精錬	酸素
4	アルマイト	溶融塩電解	水素
5	アルマイト	電解精錬	水素

44 結晶の種類と性質に関する記述として，妥当なのはどれか。

1 構成粒子が規則正しく配列した構造をもつ固体を結晶といい，金属結晶，イオン結晶，共有結合の結晶，分子結晶，アモルファスに大別される。

2 金属結晶は，多数の金属元素の原子が金属結合で結びついており，自由電子が電気や熱を伝えるため，電気伝導性や熱伝導性が大きい。

3 共有結合の結晶は，多数の金属元素の原子が共有結合によって強く結びついているため，一般にきわめて硬く，融点が非常に高い。

4 イオン結晶は，一般に融点が高くて硬いが，強い力を加えると結晶の特定な面に沿って割れやすい性質があり，これを展性という。

5 分子結晶は，多数の分子が分子間力によって結びついた結晶であり，一般に融点が低く，軟らかく，電気伝導性があり，昇華しやすいものが多い。

45 次の文は，細胞の分化に関する記述であるが，文中の空所A，Bに該当する語の組合せとして，妥当なのはどれか。

1962年，ガードンは，紫外線照射により核を不活性化した ▭A▭ の未受精卵に，別の個体の腸上皮細胞から核を移植し，正常な成体を得ることに成功した。この実験から，分化した体細胞の核も個体をつくり出すのに必要なすべての遺伝情報をもっていることが示された。

2007年，山中伸弥らは，ヒトの皮膚の細胞に特定の4つの遺伝子を人為的に発現させることで，分化した細胞を未分化な状態にすることに成功した。このような方法でつくられた細胞を ▭B▭ 細胞という。

2012年，これらの業績により，ガードンと山中はノーベル生理学・医学賞を受賞した。

	A	B
1	アフリカツメガエル	ES
2	アフリカツメガエル	iPS
3	ヒツジ	ES
4	ヒツジ	iPS
5	マウス	ES

46 **視覚器に関する記述として，妥当なのはどれか。**

1 眼に入った光は，角膜とガラス体で屈折して網膜上に像を結び，視神経細胞により受容される。

2 網膜に達する光量は，虹彩のはたらきによって瞳孔の大きさが変化することで調節される。

3 視細胞のうち錐体細胞は，うす暗い所ではたらき，明暗に反応するが，色の区別には関与しない。

4 視細胞のうち桿体細胞は，網膜の中央部に分布し，盲斑には特に多く分布している。

5 視神経繊維が集まって束となり，網膜を貫いて眼球外に通じている部分を黄斑というが，光は受容されない。

47 **太陽系の惑星に関する記述として，妥当なのはどれか。**

1 金星は，地球と同じような自転軸の傾きと自転周期をもち，極地方はドライアイスや氷で覆われている。

2 火星は，地球とほぼ同じ大きさであるが，自転速度は遅く，自転と公転の向きが逆である。

3 木星は，太陽系最大の惑星であり，60個以上の衛星が確認されているが，環（リング）をもっていない。

4 土星は，平均密度が太陽系の惑星の中で最も小さく，小さな岩石や氷の粒からなる大きな環（リング）をもっている。

5 天王星は，大気に含まれるメタンによって青い光が吸収されるため，赤く見える。

48 次の文は，大気の大循環に関する記述であるが，文中の空所A～Cに該当する語の組合せとして，妥当なのはどれか。

赤道付近で暖められ上昇した大気は，緯度30°付近で下降し，東寄りの風となって赤道に向かう。この風を　A　といい，低緯度地域での大気の循環を　B　循環という。　B　循環による下降流は，地上で　C　を形成する。

	A	B	C
1	貿易風	極	熱帯収束帯
2	偏西風	ハドレー	熱帯収束帯
3	貿易風	ハドレー	熱帯収束帯
4	偏西風	極	亜熱帯高圧帯
5	貿易風	ハドレー	亜熱帯高圧帯

《 解 答 ・ 解 説 》

1 5

解説 1：第一段落の部分要旨。　2：第一段落の部分要旨。　3：第二段落の部分要旨。　4：第二段落の部分要旨。　5：全体の主旨と考えられる。

2 4

解説 1：第一段落の部分要旨。　2：第一段落の部分要旨。　3：第二段落の部分要旨。　4：全体の主旨と考えられる。　5：第四段落に「あるときは温和な態度で注意する場合もある」とあり，「過失を猛烈に責め」は合致しない。

3 1

解説 1：全体の主旨と考えられる。　2：第二段落の部分要旨。　3：第三・第四段落の部分要旨。　4：第五段落の部分要旨。　5：第八段落の部分要旨。

4 1

解説 A，Eとも「教育者とは」がテーマの文になっており，これが文章の最初と最後に来ると考える。すると1か4に絞られるので，次はBとFの指示語に注目。D「サッカースクールや剣道の教室をやる人はたくさんいる」→F「その中には小遣い稼ぎの人もいるかもしれないが，多くの人は…という思いをもってやっている」→B「そういう人のアイデンティティは教育者」→G「アイデンティティとは…」と並べるとスムーズにつながる。

5 3

解説 A：「人工知能」はコンピュータのシステムを意味するため，「コンピュータ」と基本的に同義と考えられる。「インターフェイス」は「接点」という意味で，一つだけ意味が違う。　B：直前の「主観的」はその人だけのものの見方を意味するため，話し手自身だけを指す「一人称」がふさわしい。　C：実態のかけ離れているものを尊重する態度は「形式的」とするのが適切。

6 5

解説 Bが根拠を示しながら，「個人貯蓄率が高い」ことと「儒教によるものである」ことを否定している。1は誤り。2は「日本の家は30年に1度くらい建て替える必要がある」であれば正しい。3は「日本の貯蓄率は，バブル経済の崩壊以来下落している」であれば正しい。4は「日本の家庭は，可処分所得の約1.8％を貯蓄している」であれば正しい。

7 5

解説 「アインシュタインが優秀な生徒ではなかった」と信じられているが，それは真実ではないと述べられているので，1は誤り。2は「生きている間に何か特別なことはしないだろうと言う人もいた」であれば正しい。3は「よく怒る子どもだった」であれば正しい。4は「多くの子どもは，小さいころからよく考えるものだが，アインシュタインは，大人になるまで深く考えなかった」であれば正しい。

8 4

解説 空所アの前後の文意は「もしAがBにおごれば，BはAのために次のパーティを主催しなければならない。このようにして，レストランはホストとゲストの役割を果たすための会合場所として繁盛するのだ」。空所イの前後の文意は「結果として，人々は体面を保つためだけでなく，他人が果たすべき役割において相互利益を得ることも期待して，そのように振る舞うのだろう」。

9 5

解説 まず選択肢を見る。アまたはイから始まることがわかる。更に，エとオが同じ文構造であることに着目する。エ「…優れている」，オ「さらに優れている」となっていることから，エ→オであることもわかる。これだけで選択肢が絞られる。整序すると，イ「空腹の食べ物に対する関係は，人生の熱意に対する関係と似ている」。→エ「フットボール観戦を楽しむ人は，その分だけ，楽しまない人よりも優れている」。→オ「読書を楽しむ人は，そうでない人よりも，なおいっそう優れている。なぜなら，読書の機会は，フットボール観戦の機会よりもずっと多いからである」。→ア「人は，興味を持つものが多ければ多いほど，よりいっそう幸福になる機会が多くなり，ますます運命に左右されることが少なくなる。なぜなら何か1つを失っても，別のものを頼ることができるからである」。→ウ「ありとあらゆる事に興味を持つには人生は短かすぎるが，日々を満たすに必要なだけ多くのものに興味を持つことは，良いことである」。その他，整序問題では接続詞や冠詞などに着目できる。

10 3

解説 ア，エ，オより，両チームの得点について分かるのは下の表1である。Aチームの得点は確定し，その合計は2点である。イよりAチームの総得点は3点だから，Bチームの5人目までの得点も2点で，延長戦になったと考えられる。ここで上記の"ウの「2人続けて得点を入れることはできなかった」を「得点を入れられなかったことが2人続いた」と解釈"を踏まえて延長

《表1》

	1人目	2人目	3人目	4人目	5人目	小計
A	0	1	0	1	0	2
B	?	?	0	1	0	2

戦の結果を考えると，下の表2になる。この考察に基づけば，妥当な選択肢は3になる。

《表2》

	1人目	2人目	3人目	4人目	5人目	小計	6人目	7人目	合計
A	0	1	0	1	0	2	0	1	3
B	?	?	0	1	0	2	0	0	2

11 2

解説 アルファベットの何番目かが3進法で表されている。が，最初が「0番目」は具合が悪いので，10進法に直した後で1を足すことにすると，

「下上上」は，$200_{(3)} + 1 = 2 \times 3^2 + 0 \times 3^1 + 0 \times 3^0 + 1 = 19$〔番目〕だからS，

「上下中」は，$21_{(3)} + 1 = 2 \times 3^1 + 1 \times 3^0 + 1 = 8$〔番目〕だからH，

「中中下」は，$112_{(3)} + 1 = 1 \times 3^2 + 1 \times 3^1 + 2 \times 3^0 + 1 = 15$〔番目〕だからO，

「中下上」は，$120_{(3)} + 1 = 1 \times 3^2 + 2 \times 3^1 + 0 \times 3^0 + 1 = 16$〔番目〕だからP，

よって，題意を満たすのはSHOPだから，妥当な選択肢は2

12 4

解説 ア〜カをまとめると下表のようになる。

《表》

	定食	ライス	スープ
A	焼肉	×	×
B	?	×	○
C	煮魚	○	○
D	煮魚	○	○
E	焼肉	×	×
F	煮魚	○	○
		3人	4人

よって，確実に言えるのは4

13 3

解説

アより，A＋C＋E＝D＋F＋G……①

イより，A＋E＋F＝B＋D＋H……②

ウより，A＋E＋F≠C＋D＋G……③

エより，B＋D＋H＝E＋F＋I……④

③により，A，C，D，E，F，Gの中に金メッキのメダルがあることが分かるが，1つだけ金メッキのメダルがあるとすると①と矛盾するので，2つある。よって，B，H，Iは金メッキのメダルではない。……⑤

④，⑤より，DとE，Fが金メッキのメダルとは考えられない。「DとEが金メッキ」または「DとFが金メッキ」とすると，③と矛盾する。また，「EとFが金メッキ」とすると②と矛盾する。よって，A，C，Gの中の2つが金メッキのメダルであるが，①より，Gが金メッキのメダルであり，②より，Aは金メッキのメダルではない。故に，Cが金メッキのメダルである。

14 1

解説 ア～クをまとめると，図のようになる。

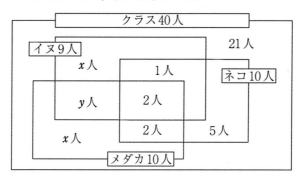

題意より，

$2x + y + 10 = 40 - 21 = 19$……①

$x + y = 10 - 4 = 6$……②

①，②より，$x = y = 3$

よって，確実に言えるのは1

15 3

解説 ア～エをまとめると，下表のようになる。

《表》

		ホーム	アウェー		合計
一人	男性	21	6	27	46
	女性	15	4	19	
複数	男性	170	42		
	女性	119	30		
		325	82	407	
	女性	134	34		
	男性	191	48		

よって，題意を満たす人数は，46人

16 4

解説 図のように記号を置く。

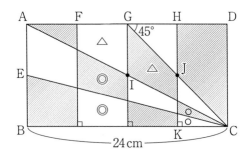

題意より，○同士，△同士，◎同士は面積が等しい。また，△GHJ ≡ △CKJより，

CK = KJ = JH = GH = 24 ÷ 4 = 6 〔cm〕

よって，求める面積は，

△BCE + △AGI + 台形CDHJ

$= (24 \times 6 \div 2) + (12 \times 6 \div 2) + \{(6 + 12) \times 6 \div 2\}$

$= 72 + 36 + 54 = 162 〔cm^2〕$

$\boxed{17}$ 4

解説 13^n の一の位は，3，9，7，1，…の繰返し，19^n のそれは，9，1，…
の繰返し，17^n のそれは，7，9，3，1，…の繰返しである。$19 \div 4 = 4$ 余り 3
より，13^{19} の一の位は 7，$13 \div 2 = 6$ 余り 1 より，19^{13} の一の位は 9，よって，
$13^{19} + 19^{13}$ の一の位は，$7 + 9 = 16$ より，$A = 6$　また，
$17 \div 4 = 4$ 余り 1 より，17^{17} の一の位は，$B = 7$
よって，AB = 42

$\boxed{18}$ 3

解説 題意を満たす道路の道のりを d として割合で考えると，題意より A
と B が出会うまでにかかる時間は，$d \div \left(1 + \dfrac{4}{5}\right) = \dfrac{5}{9}d$

同様にして，A と C が出会うまでにかかる時間は，$d \div \left(1 + \dfrac{3}{4}\right) = \dfrac{4}{7}d$

題意より，この差が 10 秒だから，$\dfrac{4}{7}d - \dfrac{5}{9}d = 10$〔秒〕　よって，$d = 630$

$630 \div 60 = 10$ 余り 30　故に，かかった時間は 10 分 30 秒

$\boxed{19}$ 3

解説 $8! \div (2 \times 2) - 7! \div 2 = 7 \cdot 6 \cdot 5 \cdot 4 \cdot 3 \cdot (4 - 1) = 7560$〔通り〕

$\boxed{20}$　3

解説 10 年前の A，B，C 社の売上高をそれぞれ x 百万円，y 百万円，
z 百万円とすると，題意より，
$x + y + z = 5850$……①
$0.09x = 0.18y = 0.12z$ より，$x = \dfrac{4}{3}z$，$y = \dfrac{2}{3}z$……②

②を①に代入して，$z = 1950$
よって，現在の C 社の売上高は，$1950 \times 1.12 = 2184$〔百万円〕

21 4

解説 選択肢1〜5について計算した結果をまとめると，下表のようになる。

《表》

	2012年	2013年	2014年	対前年比	対前年増加額	2015年	2016年	平均
中国	17248	17306	17413	100.6183	107	18040	17230	17447.4
ドイツ	4404	4457	4319	96.9037		3943	3787	
アメリカ	3502	3619	3753	103.7027		3431	3141	
	100						89.6916	
イタリア	2211	2388	2290	95.89615		2277	2011	
1.8倍	3979.8	4298.4	4122			4098.6	3619.8	
インド	1285	1370	1657	120.9489	287	1609	1622	
韓国	1872	1931	1832	94.87312		1813	1576	

ここから確実に言えるのは，

$107 \times 2 = 214 < 287$ より，選択肢4

22 4

解説 選択肢1〜5について計算した結果をまとめると，下表のようになる。

本問は，前年度の何倍か（本解説では対前年比とした）を明確にしてから考えるのが簡明である。

選択肢1は，「バス・特種」の対27年度比が1を上回っていないので，妥当ではない。

選択肢2は，燃料消費量の合計が不明なので確実なことは言えない。

選択肢3は，それに基づいて指数を計算すると，83.57924…＜90となり，90を上回っていないので妥当ではない。

選択肢5は，平成26年度の値を1としたときの平成28年，

《表》

	平成26年度	27	28	29
バス・特種	− 6.8	1.2	− 3.4	0.8
対前年比	0.932	1.012	0.966	1.008
対27年比		1		0.973728
対26年比	1	1.012	0.977592	0.985413
普通車	− 7.2	− 1.5	− 1.7	− 0.2
対前年比	0.928	0.985	0.983	0.998
小型車	− 8.9	− 6.8	− 4.7	− 5.9
対前年比	0.911	0.932	0.953	0.941
対26年比	100			83.57924
ハイブリッド車	27	17.9	13.6	13.8
対前年比	1.27	1.179	1.136	1.138
対26年比	1			1.524173
軽自動車	2.3	0.9	3.9	2.6
対前年比	1.023	1.009	1.039	1.026
対27年比		1		1.066014
対26年比	1			1.075608
6倍				45.3649

29年の指数が1を下回ってい
るので，妥当ではない。

選択肢4は，ハイブリッド車の増加率が52.4…，軽自動車の増加率の6倍が
45.3…なので，45.3…＜52.4…

より，確実に言えることである。

23 5

解説 選択肢1は，平均が35261.2で3500を下回っていないので，妥当で
はない。

選択肢2は，指数が115を上回っていないので，妥当ではない。

選択肢3は，2014年が－95千トンで10万トンを上回っていないので，妥当で
はない。

選択肢4は，2013～2015年が5.8％を上回っていないので，妥当ではない。

選択肢5は，4.00…＜4.72…なので，確実に言えることである。

《表》

	2011年度	2012	2013	2014	2015	平均
民生部門	33508	37385	37283	35096	33034	35261.2
指数	100	111.5704				
運輸部門	8919	8723	8561	8466	8289	
対前年度減少量		－ 196	－ 162	－ 95	－ 177	
産業部門	3140	3039	2875	2600	2458	
対合計比	6.717871	6.033593	5.748046	5.48639	5.454102	
廃棄物部門	1174	1221	1298	1228	1286	
対前年増加率		4.00341			4.723127	
排出量合計	46741	50368	50017	47390	45067	

24 1

解説 選択肢2は，1.8倍は3672戸になり，上回っていないので妥当ではな
い。

選択肢3は，平成15年は上回っていないので妥当ではない。

選択肢4は，大きくないので妥当ではない。

選択肢5は，下回っていないので妥当ではない。

選択肢1は，上回っているので妥当である。よって，選択肢1が確実に言える
ことである。

《表》

	総数	持家	民営	公営	対民営比	給与住宅	都市再生機構・公社	指数
平成15年		62.6	27.4	4.8		3.2	2	100
戸数	45832	28690	12558	2200	17.51871	1467	917	
平成25年		63.4	28.8	3.9		2.2	1.7	94.00218
戸数	50686	32134	14598	1977	13.543	1115	862	
増加数		3444	2040	−223		−352		
1.8倍			3672	−401.4				
15倍H15				33000				
15倍H25				29655				
減少率				−10.13636		−23.99455		

25 1

解説 正八面体をA−BCDE−Fとして，右図のように展開図に記号を適切に置くと，あり得るのは1であることが分かる。

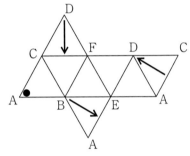

26 5

解説 下図の通り。

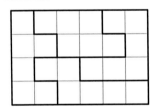

27 2

解説 選択肢3〜5は，正面から見た図と合わない箇所がある。選択肢1は，最上段が合わない。よって，選択肢2が確実に言えることである。

28 4

解 説 Pの軌跡は下図の通り。

半径PRの回転角の総和は，$180° + 135° + 135° + 180° = 630°$

半径PQの回転角の総和は，$90° + 90° = 180°$

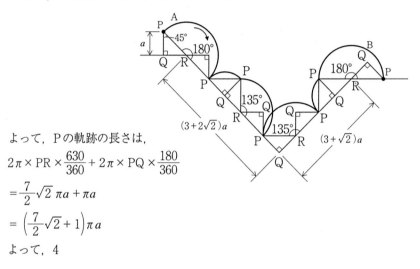

よって，Pの軌跡の長さは，

$$2\pi \times \text{PR} \times \frac{630}{360} + 2\pi \times \text{PQ} \times \frac{180}{360}$$

$$= \frac{7}{2}\sqrt{2}\,\pi a + \pi a$$

$$= \left(\frac{7}{2}\sqrt{2} + 1\right)\pi a$$

よって，4

29 5

解 説 1：日本国憲法第60条第1項で衆議院の予算先議が要求されているが，法律案は要求されていないため，両院どちらから審議してもよい。 2：日本国憲法第59条第4項で参議院が，衆議院の可決した法律案を受け取った後，所定の期間中に議決しないときは，衆議院は，参議院がその法律案を否決したものとみなすことができる。 3：日本国憲法第60条第2項後段で参議院が，衆議院の可決した予算を受け取った後，所定の期間中に議決しないときは，衆議院の議決を国会の議決とする。 4：日本国憲法第61条後段で条約の締結に必要な国会の承認については，第60条第2項の予算議決に関する衆議院の優越を準用する。したがって，衆議院の可決した条約を受け取った後，所定の期間中に議決しないときは，衆議院の議決を国会の議決とする。

30 5

解説 A：日本国憲法第68条第1項で内閣総理大臣は，国務大臣を任命し，天皇は国事行為にて国務大臣の任命を認証する。　B：日本国憲法第73条7号で内閣の職務として，大赦及び特赦を決定し，天皇は国事行為にて大赦及び特赦に対する内閣の決定を認証する。　D：日本国憲法第6条第2項にて，内閣による最高裁判所の長官の指名に基づいて，天皇は最高裁判所の長官を任命する。

31 3

解説 1：はホッブズの思想。ホッブズは，「リバイアサン」の中で，自然状態における利己主義的な人間観を「万人の万人に対する闘争」とし，各人は自然法に従って相互の自由を制限し，社会契約を結んで国家に権力を譲渡して平和の維持と安全の保障を図るべきとしている。　2：はロックの思想。ロックは，「統治二論」の中で，国家の権力は，自然権の保障を目的にした，国民による権力の信託に基づくという社会契約説を説いた。もし，国家が権力を濫用する場合は，国民は信託した権力を取り戻し，国家に抵抗する権利をもつとした。　4：はルソーの思想。ルソーは「社会契約論」の中で，人民は一般意志のもとに自らが制定した法に従うことによって，共同体の構成員であるとともに真の主人となり，市民的自由を回復すると説いた。この一般意志は，人民自身の意志であるから，一般意志の行使である主権を人民が持つ人民主権論が原則となっている。　5：はアダム＝スミスの思想であるが，文中の夜警国家は批判せず，主張していた。アダム＝スミスは，「諸国民の富」の中で，政府による経済活動への介入を可能なかぎり減らし，市場原理による自由な競争を促すことで経済成長を図るとした。国家の任務を国防・警察・消防・司法などに限定する「小さな政府」「安価な政府」とする夜警国家論を説いた。

32 1

解説 2：製造物責任法（PL法）では，消費者が欠陥製品による被害を受けた場合，生じた企業の過失を立証する必要はなく，製造業者等に対して損害賠償を受けられる。　3：クーリングオフは，訪問販売法を改称した特定商取引法により設けられている。　4：消費者契約法は2006年の法改正で，一定の消費者団体（適格消費者団体）が消費者に代わって事業者に差し止め請求などの訴訟を起こすことができる消費者団体訴訟制度を導入した。　5：消

費者庁は，2009年に内閣府の外局として設置された。

33 2

解説 A：はキルケゴールの実存の3段階である。本来的な自己のあり方としての実存が，絶望をきっかけに美的実存，倫理的実存，宗教的実存の3段階へ深まっていくとした。　B：はサルトルの思想である。サルトルは，人間の自由と責任を強調し，まずこの世に存在（実存）した人間は，自らそのあり方を選択し，自らを未来の可能性に向かって投げることによって，自分が何であるかという本質を自由に定義していく存在であるとした。そして，この人間の自由を定義した言葉として「実存は本質に先立つ」がある。　C：は，ハイデッガーの思想である。ハイデッガーは「存在とは何か」という問いをもとに，人間の本来のあり方について思索をめぐらした。自らの存在に関心をもち，その意味を問う人間を現存在（ダーザイン）と呼び，世界の中で様々な他者や事物と関わり，交渉しながら存在している人間の存在構造を「世界内存在」であるとした。（その他の選択肢）ヤスパースは，客観的な科学的知識によって人間をとらえることには限界があるとし，認識の対象となりえない実存のあり方を解明しようとした。「理性は実存から現実的内容をうる，実存は理性によって明瞭性をうる」という言葉を残した。ニーチェは，世界の統一的秩序が消滅し，人生の目的や見失われるニヒリズムという思想を説いた。また，「神の死」を叫ぶ反キリスト教者として，力への意志に基づく「超人」を唱え，神の支配にかわる人間の絶対的な主権を主張した。

34 2

解説 次表は鎌倉時代の仏教に関する宗派，開祖，主要著書，中心寺院と問題番号の関係で，各行の内容は正しい。

宗派	問題番号	開祖	問題番号	主要著書	問題番号	中心寺院	問題番号
浄土真宗	1	親鸞	3	教行信証	3	本願寺（京都）	1
臨済宗	2	栄西	2	興禅護国論	2	建仁寺（京都）	2
浄土宗	3	法然	1	選択本願念仏集	1	知恩院（京都）	3
曹洞宗	4	道元	4	正法眼蔵	5	永平寺（福井）	5
時宗	5	一遍	5	一遍上人語録		清浄光寺（神奈川）	
日蓮宗		日蓮		立正安国論	4	久遠寺（山梨）	4

35 5

解説 1931年に王政が倒れたスペインでは，1936年に人民戦線派が選挙で勝って，人民戦線政府を組織した。旧王党派や地主層等などの保守派の支持を受けたフランコ将軍は人民戦線政府に反乱を起こした。この内戦に対してイギリスやフランスは不干渉の立場をとったが，地中海地域の支配を狙うイタリアとナチス＝ドイツはフランコ側を公然と支援した。人民戦線政府側には，ソ連の援助や欧米の社会主義や知識人の国際義勇軍の支援があった。このためスペイン内戦は，小規模な国際紛争となったが，フランコ側が1939年マドリッドを陥落させて勝利をおさめた。

36 1

解説 人口が急増する人口爆発は，アジア，アフリカ，ラテンアメリカで見られ，一人っ子政策を実施した中国（現在は終了）と同様に，インドでも家族計画を奨励し，一定の成果を得ている。人間の非居住地域をアネクメーネといい，砂漠，寒冷地などで，拡大してはいない。居住地域はエクメーネという。人口の増加は，人口の移動によって生じる社会増加と，出生数と死亡数の差によって起きる自然増加がある。人口ピラミッドの少産少死型を表すのは釣鐘型で，更に出生率が低下するとつぼ型となる。

37 3

解説 国際捕鯨取締条約は1946年に採択された条約で，国際捕鯨委員会IWCは，国際捕鯨取締条約に基づき鯨資源の保存及び捕鯨産業の秩序ある発展を図ることを目的として設立されたが，1988年より商業捕鯨を全面禁止。調査捕鯨と，イヌイットによる鯨の捕獲のみ認められている。日本は1951年に加入しており，2018年9月，商業捕鯨一部再開を提案したが，否決された。その結果2019年6月30日に脱退した。アイスランド，ノルウェーは捕鯨支持国。調査捕鯨はIWC加盟国に認められた捕鯨なので，これはできなくなり，一方で，オブザーバーとなることで，日本の領海と排他的経済水域内における商業捕鯨が再開できることとなった。

38 5

解説 1：参議院議員の定数を6人増加させた。 2：参議院議員の埼玉選挙区の改選数を1増やし，定数は2人増加した。比例代表選出議員の定数は4人増やし，定数は242人から248人となった。 3：沖縄で参議院議員が2人増加したのは，本土復帰の1972年のことである。 4：特定枠の候補者があるときは，特定枠に記載されている候補者を上位とする拘束名簿式（名簿記載の順位のとおりに当選人とする）を優先し，その他の名簿登載者についてその得票数の最も多い者から順次に定める非拘束名簿式が続く。

39 2

解説 1：消費税が8％から10％に引き上げられたのは，2019年10月1日である。 3：幼保無償化は「全世代型社会保障」の一環で，「未来投資戦略」の一環ではない。 4：リカレント教育とは，生涯にわたって教育と就労のサイクルを繰り返す教育制度のことで，外国人材の受け入れの仕組みとは関係がない。 5：社会保障関係費予算の原案では「3年間で1.5兆円に抑える」という具体的な数値目標を設定されていたが，最終案では，高齢化による伸びは年によって変動することから，数値目標は示さず，「各年度の歳出については一律ではなく柔軟に対応する」と原案を変更した。

40 3

解説 B：高度プロフェッショナル制度は，高度な専門知識を持ち，一定の年収がある働き手を労働時間規制から外す制度で，現在も導入されている。C：勤務間インターバル制度導入は，あくまでも努力義務であり，努力義務とは，法律上「〜に努めなければならない」とあるため，企業に強制するものではなく，また違反や未導入でも罰則を受けるものでもない。

41 4

解説 補助情報を加えた図を示す。

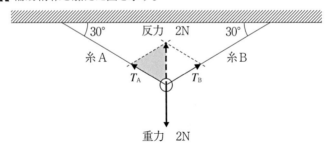

おもりに重力2Nが鉛直下方にかかりそれを糸A，Bで支え静止している。おもりには重力に釣り合う反対上向きの2Nがはたらいていることになる。この上向きの力は糸A，Bにかかる張力T_A，T_Bの合成ベクトル力となっている。図の灰色の部分は正三角形となっているので$T_A = T_B = 2$〔N〕となる。4が該当する。

42 4

解説 ファラデーの電磁誘導の法則より「誘導起電力の大きさはコイルを貫く磁束の時間的変化に等しくなる」である。誘導起電力V〔V〕，磁束の変化量$\Delta \Phi$〔Wb〕，時間変化量Δt〔s〕とすると$V = -\dfrac{\Delta \Phi}{\Delta t}$と表される。これは1巻きのコイルの場合であり$N$巻きではこの$N$倍となるので$V = -N\dfrac{\Delta \Phi}{\Delta t}$となる。与えられた数値を入れると誘導起電力の大きさ$|V| = \left| -200 \times \dfrac{1.8 \times 10^{-3}}{0.75} \right|$ $= 200 \times \dfrac{1.8}{750} = \dfrac{3.6}{7.5} = 0.48$〔V〕となる。4が該当する。

43 1

解説 アルミニウムの製造法について多くの研究が行われてきたが，現在ではアルミナ（酸化アルミニウム）を約50％含むボーキサイトからバイヤー法：湿式アルカリ法によってアルミナを取り出し，ホール・エルー法というアルミナを融解した氷晶石：Na_3AlF_6に溶かし，炭素を電極として電気分解（溶融塩電解）することによってアルミニウムを得る方法が用いられている。アルミニウムは記載の通り両性金属であり酸ともアルカリとも反応する。例えば塩酸

(HCl) とは，$2Al + 6HCl \rightarrow 2AlCl_3 + 3H_2\uparrow$ のように反応し，水酸化ナトリウム（NaOH）とは，$2Al + 2NaOH + 6H_2O \rightarrow 2Na[Al(OH)_4] + 3H_2\uparrow$ のように反応する。いずれも水素を発生する。組合せは1が該当する。

44 2

解説 1：記載の通り，構成粒子は原子，分子あるいはイオンが規則正しく配列した構造をもつ固体が"結晶"である。アモルファスは結晶質に対する反意語であり原子や分子が規則正しい配列を持たない固体状態にあるものをいう。したがってこの記述は妥当ではない。　2：金属結晶は，金属原子が金属結合（自由電子による結合）で結びついており，その自由電子により電気伝導性や熱伝導性が大きい。また展性，延性も持つ。この記述は妥当と考えられる。　3：共有結合による結晶の例としてよく挙げられるのは，例えば炭素Cからなるダイヤモンドや黒鉛，ケイ素Siの結晶，二酸化ケイ素SiO_2（$-SiO_2-$）などがある。必ずしも金属元素の原子が結びついているわけではない。記述は妥当ではない。　4：イオン結晶は陽イオンと陰イオンが静電気力で引きあって結合している。分子結晶と比べると融点は高く，特にイオン価の大きいものは一般に硬く，融点が高い。外力が加わると同じ符号のイオンどうしが反発することで脆く，壊れやすい。これを劈開（へきかい）という。展性はない。記述は妥当ではない。　5：分子結晶は結合力としては比較的弱い分子間力によって結びついている。比較的柔らかく，融点は低く，昇華性がある。電気的には中性で電気を伝えることはほぼない。記述は妥当ではない。以上より妥当な記述は2が該当する。

45 2

解説 ジョン・ガードンはイギリスの生物学者で，山中教授と共にノーベル生理学・医学賞を受賞した。彼の発見は「核にすべての遺伝情報がありそれが個体の形質を決める」というものである。行った実験では，褐色のカエル（アフリカツメガエル A やヒョウガエル）の褐色になる性質をもつ未受精卵に紫外線を当てて核を破壊し，それに白色のオタマジャクシの腸の体細胞からの核を移植した結果白色のオタマジャクシが得られた。山中教授はES細胞に高い関心をもっていた。教授らはES細胞で特徴的に働いている4つの遺伝子を見出して，これらを皮膚細胞に導入した結果，それらの遺伝子の働きで様々

な組織や臓器の細胞に分化することができる多能性幹細胞を作ることに成功した。これが<u>iPS_B</u>細胞（人工多能性幹細胞）である。組合せは2が該当する。

46 2

解説 視覚のはたらきの経路は，光→眼［結膜→角膜→瞳孔（虹彩が光の入る穴の大きさを調整する）→水晶体（レンズ）→ガラス体（眼球内を満たす液状物質）→網膜（視神経繊維，視神経細胞，連絡神経細胞，視細胞（錐体細胞：光に対する感度は低いが色の識別ができ明所でよく働く，桿体細胞：微弱な光も感じることができる），色素細胞層）］→視神経→視覚中枢（大脳）となっている。また光が入って到達する眼球内（眼軸）のほぼ反対側の網膜の部分にくぼみがありそこは黄斑（黄点）と呼ばれる。ここには錐体細胞が特に多く，色や形をよく認識することができる。そこからずれて網膜を貫通して視神経の束があるその中央には盲斑（盲点）があり，ここは像がうつっても見えない。すなわちここには視細胞はない。これらより，1：光を屈折させるのはレンズである水晶体である。記述は妥当ではない。　2：光量は虹彩によって瞳孔の大きさが変わることで調整される。妥当な記述と考えられる。　3：左記のように錐体細胞は明所でよく働き色の識別ができる。記述は妥当ではない。4：左記のように盲斑には視細胞はない。記述は妥当ではない。　5：視神経が束となって網膜を貫いている部分は盲斑（盲点）という。黄斑ではない。記述は妥当ではない。以上から妥当な記述は2が該当する。

47 4

解説 太陽系惑星についてのデータを示す。

恒星／惑星	直径 (km)	質量 (kg)	相対半径	相対質量	相対密度	軌道長半径 (au)	公転周期 (年)	自転周期 (日)
太陽	1,392,038	1.989×10^{30}	109.13	332942.75	1.41			25.4
水星	4,879	3.302×10^{23}	0.38	0.06	5.45	0.387	0.241	58.7
金星	12,104	4.869×10^{24}	0.95	0.82	5.27	0.723	0.615	243
地球	12,756	5.974×10^{24}	1	1	5.52	1.00	1.00	0.997
火星	6,794	6.419×10^{23}	0.53	0.11	3.93	1.52	1.88	1.03
木星	142,984	1.899×10^{27}	11.21	317.88	1.25	5.2	11.9	0.414
土星	120,536	5.688×10^{26}	9.45	95.21	0.62	9.54	29.5	0.444
天王星	51,118	8.683×10^{25}	4.01	14.53	1.25	19.2	84	0.718
海王星	49,572	1.024×10^{26}	3.89	17.14	1.61	30.1	165	0.671

これらを参考にしながら各記述をみる。　1：金星は二酸化炭素を主成分とする大気で覆われておりその温室効果で表面温度は非常に高く約460℃にも達す

る。自転周期も地球の約1日に比べ243日とかなり大きい。記述は妥当ではない。　2：火星は直径が地球の約半分，質量が約10分の1と記述と異なる。自転速度は地球とほぼ等しい。記述は妥当ではない。　3：木星は太陽系惑星のうち最大である。衛星も現在では79個まで発見されている。また主に塵の成分からできている4つの環が発見されている。記述は妥当ではない。　4：土星は平均密度が太陽系惑星の中で最小である。A〜F環の環がありそれらは氷を主成分とする粒子から成っている。記述は妥当と考えられる。　5：天王星の大気にはメタンが含まれており，そのため青みがかって見える。記述は妥当ではない。以上より妥当な記述は4が該当する。

48 5

解説 地球の大気の大循環の様子を表す図を示す。

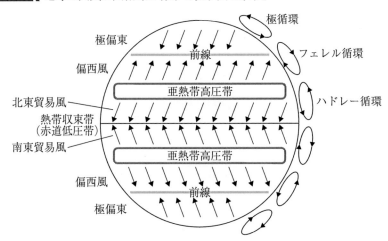

この図より赤道付近で上昇し緯度30度付近で下降し，東寄りの風となって赤道に向かう風は（北東あるいは南東）貿易風といい，ここで生じている大気の循環をハドレー循環という。ハドレー循環による下降流は地上で亜熱帯高圧帯を形成している。組合せは5が該当する。

第3部

論作文試験対策

- 論作文対策
- 実施課題例の分析

人物試験 　論作文対策

||||||||||||||||||||||||||||||| **P O I N T** |||||||||||||||||||||||||||||||

● Ⅰ.「論作文試験」とはなにか ●

(1)「論作文試験」を実施する目的

　かつて18世紀フランスの博物学者，ビュフォンは「文は人なり」と言った。その人の知識・教養・思考力・思考方法・人間性などを知るには，その人が書いた文章を見るのが最良の方法であるという意味だ。

　知識の質・量を調べる筆記試験の教養試験だけでは，判定しがたい受験生の資質をより正確にとらえるため，あるいは受験生の公務員としての適性を判断するため，多角的な観点から考査・評価を行う必要がある。

　そのため論作文試験は，公務員試験のみならず，一般企業でも重視されているわけだが，とりわけ公務員の場合は，行政の中核にあって多様な諸事務を処理して国民に奉仕するという職務柄，人物試験とともに近年は一層重視されているのが現状だ。しかも，この傾向は，今後もさらに強くなると予想される。

　同じ国語を使って，同じように制限された字数，時間の中で同じテーマの論作文を書いても，その論作文はまったく違ったものになる。おそらく学校で，同じ先生に同じように文章指導を受けたとしても，そうなるだろう。その違いのなかにおのずと受験生の姿が浮かび上がってくることになる。

　採用側からみた論作文試験の意義をまとめると，次のようになる。

---

① 公務員としての資質を探る

　公務員というのは，文字どおり公に従事するもの。地域住民に直接に接する機会も多い。民間企業の場合は，新入社員研修が何ヶ月もかけて行われることもあるが，公務員の場合は，ほとんどが短期間のうちに現場の真っ只中に入ることになる。したがって自立性や創造力などの資質を備えた人物が求められるわけで，論作文試験を通じて，そのような資質を判定することができる。

---

② 総合的な知識・理解力を知る

　論作文試験によって，公務員として必要な言語能力・文章表現能力を判定することや，公務員として職務を遂行するのにふさわしい基礎的な知識の理解度や実践への応用力を試すことができる。

　換言すれば，日本語を文章として正しく表現するための常識や，これまでの学校教育などで得た政治や経済などの一般常識を今後の実践の中でどれほど生かすことができるか，などの総合的な知識・理解力の判定をもしようということである。

③ 思考過程・論理の構成力を知る

　教養試験は，一般知識分野であれ一般知能分野であれ，その出題の質が総括的・分散的になりがちである。いわば「広く浅く」が出題の基本となりやすいわけだ。これでは受験生の思考過程や論理の構成力を判定することは不可能だ。その点，論作文試験ではひとつの重要な課題に対する奥深さを判定しやすい。

④ 受験生の人柄・人間性の判定

　人物試験（面接）と同様に，受験生の人格・人柄を判定しやすい。これは，文章の内容からばかりではなく，文章の書き方，誤字・脱字の有無，制限字数への配慮，文字の丁寧さなどからも判断される。

(2)「論作文試験」の実施状況

　公務員試験全体における人物重視の傾向とあいまって，論作文試験も重視される傾向にある。地方公務員の場合，試験を実施する都道府県・市町村などによって異なるが，行政事務関係はほぼ実施している。

(3) 字数制限と時間制限

　最も一般的な字数は1,000〜1,200字程度である。最も少ないところが600字，最大が2,000字と大きく開きがある。

　時間制限は，60〜90分，あるいは120分というのが一般的だ。この時間は，けっして充分なものではない。試しにストップウォッチで計ってみるといいが，他人の論作文を清書するだけでも，600字の場合なら約15分程度かかる。

テーマに即して，しかも用字・用語に気を配ってということになると，かなりのスピードが要求されるわけである。情報を整理し，簡潔に説明できる力を養う必要があるだろう。

(4)「論作文試験」の評価の基準

　採用試験の答案として書く論作文なので，その評価基準を意識して書くことも大切といえる。しかし，公務員試験における論作文の評価の基準は，いずれの都道府県などでも公表していないし，今後もそれを期待することはなかなか難しいだろう。

　ただ，過去のデータなどから手掛りとなるものはあるので，ここではそれらを参考に，一般的な評価基準を考えてみよう。

形式的な面からの評価	① 表記法に問題はないか。
	② 文脈に応じて適切な語句が使われているか。
	③ 文（センテンス）の構造，語句の照応などに問題はないか。
内容的な面からの評価	① テーマを的確に把握しているか。
	② 自分の考え方やものの見方をまとめ，テーマや論旨が明確に表現されているか。
	③ 内容がよく整理され，段落の設定や論作文の構成に問題はないか。
総合的な面からの評価	① 公務員に必要な洞察力や創造力，あるいは常識や基礎学力は十分であるか。
	② ものの見方や考え方が，公務員として望ましい方向にあるか。

　おおよそ以上のような評価の視点が考えられるが，これらはあらゆるテーマに対して共通しているということではない。それぞれのテーマによってそのポイントの移動があり，また，実施する自治体などによっても，このうちのどれに重点を置くかが異なってくる。

　ただ，一般的に言えることは，企業の採用試験などの場合，その多くは総合的な評価が重視され形式的な面はあまり重視されないが，公務員採用試験における論作文は，形式的な面も軽んじてはならないということである。なぜなら，公務員は採用後に公の文書を取り扱うわけで，それらには一定の

フォーマットがあるものが多いからだ。これへの適応能力が試されるのは当然である。

(5) 「論作文試験」の出題傾向

　公務員試験の場合，出題の傾向をこれまでのテーマから見るのは難しい。一定の傾向がないからだ。

　ここ数年の例を見ると，「公務員となるにあたって」「公務員に求められる倫理観について」など，将来への抱負や心構え，公務員観に関するものから，「私が目指す●●県のまちづくり」「▲▲の魅力を挙げ，他地域の人々に▲▲を発信・セールスせよ」など，具体的なプランとアクションを挙げさせるところもあり，その種類まさに千差万別といえる。

　いずれにせよ，今までの自己体験，あるいは身近な事件を通して得た信条や生活観，自然観などを語らせ，その観点や感性から，公務員としての適性を知ろうとするものであることに変わりはないようだ。

● Ⅱ. 「論作文試験」の事前準備 ●

(1) 試験の目的を理解する

　論作文試験の意義や評価の目的については前に述べたが，試験の準備を進めるためには，まずそれについてよく考え，理解を深めておく必要がある。その理解が，自分なりの準備方法を導きだしてくれるはずだ。

　例えば，あなたに好きなひとがいたとする。ラブレター（あるいはメール）を書きたいのだが，あいにく文章は苦手だ。文章の上手い友人に代筆を頼む手もあるが，これでは真心は通じないだろう。そこで，便せんいっぱいに「好きだ，好きだ，好きだ，好きだ，好きだ，好きだ」とだけ書いたとする。それで十分に情熱を伝えることができるし，場合によっては，どんな名文を書き連ねるよりも最高のラブレターになることだってある。あるいはサインペンで用紙いっぱいに一言「好き」と大書して送ってもいい。個人対個人間のラブレターなら，それでもいいのである。つまり，その目的が，「好き」という恋心を相手にだけわかってもらうことにあるからだ。

　文章の長さにしてもそうで，例えばこんな文がある。

> 「一筆啓上　火の用心　おせん泣かすな　馬肥やせ」

　これは徳川家康の家臣である本多作左衛門重次が，妻に宛てた短い手紙である。「一筆啓上」は「拝啓」に当たる意味で，「おせん泣かすな」は重次の唯一の子どもであるお仙（仙千代）を「泣かしたりせず，しっかりと育てなさい」と我が子をとても大事にしていたことが伺える。さらに，「馬肥やせ」は武将の家には欠くことのできない馬について「いざという時のために餌をしっかり与えて大事にしてくれ」と妻へアドバイスしている。短いながらもこの文面全体には，家族への愛情や心配，家の主としての責任感などがにじみ出ているかのようだ。

　世の中にはもっと短い手紙もある。フランスの文豪ヴィクトル・ユーゴーは『レ・ミゼラブル』を出版した際にその売れ行きが心配になり，出版社に対して「？」と書いただけの手紙を送った。すると出版社からは「！」という返事が届いたという。意味がおわかりだろうか。これは，「売れ行きはどうか？」「すごく売れていますよ！」というやりとりである。前提になる状況と目的によっては，「？」や「！」ひとつが，千万の言葉よりも，意思と感情を的確に相手に伝達することもあるのだ。

　しかし，論作文試験の場合はどうだろうか。「公務員を志望した動機」というテーマを出されて，「私は公務員になりたい，私は公務員になりたい，私は公務員になりたい，……」と600字分書いても，評価されることはないだろう。

　つまり論作文というのは，何度もいうように，人物試験を兼ねあわせて実施されるものである。この意義や目的を忘れてはいけない。しかも公務員採用試験の場合と民間企業の場合では，求められているものに違いもある。

　民間企業の場合でも業種によって違いがある。ということは，それぞれの意義や目的によって，対策や準備方法も違ってくるということである。これを理解した上で，自分なりの準備方法を見つけることが大切なのだ。

(2) 文章を書く習慣を身につける

　多くの人は「かしこまった文章を書くのが苦手」だという。携帯電話やパソコンで気楽なメールを頻繁にしている現在では，特にそうだという。論作文試験の準備としては，まずこの苦手意識を取り除くことが必要だろう。

　文章を書くということは，習慣がついてしまえばそれほど辛いものではな

い。習慣をつけるという意味では，第一に日記を書くこと，第二に手紙を書くのがよい。

---

① 「日記」を書いて筆力をつける

　実際にやってみればわかることだが，日記を半年間書き続けると，自分でも驚くほど筆力が身に付く。筆力というのは「文章を書く力」で，豊かな表現力・構成力，あるいはスピードを意味している。日記は他人に見せるものではないので，自由に書ける。材料は身辺雑事・雑感が主なので，いくらでもあるはず。この「自由に書ける」「材料がある」ということが，文章に慣れるためには大切なことなのだ。パソコンを使ってブログで長い文章を書くのも悪くはないが，本番試験はキーボードが使えるわけではないので，リズムが変わると書けない可能性もある。やはり紙にペンで書くべきだろう。

② 「手紙」を書いてみる

　手紙は，他人に用件や意思や感情を伝えるものである。最初から他人に読んでもらうことを目的にしている。ここが日記とは根本的に違う。つまり，読み手を意識して書かなければならないわけだ。そのために，一定の形式を踏まなければならないこともあるし，逆に，相手や時と場合によって形式をはずすこともある。感情を全面的に表わすこともあるし，抑えることもある。文章を書く場合，この読み手を想定して形式や感情を制御していくということは大切な要件である。手紙を書くことによって，このコツに慣れてくるわけだ。

> 「おっはよー，元気い（^_^）？　今日もめっちゃ寒いけど……」
>
> 「拝啓，朝夕はめっきり肌寒さを覚える今日このごろですが，皆々様におかれましては，いかがお過ごしかと……」

　手紙は，具体的に相手（読み手）を想定できるので，書く習慣がつけば，このような「書き分ける」能力も自然と身についてくる。つまり，文章のTPOといったものがわかってくるのである。

③ 新聞や雑誌のコラムを写してみる

　新聞や雑誌のコラムなどを写したりするのも，文章に慣れる王道の手段。最初は，とにかく書き写すだけでいい。ひたすら，書き写すのだ。

ペン習字などもお手本を書き写すが、それと同じだと思えばいい。ペン習字と違うのは、文字面をなぞるのではなく、別の原稿用紙などに書き写す点だ。

とにかく、こうして書き写すことをしていると、まず文章のリズムがわかってくる。ことばづかいや送り仮名の要領も身につく。文の構成法も、なんとなく理解できてくる。実際、かつての作家の文章修業は、こうして模写をすることから始めたという。

私たちが日本語を話す場合、文法をいちいち考えているわけではないだろう。接続詞や助詞も自然に口をついて出ている。文章も本来、こうならなければならないのである。そのためには書き写す作業が一番いいわけで、これも実際にやってみると、効果がよくわかる。

なぜ、新聞や雑誌のコラムがよいかといえば、これらはマスメディア用の文章だからである。不特定多数の読み手を想定して書かれているために、一般的なルールに即して書かれていて、無難な表現であり、クセがない。公務員試験の論作文では、この点も大切なことなのだ。

たとえば雨の音は、一般的に「ポツリ、ポツリ」「パラ、パラ」「ザァ、ザァ」などと書く。ありふれた表現だが、裏を返せばありふれているだけに、だれにでも雨の音だとわかるはず。「朝から、あぶないな、と思っていたら、峠への途中でパラ、パラとやってきた……」という文章があれば、この「パラ、パラ」は雨だと想像しやすいだろう。

一方、「シイ、シイ」「ピチ、ピチ」「トン、トン」「バタ、バタ」、雨の音をこう表現しても決して悪いということはない。実際、聞き方によっては、こう聞こえるときもある。しかし「朝から、あぶないな、と思っていたら、峠への途中でシイ、シイとやってきた……」では、一般的には「シイ、シイ」が雨だとはわからない。

論作文は、作家になるための素質を見るためのものではないから、やはり後者ではマズイのである。受験論作文の練習に書き写す場合は、マスコミのコラムなどがよいというのは、そういうわけだ。

④ 考えを正確に文章化する

頭の中では論理的に構成されていても、それを文章に表現するのは意外に難しい。主語が落ちているために内容がつかめなかったり、語彙が貧弱で、述べたいことがうまく表現できなかったり、思いあまって言葉

足らずという文章を書く人は非常に多い。文章は，記録であると同時に伝達手段である。メモをとるのとは違うのだ。

　論理的にわかりやすい文章を書くには，言葉を選び，文法を考え，文脈を整え，結論と課題を比較してみる……，という訓練を続けることが大切だ。しかし，この場合，一人でやっていたのでは評価が甘く，また自分では気づかないこともあるので，友人や先輩，国語に詳しいかつての恩師など，第三者の客観的な意見を聞くと，正確な文章になっているかどうかの判断がつけやすい。

⑤　文章の構成力を高める

　正確な文章を書こうとすれば，必ず文章の構成をどうしたらよいかという問題につきあたる。文章の構成法については後述するが，そこに示した基本的な構成パターンをしっかり身につけておくこと。一つのテーマについて，何通りかの構成法で書き，これをいくつものテーマについて繰り返してみる。そうしているうちに，特に意識しなくてもしっかりした構成の文章が書けるようになるはずだ。

⑥　制限内に書く感覚を養う

　だれでも時間をかけてじっくり考えれば，それなりの文章が書けるだろう。しかし，実際の試験では字数制限や時間制限がある。練習の際には，ただ漫然と文章を書くのではなくて，字数や時間も実際の試験のように設定したうえで書いてみること。

　例えば800字以内という制限なら，その全体量はどれくらいなのかを実際に書いてみる。また，全体の構想に従って字数（行数）を配分すること。時間制限についても同様で，60分ならその時間内にどれだけのことが書けるのかを確認し，構想，執筆，推敲などの時間配分を考えてみる。この具体的な方法は後に述べる。

　こうして何度も文章を書いているうちに，さまざまな制限を無駄なく十分に使う感覚が身についてくる。この感覚は，練習を重ね，文章に親しまない限り，身に付かない。逆に言えば実際の試験ではそれが極めて有効な力を発揮するのが明らかなのだ。

●● Ⅲ.「合格答案」作成上の留意点 ●●

(1) テーマ把握上の注意

さて，いよいよ試験が始まったとしよう。論作文試験でまず最初の関門になるのが，テーマを的確に把握できるか否かということ。どんなに立派な文章を書いても，それが課題テーマに合致していない限り，試験結果は絶望的である。不幸なことにそのような例は枚挙にいとまがないと言われる。ここでは犯しやすいミスを2，3例挙げてみよう。

> #### ① 似たテーマと間違える
>
> 例えば「私の生きかた」や「私の生きがい」などは，その典型的なもの。前者が生活スタイルや生活信条などが問われているのに対して，後者はどのようなことをし，どのように生きていくことが，自分の最も喜びとするところかが問われている。このようなニュアンスの違いも正確に把握することだ。
>
> #### ② テーマ全体を正確に読まない
>
> 特に，課題そのものが長い文章になっている場合，どのような条件を踏まえて何を述べなければならないかを，正確にとらえないまま書き始めてしまうことがある。例えば，下記のようなテーマがあったとする。
>
> > 「あなたが公務員になったとき，職場の上司や先輩，地域の人々との人間関係において，何を大切にしたいと思いますか。自分の生活体験をもとに書きなさい」
>
> ①公務員になったとき，②生活体験をもとに，というのがこのテーマの条件であり，「上司・先輩，地域の人々との人間関係において大切にしたいこと」というのが必答すべきことになる。このような点を一つひとつ把握しておかないと，内容に抜け落ちがあったり，構成上のバランスが崩れたりする原因になる。テーマを示されたらまず2回はゆっくりと読み，与えられているテーマの意味・内容を確認してから何をどう書くかという考察に移ることが必要だ。
>
> #### ③ テーマの真意を正確につかまない
>
> 「今，公務員に求められるもの」というテーマと「公務員に求められるもの」というテーマを比べた場合，"今"というたった1字があるか否か

で，出題者の求める答えは違ってくることに注意したい。言うまでもなく，後者がいわゆる「公務員の資質」を問うているのに対して，前者は「現況をふまえたうえで，できるだけ具体的に公務員の資質について述べること」が求められているのだ。

以上3点について述べた。こうやって示せば誰でも分かる当たり前のことのようだが，試験本番には受け取る側の状況もまた違ってくるはず。くれぐれも慎重に取り組みたいところだ。

(2) 内容・構成上の注意点

① 素材選びに時間をかけろ

テーマを正確に把握したら，次は結論を導きだすための素材が重要なポイントになる。公務員試験での論作文では，できるだけ実践的・経験的なものが望ましい。現実性のある具体的な素材を見つけだすよう，書き始める前に十分考慮したい。

② 全体の構想を練る

さて，次に考えなくてはならないのが文章の構成である。相手を納得させるためにも，また字数や時間配分の目安をつけるためにも，全体のアウトラインを構想しておくことが必要だ。ただやみくもに書き始めると，文章があらぬ方向に行ってしまったり，広げた風呂敷をたたむのに苦労しかねない。

③文体を決める

文体は終始一貫させなければならない。文体によって論作文の印象もかなり違ってくる。〈です・ます〉体は丁寧な印象を与えるが，使い慣れないと文章がくどくなり，文末のリズムも単調になりやすい。〈である〉体は文章が重々しいが，断定するつもりのない場合でも断定しているかのような印象を与えやすい。

それぞれ一長一短がある。書きなれている人なら，テーマによって文体を使いわけるのが望ましいだろう。しかし，大概は文章のプロではないのだから，自分の最も書きやすい文体を一つ決めておくことが最良の策だ。

(3) 文章作成上の注意点

① ワン・センテンスを簡潔に

　一つの文（センテンス）にさまざまな要素を盛り込もうとする人がいるが，内容がわかりにくくなるだけでなく，時には主語・述語の関係が絡まり合い，文章としてすら成立しなくなることもある。このような文章は論旨が不明確になるだけでなく，読み手の心証もそこねてしまう。文章はできるだけ無駄を省き，わかりやすい文章を心掛けること。「一文はできるだけ簡潔に」が鉄則だ。

② 論点を整理する

　論作文試験の字数制限は多くても2,000字，少ない場合は600字程度ということもあり，決して多くはない。このように文字数が限られているのだから，文章を簡潔にすると同時に，論点をできるだけ整理し，特に必要のない要素は削ぎ落とすことだ。これはテーマが抽象的な場合や，逆に具体的に多くの条件を設定してる場合は，特に注意したい。

③ 段落を適切に設定する

　段落とは，文章全体の中で一つのまとまりをもった部分で，段落の終わりで改行し，書き始めは1字下げるのが決まりである。いくつかの小主題をもつ文章の場合，小主題に従って段落を設けないと，筆者の意図がわかりにくい文章になってしまう。逆に，段落が多すぎる文章もまた意図が伝わりにくく，まとまりのない印象の文章となる場合が多い。段落を設ける基準として，次のような場合があげられる。

① 場所や場面が変わるとき。	④ 思考が次の段階へ発展するとき。
② 対象が変わるとき。	⑤ 一つの部分を特に強調したいとき。
③ 立場や観点が変わるとき。	⑥ 同一段落が長くなりすぎて読みにくくなるとき。

これらを念頭に入れて適宜段落を設定する。

(4) 文章構成後のチェック点

①　主題がはっきりしているか。論作文全体を通して一貫しているか。課題にあったものになっているか。

②　まとまった区切りを設けて書いているか。段落は，意味の上でも視覚的にもはっきりと設けてあるか。

③　意味がはっきりしない言いまわしはないか。人によって違った意味にとられるようなことはないか。

④　一つの文が長すぎないか。一つの文に多くの内容を詰め込みすぎているところはないか。

⑤　あまりにも簡単にまとめすぎていないか。そのために論作文全体が軽くなっていないか。

⑥　抽象的ではないか。もっと具体的に表現する方法はないものか。

⑦　意見や感想を述べる場合，裏づけとなる経験やデータとの関連性は妥当なものか。

⑧　個人の意見や感想を，「われわれは」「私たちは」などと強引に一般化しているところはないか。

⑨　表現や文体は統一されているか。

⑩　文字や送り仮名は統一されているか。

　実際の試験では，こんなに細かくチェックしている時間はないだろうが，練習の際には，一つの論作文を書いたら，以上のようなことを必ずチェックしてみるとよいだろう。

●● Ⅳ．「論作文試験」の実戦感覚 ●●

　準備と対策の最後の仕上げは，"実戦での感覚"を養うことである。これは"実戦での要領"といってもよい。「要領がいい」という言葉には，「上手に」「巧みに」「手際よく」といった意味と同時に，「うまく表面をとりつくろう」「その場をごまかす」というニュアンスもある。「あいつは要領のいい男だ」という表現などを思い出してみれば分かるだろう。

　採用試験における論作文が，論作文試験という競争試験の一つとしてある以上，その意味での"要領"も欠かせないだろう。極端にいってしまえば，こうだ。

> 「約600字分だけ，たまたまでもすばらしいものが書ければよい」

　もちろん，本来はそれでは困るのだが，とにかく合格して採用されることが先決だ。そのために，短時間でその要領をどう身につけるか，実戦ではどう要領を発揮するべきなのか。

(1) 時間と字数の実戦感覚

① 制限時間の感覚

　公務員試験の論作文試験の平均制限時間は，90分間である。この90分間に文字はどれくらい書けるか。大学ノートなどに，やや丁寧に漢字まじりの普通の文を書き写すとして，速い人で1分間約60字，つまり90分間なら約5,400字。遅い人で約40字/1分間，つまり90分間なら約3,600字。平均4,500字前後と見ておけばよいだろう。400字詰め原稿用紙にして11枚程度。これだけを考えれば，時間はたっぷりある。しかし，これはあくまでも「書き写す」場合であって，論作文している時間ではない。

　構想などが決まったうえで，言葉を選びながら論作文する場合は，速い人で約20字前後/1分間，60分間なら約1,800字前後である。ちなみに，文章のプロたち，例えば作家とか週刊誌の記者とかライターという職業の人たちでも，ほぼこんなものなのだ。構想は別として，1時間に1,800字，400字詰め原稿用紙で4〜5枚程度書ければ，だいたい職業人として1人前である。言い換えれば，読者が読むに耐えうる原稿を書くためには，これが限度だということである。

　さて，論作文試験に即していえば，もし制限字数1,200字なら，1,200字÷20字で，文章をつづる時間は約60分間ということになる。そうだとすれば，テーマの理解，着想，構想，それに書き終わった後の読み返しなどにあてられる時間は，残り30分間。これは実にシビアな時間である。まず，この時間の感覚を，しっかりと頭に入れておこう。

② 制限字数の感覚

　これも一般には，なかなか感覚がつかめないもの。ちなみに，いま，あなたが読んでいるこの本のこのページには，いったい何文字入っているのか，すぐにわかるだろうか。答えは，1行が33字詰めで行数が32行，

空白部分もあるから約1,000字である。公務員試験の論作文試験の平均的な制限字数は1,200字となっているから，ほぼ，この本の約1頁強である。

　この制限字数を，「長い！」と思うか「短い！」と思うかは，人によって違いはあるはず。俳句は17文字に万感の想いを込めるから，これと比べれば1,000字は実に長い。一方，ニュース番組のアナウンサーが原稿を読む平均速度は，約400字程度／1分間とされているから，1,200字なら3分。アッという間である。つまり，1,200字というのは，そういう感覚の字数なのである。ここでは，論作文試験の1,200字という制限字数の妥当性については置いておく。1,200字というのが，どんな感覚の文字数かということを知っておけばよい。

　この感覚は，きわめて重要なことなのである。後でくわしく述べるが，実際にはこの制限字数によって，内容はもとより書き出しや構成なども，かなりの規制を受ける。しかし，それも試験なのだから，長いなら長いなりに，短いなら短いなりに対処する方法を考えなければならない。それが実戦に臨む構えであり，「要領」なのだ。

(2) 時間配分の実戦感覚

　90分間かけて，結果として1,200字程度の論作文を仕上げればよいわけだから，次は時間の配分をどうするか。開始のベルが鳴る（ブザーかも知れない）。テーマが示される。いわゆる「課題」である。さて，なにを，どう書くか。この「なにを」が着想であり，「どう書くか」が構想だ。

①　まず「着想」に10分間

　課題が明示されているのだから，「なにを」は決まっているように思われるかもしれないが，そんなことはない。たとえば「夢」という課題であったとして，昨日みた夢，こわかった夢，なぜか印象に残っている夢，将来の夢，仕事の夢，夢のある人生とは，夢のある社会とは，夢のない現代の若者について……などなど，書くことは多種多様にある。あるいは「夢想流剣法の真髄」といったものだってよいのだ。まず，この「なにを」を10分以内に決める。文章を書く，または論作文するときは，本来はこの「なにを」が重要なのであって，自分の知識や経験，感性を凝縮して，長い時間をかけて決めるのが理想なのだが，なにしろ制限時間があるので，やむをえず5分以内に決める。

② 次は「構想」に10分間

「構想」というのは，話の組み立て方である。着想したものを，どうやって1,200字程度の字数のなかに，うまく展開するかを考える。このときに重要なのは，材料の点検だ。

たとえば着想の段階で，「現代の若者は夢がないといわれるが，実際には夢はもっているのであって，その夢が実現不可能な空想的な夢ではなく，より現実的になっているだけだ。大きな夢に向かって猛進するのも人生だが，小さな夢を一つ一つ育んでいくのも意義ある人生だと思う」というようなことを書こうと決めたとして，ただダラダラと書いていったのでは，印象深い説得力のある論作文にはならない。したがってエピソードだとか，著名人の言葉とか，読んだ本の感想……といった材料が必要なわけだが，これの有無，その配置を点検するわけである。しかも，その材料の質・量によって，話のもっていきかた（論作文の構成法）も違ってくる。これを10分以内に決める。

実際には，着想に10分，構想に10分と明瞭に区別されるわけではなく，「なにを」は瞬間的に決まることがあるし，「なにを」と「どう書くか」を同時に考えることもある。ともあれ，着想と構想をあわせて，なにがなんでも20分以内に決めなければならないのである。

③ 「執筆」時間は60分間

これは前述したとおり。ただ書くだけの物理的時間が約15〜20分間かかるのだから，言葉を選び表現を考えながらでは60分間は実際に短かすぎるが，試験なのでやむをえない。

まずテーマを書く。氏名を書く。そして，いよいよ第1行の書き出しにかかる。「夢，私はこの言葉が好きだ。夢をみることは，神さまが人間だけに与えた特権だと思う……」「よく，最近の若者には夢がない，という声を聞く。たしかに，その一面はある。つい先日も，こんなことがあった……」「私の家の近所に，夢想流を継承する剣道の小さな道場がある。白髪で小柄な80歳に近い老人が道場主だ……」などと，着想したことを具体的に文章にしていくわけである。

人によっては，着想が決まると，このようにまず第1行を書き，ここで一息ついて後の構想を立てることもある。つまり，書き出しの文句を書きこむと，後の構想が立てやすくなるというわけである。これも一つ

の方法である。しかし，これは，よっぽど書きなれていないと危険をともなう。後の構想がまとまらないと何度も書き出しを書き直さなければならないからだ。したがって，論作文試験の場合は，やはり着想→構想→執筆と進んだほうが無難だろう。

④　「点検」時間は10分間で

　論作文を書き終わる。当然，点検をしなければならない。誤字・脱字はもとより，送り仮名や語句の使い方，表現の妥当性も見直さなければならない。この作業を一般には「推敲」と呼ぶ。推敲は，文章を仕上げる上で欠かせない作業である。本来なら，この推敲には十分な時間をかけなければならない。文章は推敲すればするほど練りあがるし，また，文章の上達に欠かせないものである。

　しかし，論作文試験においては，この時間が10分間しかない。前述したように，1,200字の文章は，ニュースのアナウンサーが読みあげるスピードで読んでも，読むだけで約3分はかかる。だとすれば，手直しする時間は7分。ほとんどないに等しいわけだ。せいぜい誤字・脱字の点検しかできないだろう。論作文試験の時間配分では，このことをしっかり頭に入れておかなければならない。要するに論作文試験では，きわめて実戦的な「要領の良さ」が必要であり，準備・対策として，これを身につけておかなければならないということなのだ。

実施課題例の分析

令和5年度

▼論文（2題中1題を選択すること）【時間：1時間20分　字数：1,000字以上1,500字程度】

○課題　1

　　スマートフォン等の情報通信機器の普及に伴い，区民生活のデジタル化が進む中で，行政の情報発信のあり方にも変化が求められています。

　　特別区においても，デジタル・デバイドの解消を推進する一方で，今後の社会の担い手となる，10代・20代を中心として若年層について，その情報収集手段や価値観，生活環境を理解した上で情報発信を行う必要があります。また，行政活動である以上，効果検証や継続性の視点も重要です。

　　このような状況を踏まえ，若年層に伝わりやすい行政情報の発信について，特別区の職員としてどのように取り組むべきか，あなたの考えを論じなさい。

《執筆の方針》

　　社会のデジタル化が進行する中で，行政が正しい情報をタイムリーに伝えるための広報活動の重要性を論じ，情報収集手段の変化が顕著である若年層に特別区としてどのように情報発信をしていくべきか，具体的に論じる。

《課題の分析》

　　広報という言葉には，「組織体とその存続を左右するパブリックとの間に，相互に利益をもたらす関係性を構築する」という役割があるとされる。広報には，単に「伝える」だけでなく，「対話する」「信頼関係をつくる」といった役割があることに着目する必要がある。一方，社会のデジタル化が進行し，すべての世代においてインターネットの利用時間が増加している。特に若年層は「テレビよりネット動画」「新聞よりネットニュースをよく利用する」傾向が強くなっていると指摘されている。また，10代20代の若者は検索エンジンよりもSNSで情報収集する人が多く，ニュースから交通情報まで，Twitterなどリアルタイムで生の声が反映されるメディアを好んで利用するという指摘もある。こうした若年層に，特別区の情報をどのように発信していくかが大きな課題となっている。

《作成のポイント》

　まず，多くの区民に対して行政に関する正しい情報を正確に伝えること
は，単に情報を伝えるだけではなく行政と区民が対話をしたり，信頼関係
を構築したりする重要な役割があることを指摘する。次に，社会のデジタ
ル化の進行に伴って区民の情報収集手段が変化しており，特に若年層の情
報収集手段が大きく変化してきていることに注目する。そのうえで，特別
区としてどのような広報活動を進めていったらよいか具体的に述べる。そ
の際，情報収集手段が大きく変化している若年層にどのように情報発信を
していくか，具体的に論じる。また，インターネットはもとより，SNSな
どのソーシャルメディアの効果的な活用についても提言したい。

○課題　2

　我が国では，少子化を背景とした人口の減少傾向や，高齢化の更なる進
展等による経済社会への影響が懸念されている中で，社会経済活動の維持
に向けた新たな人材の確保という課題が生じています。

　こうした課題に対して，特別区では少子化対策等の長期的な取組に加え，
当面の生産年齢人口の減少に伴う地域活動の担い手不足の解消等の対策が
早急に求められています。

　このような状況を踏まえ，人口減少下における人材活用について，特別
区の職員としてどのように取り組むべきか，あなたの考えを論じなさい。

《執筆の方針》

　まず，地域を活性化させるために，少子化対策等の長期的な取組に加え
地域活動を担う人材を発掘し活用していくことの重要性を指摘する。その
うえで，特別区の職員としてどのように取り組んでいくか具体的に論じる。

《論題の分析》

人口が減少することは様々な課題につながっていくと指摘されているが，
一般的に「人口が減少すると経済成長率が減少する」と言われている。ま
た，人口減少は少子高齢化が進行し，税収が減る一方で，社会保障費など
の支出が増えるとも言われている。何よりも人口の減少によって地域の様々
な社会的慣習の継続が困難になり，地域の活性化が失われていく。人口減
少が続く社会にあたり，東京都の特別区にあっても地域活動の担い手不足
を解消するための人材活用が大きな課題となっている。

《作成のポイント》

　まず，人口が減少することによってどのような課題がもたらされるのか述

べる。特に，地域の様々な社会的慣習の継続が困難になり，地域の活性化が失われていくことを論じる。次に，人口減少下における様々な人材の活用について，どのような視点が考えられるのか整理して示す。少子化対策等の長期的な取組が重要であることは勿論であるが，それ以外に男女といった性別，あるいは国籍や民族，居住地へのこだわりの解消，若年層の地域活動への参加の促進，高齢者の活躍の場の確保などが考えられる。こうした視点を踏まえ，特別区の職員としてどのように取り組んでいくか具体的に論述する。地域活動を促す広報活動と同時に，誰もが参加できる体制づくりが重要となる。

令和4年度

▼論文（2題中1題を選択すること）【時間：1時間20分　字数：1,000字以上1,500字程度】

○課題　1

　特別区では，地方分権の進展や，児童相談所の設置に加え，新型コロナウイルス感染症対策により，前例のない課題やニーズが生まれ，区民が期待する役割も，かつてないほど複雑で高度なものとなっています。

　特別区がこれらの課題の解決に向けた取組を進めていくには，区民に最も身近な基礎自治体として，自立性の高い効率的な事務運営が重要です。

　このような状況を踏まえ，区民の生命や生活を守るための，限られた行政資源による区政運営について，特別区の職員としてどのように取り組むべきか，あなたの考えを論じなさい。

《執筆の方針》

　特別区が抱える多くの課題を解決し，限られた行政資源の中で，効率よく区民満足度の高い区政運営をしていくための取組を述べる。その際，区民の安心・安全という視点を含めて論じる必要がある。

《課題の分析》

　最近は新型コロナウイルス感染症関連のトピックが多いが，都のHPには「暮らし・健康・福祉」という充実したコンテンツがある。これらを実質的に魅力あるものにし，安心・安全で住み心地のよい東京にしていくことが期待される。住み易さ，安全面，豊かさを感じる魅力など，自身が特別区に好感をもち，住み続けたいと感じている事が前提となる。その上で，多くの人が住みたいと願う要素を考え，さらなる発展へ向けた方策を述べる。区民の願いに応えられる「豊かな特別区」を実現するために，職員として取り組みたいことを考えてみよう。

　たとえば，「安心・安全」「子育て支援」などの柱が挙げられる。また，近年の歳出構造のもとでの区政運営も重要な視点である。義務的経費（人件費，社会保障関係費，公債費）は任意に削減できない。そのため，限られた財源で効果的な区政運営を行うため，有効な使途が期待される。区民参加型の予算を設立し，投票結果上位の事業を検討する試みもあり得る。「みんなでつくる避難所プロジェクト事業」「安心な医療体制づくり」など，具体例を提案してもよいだろう。

《作成のポイント》

　三段落で構成する。序論では，区民ニーズと区民満足度について自論を述べる。特別区に対して自身が感じている魅力を踏まえて述べるとよい。住み続けたいと思う要素，課題などにも言及する。

　本論は，最も多くの字数を当てる部分である。雇用，教育・福祉，安全対策など，取り組むべき内容を具体的に述べよう。現状を踏まえ，さらなる方策に関する自身のアイデアを含めて述べるとよい。大規模災害対策や感染症対策など，危機管理の視点に触れるとよいだろう。産業や地域コミュニティの盛り上げ，ICT活用による魅力の掘り起こし，地域愛の醸成と情報発信，雇用促進や子育て支援などに言及しても効果的である。費用対効果や，限られた財政の有効活用という視点を含めて述べたい。

　結論では，区民満足度向上のため，また特別区の魅力づくりのため，誠心誠意努力する旨の強い決意を述べて結びとする。書き始める前に，構想の時間を確保してから着手するようにしよう。

○課題　2

　特別区では，人口の流動化，価値観やライフスタイルの多様化によって地域のコミュニティのあり方に変化が生じています。また，外国人の増加も見込まれる中，様々な人が地域社会で生活する上で，地域コミュニティの役割はますます重要となっています。

　こうした中，行政には，年齢や国籍を問わず，多様な人々が地域コミュニティの活動に参加できるような仕組みづくりや，既存の活動を更に推進するための取組が求められています。

　このような状況を踏まえ，地域コミュニティの活性化について，特別区の職員としてどのように取り組むべきか，あなたの考えを論じなさい。

《執筆の方針》

　特別区における多様な人々が，地域コミュニティの活動に参加できるよ

うな仕組みをつくり，活動を推進し，活性化していくための取組について述べる。

《課題の分析》

　都のホームページには，「暮らし」というコンテンツの中に「地域の活性化」という内容があり，地域活動・多文化共生の推進，町会・自治会，結婚支援ポータルサイトなどの取組が紹介されている。外部リンクでは「東京都多文化共生ポータルサイト」につながり，「日本語教室サイト」「生活ガイド」「外国人のための相談会」などが紹介されている。また，都は町会・自治会への地域交流アプリの導入支援事業といった取組も行っている。取組の現状を理解した上で論述したい。

　年齢，国籍を超えたコミュニティの発展，活性化につながる取組について提案できるよう，ボランティア団体，NPOなどと連携した方策についても考えてみよう。「文化は守るだけのものでなく，創り出していくもの」という言葉もあるが，地域活性化のためには，関係人口を増やす視点も大切である。また，地域創生のため，移住促進や子育て支援の充実も不可欠である。特別区の財政は，税収減などによる財政上の課題もあるが，現有施設を魅力的なものにするなど，施設運用上の工夫も期待される。魅力ある地域コミュニティづくりは，特別区への移住を促すことにもなろう。

《作成のポイント》

　三段落で構成するとよい。序論では，地域コミュニティの役割の重要性について認識を示す。人口動態，価値観の多様化，外国人の増加といった視点からの現状分析を踏まえて述べる。

　本論では，コミュニティの活性化という課題に対する具体的な方策を述べる。字数制限は1500字まで許されているので，3本程度の柱で論述することが妥当と言える。魅力的で活気ある地域活動とはどのようなものかを念頭におきたい。危機管理上の課題に対して，共に取り組む活動なども考えられる。また，「東京都福祉のまちづくり条例」に基づいた，バリアフリー推進活動に言及するのも一法と言える。さらなる地域活性化対策について，自身のアイデアを含め効果的な取組を述べたい。

　結論では，特別区の職員として区民に貢献したい旨の，強い決意を示して結びとしよう。書き直し部分は，美観，時間の両面でマイナスである。初めによく構想を練ることは勿論，見通しをもって文章を書き始め，点検しながら書き進めるようにしたい。

令和3年度

▼論文（2題中1題を選択すること）【時間：1時間20分　字数：1,000字以上1,500字程度】

○課題　1

　東京都では昨年，転出者数が転入者数を上回る月が続きました。転出超過等によって人口が減少すると，税収の減少や地域コミュニティの衰退など様々な問題をもたらします。

　また一方で，特別区の抱える公共施設の多くが老朽化しており，人口減少がもたらす更なる社会変化に対応した，施設の企画・管理・利活用が求められています。

　このような状況を踏まえ，区民ニーズに即した魅力的な公共施設のあり方について，特別区の職員としてどのように取り組むべきか，あなたの考えを論じなさい。

《執筆の方針》

　生産年齢人口の減少や，高齢化社会という現状，及び公共施設の老朽化を踏まえ，今後の特別区の区民ニーズに即した施設の企画，管理，運営のために必要な取組を論じる。

《課題の分析》

　特別区は財政が豊かだった時代に，大量の公共施設を建設してきた。そうした施設の老朽化が進み，近年，ひび割れや雨漏りといった問題が至る所で発生している。特に，耐震性の問題は重大で，いつ起きてもおかしくない大地震に対しての脆弱性が指摘されている。一方で，特別区の財政は逼迫しているため，施設の建て替えが思うようにできていない現状がある。財政が逼迫している原因として，人口減少による税収減が直結する。また，新型コロナウィルスの影響で税収が減ってしまったことも影響する。これを踏まえ，魅力的な公共施設の創出，及び現有の公共施設をより魅力的なものにしていくことが，今後の施設計画を考える上で重要であり，特別区への移住を促すことにもつながるであろう。

《作成のポイント》

　三段落で構成する。序論では特別区における人口減少，高齢化率，施設の老朽化などについての自身の認識を示す。それを踏まえ，本論では，序論で明らかにした課題に対する具体的な方策を2～3本の柱で論述する。この時，魅力的な公共施設とはどのようなものかを念頭におきたい。例えば，

近い将来，首都直下型地震の発生が予測され，公共施設は災害時に重要な役割を担うことから高い防災性が要求される。特に重要なインフラは，人々の生活などの都市基盤を支える施設であるとともに，災害時には避難路や緊急輸送路などとしての役割があることから，常に防災性を高めておく必要がある。また，誰もが安全に安心して利用できる施設整備を行うための「高齢者，障害者等の移動等の円滑化の促進に関する法律（バリアフリー法）」や「東京都福祉のまちづくり条例」に基づき，公共施設等のバリアフリー化も進めていく必要がある。結論では，都の職員として都民に貢献したい旨の強い決意を示して結びとしよう。

○課題　2

　国際目標である「持続可能な開発目標（SDGs）」では，持続可能な生産消費形態を確保するため，天然資源の持続可能な管理や効率的な利用をめざすことが必要であると示されています。

　特別区においてもその目標達成に向けた一層の取組が求められており，食品ロスや廃棄物の削減を進めていくことが重要です。

　このような状況を踏まえ，ごみの縮減と資源リサイクルの推進について，特別区の職員としてどのように取り組むべきか，あなたの考えを論じなさい。

《執筆の方針》

　SDGsの理念に基づく取組のうち，ごみの縮減と資源リサイクルの推進の重要性について認識を示す。また，政策担当の立場で取り組むべき具体的内容を述べる。

《課題の分析》

　SDGsは，「Sustainable Development Goals」の略称である。食品ロスについては，SDGsでもターゲット12.3において食料廃棄の半減などに関する記載がなされ，令和元年10月施行の「食品ロスの削減の推進に関する法律」でも2030アジェンダについて言及されている。また，プラスチックや食品ロス以外にも，衣類廃棄量が多いことなどの問題があり，3R「リデュース」「リユース」「リサイクル」を推進する必要がある。こういった廃棄物に関する問題は，大量消費地である特別区が率先して解決を進め，他の自治体のモデルとなることを目指していくべきである。また，学校教育における環境教育の推進も効果的である。

《作成のポイント》

　書き始める前に，構想の時間をとり，課題文の要点を理解した上で取り組

むべき課題を焦点化する。全体を三部構成とし，序論では，ごみの縮減や資源リサイクルの重要性について，SDGsの理念を踏まえて認識を示そう。本論では，自身が担当として取り組みたい要素を挙げ，2〜3本の柱を立てて具体策について論述する。例えば，循環型社会の実現に向けたライフスタイルの転換など，環境問題に関する柱を立てるのも一法である。また，特別区の職員として，自身の適性や能力が発揮できる要素もアピールしたい。経済，社会，環境のバランスが取れ，持続可能な社会に向けた特別区の発展を念頭に述べるようにしよう。結論では，東京都民のため，誠実に仕事をすると共に自己研鑽を続けていきたいという旨の決意で結ぶ。1000字以上1500字程度とあるが，極力，制限文字数一杯を目途に，自身の見識と意欲を主張したい。

令和2年度

▼論文（2題中1題を選択すること）【時間：1時間20分　字数：1,000字以上1,500字程度】

○課題　1

　近年，これまで人間が行っていた定型業務の自動化や，AI（人工知能）によるビッグデータの分析等，先端技術を活用した業務効率化の取組が急速に進んでいます。一方，これらの取組を推進する上では，コストや情報セキュリティ，人材面等における課題もあるとされており，自治体職員は，こうした変化に対応していかなければなりません。

　このような状況を踏まえ，先端技術を活用した区民サービスの向上について，特別区の職員としてどのように取り組むべきか，あなたの考えを論じなさい。

《執筆の方針》

　特別区職員として，AIなど先端技術を活用した区民サービス向上のための取り組みの仕方について，自身の考えを論述する。

《課題の分析》

　AIなど先端技術を活用した自治体業務の事例としては，窓口での本人確認のための文字認識，顔認証システム，あるいは災害状況等の状態把握・監視・評価，建築物の異常・不正検知，道路損傷箇所の検出のためのシステム，ビッグデータを利用しての事件・事故の予測，人の流れや交通量の測定システム，保育所入園者の割振り，移住希望者への候補地提示等のデータ管理，要介護者へのケアプランの作成，といったものが挙げられる。実際にAIを利用して，休日診療医療機関や除雪車の位置情報，ごみの出

し方や収集日，住民票や戸籍証明書，印鑑証明書などの手続き方法や担当窓口の案内業務を自動応答させている自治体の事例も存在している。また外国人住民の多く住む地域では多言語自動翻訳システムを導入し，複数の外国語で事務手続きなどの案内対応サービスを実施したり，税金や健康保険，役所からの案内などの膨大な作業量が発生する発送業務をRPA（Robotic Process Automation）を用いて自動化する事例も存在している。

こうしたさまざまな先端技術を活用した業務効率化の先進的取組事例を参考にしつつ，自身が職員として働く地域の実情や課題に合わせた区民サービス向上のための取り組みについて，自身の考えを論述していくことが求められる。

《作成のポイント》

論文作成にあたっては，東京23区各区が現在進めている情報化計画を踏まえ，自身が当該区の職員としての立場から，各区の課題と自身の考える先端技術を活用した区民サービス向上のために必要と思われる取組について具体案を展開することが必要である。

たとえば防災や防犯に課題のある地域であれば，防災防犯のビッグデータや予測，探知システムの開発を推進する施策，交通量の多い地域であれば，交通量予測や交通事故に対するデータによる情報の共有化，商業地区であれば買い物客の流れやゴミの集積管理システムの導入といった先端技術活用法を挙げることができる。

現状の東京23区の情報化計画では，たとえば葛飾区ではドローンを利用した災害対応や物資輸送，公的インフラの設備点検施策，世田谷区ではCIO・CISOアドバイザーを活用した情報セキュリティの強化策，中央区ではタブレット型端末を使用したクラウド型ビデオ通訳サービスの導入など，独自の施策が展開されている。こうした既存の導入策も踏まえながら，自身が重要と考える取組について記述することが望ましい。

○課題　2

近年，気候変動の影響等により大規模な水害が発生しています。また，今後高い確率で発生することが予想される首都直下地震は，東京に甚大な被害をもたらすことが想定されています。そのため，特別区は，地域の課題を的確に把握した上で，区民等と協力しながら，災害に強い安全で安心なまちづくりの取組を積極的に推進していかなければなりません。

このような状況を踏まえ，都市における地域の防災力強化について，特別区の職員としてどのように取り組むべきか，あなたの考えを論じなさい。

《執筆の方針》

　特別区職員として，大規模な水害や首都直下地震を想定した，都市における地域の防災力強化に対する取り組みについて，自身の考えを論述する。

《課題の分析》

　首都直下地震で起こりうる被害は，建物や道路などのインフラ倒壊や破損，火災や洪水・津波や高潮による浸水といった被害である。この他，災害後の混乱やあらゆる場面を想定した，広い範囲での避難・安全対策が行政に求められるだろう。

　東日本大震災を踏まえた特別区の主な取り組みでは，ハザードマップおよび避難行動計画の制作や配布，倒壊の恐れのある建築物への耐震化や修改築への費用助成，洪水防止のための堤防のかさ上げ，避難所数や備蓄倉庫の増強，防災カメラの拡充といった，実際の震災被害経験を踏まえた施策が実施されている。この他，たとえば荒川区では防災区民組織の活動支援や定期防災・避難訓練の実施，文京区では帰宅困難者に対する学校の校舎などを活用した一時滞在施設の設置，杉並区では臨時災害放送局の開設や給水施設における応急給水の実施などが施策に盛り込まれている。

　これらの既存の策定内容を踏まえながら，自身が勤務する地域における想定被害の内容とその規模，必要な防災対策について，地理的な特性も念頭に置きつつ論述を展開する。

《作成のポイント》

　自身の居住する特別区の地理的特徴や地域の課題について言及したうえで，首都直下地震発生において想定される被害や被災状況，それに対する行政による施策という順序で論理的に書き進めるとよい。

　たとえば浸水被害が想定される地域は浸水対策，木造家屋などが密集する地域は防災・延焼対策，ビルやマンションが立ち並ぶ地域は建物の倒壊や高層難民対策，都心部においては帰宅困難者に対する対応策，インフラが脆弱で孤立する地区であれば安全な場所への避難誘導策，といったものである。ちなみに内閣府のハザードマップによれば，東京23区全域が津波高3m以上で浸水する海岸堤防が低い「首都直下地震緊急対策区域」地域に含まれている。

　もしくは，マグニチュード7クラスの首都直下地震が起きたという想定でシミュレーションを描き，非常用物資や燃料の緊急輸送ルート，人命救助や救急搬送などの緊急対応で必要な施策を列挙したうえで，当該地域で可能な取組について具体的に論述するのも有効である。

令和元年度

▼論文（2題中1題を選択すること）【時間：1時間20分　字数：1,000字以上1,500字程度】

○課題　1

　特別区では，2020年東京オリンピック・パラリンピック開催に向けて，多くの来日が予想される外国人観光客への対応を進めているところです。さらに，国内労働者人口の減少を背景とし，外国人労働者も増え続けています。それらに伴う多様な言語を話す外国人の増加は，地域社会に様々な課題を投げかけることが予想されます。

　このような状況を踏まえ，これら外国人の増加に伴い生じる新たな課題に対して，特別区の職員としてどのように取り組むべきか，あなたの考えを論じなさい。

《執筆の方針》

　外国人観光客や外国人労働者の増加に伴って生じる課題に対して，特別区の職員として如何に取り組むべきかについて述べる。

《課題の分析》

　全国的に人口減少，少子高齢化の更なる進行が予測され，産業・経済をはじめ，地域社会や県民生活に深刻な影響を及ぼすことが考えられる。平成30年12月に成立した改正入国管理法によって，新たな在留資格が加わり外国人労働者の受入れが大幅に緩和されることになり，平成31年4月の改正法施行から5年間で35万人の外国人労働者の受入れが予測される状況となった。国籍別では，ブラジル，ベトナム，中国などが多い。課題としては，言語の違いに対する対応，異文化理解に関する困難さ，低賃金や労働条件，パワハラなど悪質な雇用環境の問題，在留資格の悪質な利用，外国人への不十分な説明，外国人犯罪の発生などが挙げられよう。

《作成のポイント》

　序論では，外国人増加の背景と，そこからくる課題について認識を示し，言語や文化の相違に係る問題に触れる。本論では，序論で述べた問題点の改善策について論述する。特別区の職員として何ができるかという視点で，具体的に述べよう。外国人観光客や外国人労働者に関するトラブル対応に触れるとよい。雇用条件や労働環境の把握，社会保険加入状況の把握，不法就労者のチェックを行う上でも様々な問題が起こり得る。自動翻訳機の導入の他，職員自身のコミュニケーション能力を高め，臨機応変な問題解

決能力を向上させる必要があろう。結論では，都民のために誠心誠意尽くしたいという決意，自己研鑽の意欲などを述べたい。バランス的には，序論に400字程度，本論に800字程度，結論に300字程度を目安に構成するとよい。1,000字以上とあるが有効字数の限界を目指して，自身の見識をアピールしたいところである。

○課題　2
　我が国では，今後のさらなる高齢化の進展に伴い，認知症高齢者の大幅な増加が見込まれています。
　こうした中，特別区では認知症高齢者の意思が尊重され，できる限り住み慣れた地域で，自分らしく暮らし続けることができる地域社会を実現するための様々な取組を推進しています。
　このような状況を踏まえ，今後急増することが見込まれる認知症高齢者への対応について，特別区の職員としてどのように取り組むべきか，あなたの考えを論じなさい。

《執筆の方針》
　認知症高齢者が自分らしく暮らし続けることができる地域社会を目指した，特別区における取組を踏まえて，今後の認知症高齢者への対応に関する自身の考えを述べる。

《課題の分析》
　2025年には，いわゆる団塊の世代が75歳以上の後期高齢者に移行し，わが国のどの地域においても超高齢社会への対応が喫緊の行政課題となっている。こうした中，増加する一人暮らしや夫婦のみの高齢者世帯，とりわけ認知症を患う高齢者の日常生活を支えるため，重点的に取り組むべき政策について論じる。認知症の早期発見と早期からの支援体制，医療・介護・地域の連携に係る地域包括支援センターの充実，認知症サポート医の機能，行政主導型の地域連携体制の構築，高齢者の社会参加の促進により認知症発症を遅らせる取組，などといった観点で述べることが考えられる。

《作成のポイント》
　全体を三部構成とし，序論では認知症高齢者の増加に関する現状について認識を示す。現在の特別区の取組についても理解内容を述べる。本論では，さらに期待される取組の具体的な例を述べる。「一人ひとりの尊厳と自立が得られ，活力に満ちた安心と喜びのひろがる長寿社会の実現」を目指して，具体的な方策について論述しよう。介護サービスの実態と課題を踏

まえた取組，保健，医療，福祉施策，認知症高齢者への支援，まちづくりなどについて述べたい。高齢者の活躍は時代の要請であり，健康や生き甲斐，介護予防の観点からも「生涯現役ネットワーク」の構築が，今後益々期待される。結論では，高齢者の生き甲斐づくり，地域での見守り姿勢などに触れ，受験者の思いを述べて結びとする。80分の試験時間の中で，構想の時間と見直しの時間はしっかり確保しよう。

平成30年度

▼論文（2題中1題を選択すること）【時間：1時間20分　字数：1,000字以上1,500字程度】

○課題　1

　特別区では，安全・安心のまちづくりや環境負荷の軽減をはじめ，区政の様々な分野で住民と協働した取組みが展開されています。今後，人口減少や少子高齢化の進展など社会状況の変化により，地域の抱える課題がますます複雑・多様化する中にあっては，行政と住民が連携を深め，課題解決に取り組むことが更に重要となってきます。その基礎となるのが住民との信頼関係です。

　このような状況を踏まえ，住民との信頼関係の構築について，区政の第一線で住民と接する特別区の職員としてどのように取り組むべきか，あなたの考えを論じなさい。

《執筆の方針》

　まず，行政ニーズへの応答のために，住民との協働が求められることが増える状況を踏まえ，住民との信頼関係の構築についてどう考えるかを説明する。次に，区政の第一線で住民と接する特別区の職員としてどのように取り組むべきかを述べる。

《課題の分析》

　本設問は，地方分権改革の結果としての自治体の自治意識の向上，自治体における住民自治への関心が高まっている状況を踏まえたものである。設問のキーワードである協働というところから分かるが，区民と自治体との協働のあり方を問うものと言ってもよい。多様化し，かつ複雑化する行政ニーズに応じることは，人材的にも財源的にも，自治体単独では不可能になっている。そこで，民間のNPO法人などから，地域の課題解決のためのプロジェクト案を募る協働事業提案制度，区民活動（市民活動）を充実させるための補助金制度，地域の活動団体の中間支援施設（区民活動セン

ター）の整備などは，既に多くの区で実施されている。地域の親交促進，地域交流施設の管理，行政で担いきれない地域事業の補完などにおいて，区民活動に従事する団体との協力が必要になる。今後は，住民自治を更に一歩進めた形での「都市内分権」も予想される。これは自治体内の各地域に権限と責任を分配し，より小さな地域において自治体職員や住民，地域組織間の緊密な連携による自治運営を実現しようとする取り組みである。このような場面で，特別区の職員としてどのように関わるべきかを問う設問である。

《作成のポイント》

1000字を超える論文であるので，序論・本論・結論の構成を意識したい。また，小見出しをつけることや項目だても有効である。序論では，住民との信頼関係の構築とは何か，そこで必要になる協働とは何かを説明する。本論では，住民との協働が求められる場面が増える状況について説明したい。ここでは，まちづくり，防災減災，青少年の健全育成，介護・福祉といった協働が必要な事業の詳細を述べることに終始せず，特別区職員として果たすべき役割に力点を置いて述べたい。すなわち，財政支援のための現状把握や区民活動に従事する主体間の意見調整，組織間のコーディネートなどが，役割として重要になることを述べてみよう。結論部分では，役割の完遂のために，磨くべき能力について述べる。区民との話し合いにおいて，区民の意見や要望を的確に把握し，区民にわかりやすい説明を行う能力，行政の内部において関係部署やそこの職員と協力し連携していくための能力を磨く重要性を述べてみよう。

○課題　2

日本の将来を担う子どもたちは国の一番の宝であり，子どもたちが自分の可能性を信じて前向きに挑戦することにより，未来を切り拓いていけるようにすることが何よりも重要です。しかし，現実には，貧困が世代を超えて連鎖し，子どもたちの将来がその生まれ育った家庭の事情や環境などによって左右されてしまうことも少なくありません。

このような状況を踏まえ，社会における子どもの貧困問題について，特別区の職員としてどのように取り組むべきか，あなたの考えを論じなさい。

《執筆の方針》

貧困が世代を超えて連鎖し，子どもたちの将来がその生まれ育った家庭の事情や環境などによって左右されてしまう状況を踏まえ，社会における

子どもの貧困問題について，特別区の職員としてどのように取り組むべきかを述べる。

《課題の分析》

　近年の「子どもの貧困対策の推進に関する法律」，「子供の貧困対策に関する大綱」など，貧困の未然防止や連鎖の防止の観点からの施策の重要性を踏まえた出題である。特別区では，子どもの貧困対策の展開を図るために，その保護者の支援も含めた施策を実施している。学びや居場所の支援，生活の支援，仕事の支援，住まいの支援などがその好例である。具体的には，児童養護施設等と情報共有を図りながら個々人の事情に寄り添った支援を相談支援機関等と連携して実施するといった組織間連携，社会福祉協議会などの法人格を持つNPOと協力し，生活困窮世帯等の子どもの支援事業等生活保護受給世帯及び生活困窮世帯の子どもを対象に，ボランティア等との世代間交流を通じた社会性の育成，学習習慣の定着等を目的とした自主学習，食育等を通じた日常生活習慣の形成を目指すことである。ここで特別区職員志望者に求められるのは，個別の支援事例の詳細を説明することではない。区内の貧困世帯の実態把握とその調査，支援に取り組む団体への財政・人材的な支援といった間接的な業務が中心となる。高評価を得るには，この点についての理解が不可欠であろう。

《作成のポイント》

　1000字を超える論文であるので，序論・本論・結論の構成を意識したい。また，小見出しをつけることや項目だても有効である。序論では，個々の家庭や子ども本人の事情に寄り添った支援の重要性を指摘する。そのために，行政職員に求められることを簡潔に説明したい。本論では，学びや居場所の支援，生活の支援，仕事の支援，住まいの支援が必要になることを述べ，支援を実際に手がける区民活動団体や社会福祉協議会への財政的支援，人材的な支援の重要性を述べる。同時に，行政は，区内各世帯の納税の状況や就学の状況を把握しうるので，実態を詳しく調査し，いち早くつかんだ貧困家庭の情報を，関係機関と共有する必要性を述べてもよい。結論では，近年の子どもの貧困に関する法規を踏まえて，貧困の未然防止や連鎖の防止の観点からの施策を間断なく打っていく重要性を訴えてみよう。

平成29年度

▼論文（2題中1題を選択すること）【時間：1時間20分　字数：1,000字以上1,500字程度】

○課題　1

　近年，放置されたまま老朽化が進行する空き家が全国的に増加し，都市部においても空き家の更なる増加が懸念されています。増加する空き家は，景観の悪化，地域の治安や防災機能の低下など，周辺地域に様々な問題を引き起こしています。

　一方で，空き家を地域課題の解決や地域コミュニティの活性化に活用していこうという取組みも始まっています。

　このような状況を踏まえ，地域の安全や活力に影響を及ぼす空き家問題について，特別区の職員としてどのように取り組むべきか，あなたの考えを論じなさい

○課題　2

　少子高齢化が急速に進み，人口減少社会を迎える中で，社会の活力を維持し，持続的成長を実現していくために，社会のあらゆる分野において女性の活躍が期待されています。一方で，女性を取り巻く社会環境は，働く場での男女間格差の問題や家庭生活における役割の偏重など，女性の意欲や能力が十分に発揮できる状況にあるとはいえません。

　このような状況を踏まえ，社会における女性の活躍推進について，特別区の職員としてどのように取り組むべきか，あなたの考えを論じなさい。

《執筆の方針》

　課題1は，地域の安全や活力にマイナス・プラスの両面の影響を及ぼす空き家問題について，特別区の職員としてどのように取り組むべきか，受験者の考えを述べる。課題2は，期待が大きい反面，女性の意欲や能力が十分に発揮できる状況にない現状を踏まえて，社会における女性の活躍推進について，特別区の職員としてどのように取り組むべきか，受験者の考えを述べる。

《課題の分析》

　課題1・2ともに，近年の東京都特別区が抱える大きな課題についての出題となっている。課題1は，東京都心およびその周辺の空き家対策に関する設問である。山手線内を中心とした都心，そこから程近い周辺の区部にある宅地は，歴史的に地価が高く，しかも，2020年の東京オリンピック・パラリンピック大会を前に，近年は地価がさらに上昇している。このため，

20〜40代の勤労者世代に都心回帰現象がみられるとはいっても，この世代の平均的な年収の者に購入できる価格で取引されにくく，結果として空き家になってしまうという背景がある。また，杉並区や世田谷区といった，40〜50年前の高度経済成長期に一気に宅地化が進んだ地域では，現行の建築基準に違反した住宅も少なくない。そのため，家の改築ができないケース，相続や転居によって土地や家を売却できないケースでは，所有者は空き家として放置せざるを得ないことになる。こうした背景について，押さえておく必要があるだろう。課題2は，女性の活躍推進についての設問である。日本全体としては人口の減少が続く中，東京都，とりわけ都心周辺の特別区では，当面は，転入人口の方が上回る状況にある。とりわけ，地方に住む10〜20代女性の中では，大企業や中小・零細企業が集中するために就労チャンスが多い東京都心やその周辺で働きたいという志向が強まっている。一方，女性の活躍を支える子育て支援の環境は，必ずしもそれに見合ったものになっていない。例えば，中央区，江東区，足立区などは，勤労・子育て世代の転入によって，保育所，幼稚園，小学校の放課後学童クラブなどの受入容量が，希望者数に対して大幅に不足している傾向がある。こうした背景について，押さえておく必要がある設問と言えよう。

《作成のポイント》

　二つの課題ともに，指定字数が1,000字以上1,500字程度となっている。具体的かつ説得力ある内容にするためには，できるだけ1,200字以上を費やして，各段落を詳しく論じた方がよいだろう。課題1は，いわゆる空き家対策について，特別区の職員としてどういう取り組みをするかを説明しよう。例えば，空き家となった土地と家屋を，高齢者や子どもの居場所として，また防災上の空き地として公園・緑地化するために，借り上げるか買い取ること，そのために，住民や事業者との仲介を行うというアイデアを示す展開がある。その場合，勤労者数全体が減少傾向にある中，厳しい財政事情とのバランスを取りながら，現実的な対応が必要であることなどにも触れていこう。課題2は，男女が共に個性と能力を発揮し活躍できる社会とは，仕事と家庭生活をともに優先したい，プライベートと仕事の両方を充実させたいと希望する人の要求に応える社会であることを，最初に明らかにしたい。次に，東京都区部は，女性が十分に活躍できる環境が整っていない，長時間労働など男性中心型労働慣行の見直しが進んでいないという弱みを抱えている中小・零細企業も多い現状を指摘しよう。その上で，行政とし

て必要な対応について説明しよう。例えば，区内の事業者に対して，女性に対する不利益取り扱い禁止を徹底すること，出産した女性のキャリアアップ制度を設ける事業所に対する財政支援を講じることなどを挙げていこう。

平成28年度

▼論文（2題中1題を選択すること）【時間：1時間20分　字数：1,000字以上1,500字程度】

○課題　1

　急速に進む少子高齢化やノーマライゼーションの機運の高まり，さらには国際化の進展等により，特別区には，高齢者，障害者，子ども，外国人を含めたすべての人が，安全，安心，快適に暮らし，訪れることができるまちづくりが求められています。

　このような状況を踏まえ，ユニバーサルデザインの視点に立った人にやさしいまちづくりについて，特別区の職員としてどのように取り組むべきか，あなたの考えを論じなさい。

○課題　2

　スマートフォンをはじめとした情報通信機器の普及やソーシャルネットワーキングサービス（SNS）の利用の拡大等，情報通信技術（ICT）は生活の中に浸透しています。こうした中，特別区では，ICTの利活用による区民サービスの向上，地域社会との連携強化に向けた取り組みが進められています。

　このような状況を踏まえ，区民の視点に立ったICTのさらなる利活用の促進に向けて，特別区の職員としてどのように取り組むべきか，あなたの考えを論じなさい。

《執筆の方針》

　課題1は，ユニバーサルデザインの視点に立った人にやさしいまちづくりとは何か，その具現化のために特別区の職員としてどのように取り組むべきかにつき，自分の考えを説明する。課題2は，区民の視点に立ったICTのさらなる利活用の促進に必要な施策は何か，その具現化のために，特別区の職員としてどのように取り組むべきかにつき，自分の考えを説明する。

《課題の分析》

　課題1のキーワードである「ユニバーサルデザイン」は，「どこでも，だれでも，自由に，使いやすく」という意味を持っている。これは，バリアフリー，ノーマライゼーションに関する設問の一つで，地方上級の論文や

集団討論では頻出のものである。これらは，障がいのある人，高齢者，子ども，外国人などの社会的に弱い立場にある人が，さまざまな施設，設備を利用しやすいようにしたり，2020年の東京オリンピック・パラリンピック大会開催を契機に，障がい者スポーツの振興などを進めている。そういう取り組みの中で，社会的に弱い立場にある人に対する人々の態度を変え，あらゆる社会的障壁と固定観念を取り除き，誰もが共に歩むことのできるような地域社会の実現を目指すために必要な施策を論じることを求められている。課題2は，少子高齢化が急速に進む中，各区はまちづくりや災害対策，施設の再編整備等の取り組むべき重要な課題が多くある。こうした課題を解決するために，これらの情報が区民に正確かつ確実に伝わるようにする。加えて，区と区民がコミュニケーションを取り合い，区民とともに情報発信を行うなど，区民参画，区民協働の視点に立った新たな広報への転換を進めていくことが大切になっている。こうした課題の重要性を，特別区職員を目指す者として理解しているかどうかを問う設問である。

《作成のポイント》

　課題1は，全体を二つに分け，その中でさらに段落分けをしていく構成をするとよい。答案の一例だが，前半は，年齢のハンディや障がいの有無に関わらず誰もが互いに尊重し支え合う地域社会とはどういう社会なのかを一般的に説明する。自分が希望する区の行政情報などを踏まえながら述べることが理想ではあるが，そこまで思いつけない場合もある。そのときは，住居・教育・労働・余暇などの生活の条件を可能な限り，障がいのない，若い世代の生活条件と同じようにすることを目指すというノーマライゼーションの理念を押えたインフラ整備の重要性を訴えてみよう。後半は，行政として必要な取り組みを説明する。行政情報や公共施設への物理的なアクセスの向上，情報通信技術へのアクセスを含めて，いわゆる弱者とされる人々が自立し，かつ生き生きした生活を送るための配慮が必要であることを述べる。具体的には，障がい者スポーツが楽しめる体育施設の整備，外国人向けに平易で分かりやすい日本語の文書を提供することなど，具体的な配慮を挙げてみよう。課題2は，行政広報の重要な役割の一例として，安全・安心を支える災害に強い情報サービス・情報基盤の整備を挙げてみよう。職員として，災害に備えた情報の収集・発信手段の多様化を推進するべく，災害時に，住民や帰宅困難者に正確な被災状況を伝達すること，安全な避難誘導や救援活動を行うことを説明する。そのために，情報の収

集・発信手段の多様化の一環として，ホームページ，ツイッター，デジタル防災行政無線などICT機器を通じて，必要な情報を区民に届ける仕組みの充実などを述べてみよう。このシステムをより効果的に活用して，避難生活における支援体制の強化，災害時の被害状況の電子データ化により，被災者の生活再建の支援を効率的かつ迅速に行えるように，災害時の情報連携を強化していくことなどを述べよう。

平成27年度

▼論文（2題中1題を選択すること）

○課題　1

　地方公共団体は，その事務を処理するに当って，住民の福祉の増進に努めるとともに，最小の経費で最大の効果をあげるようにしなければなりません。特別区ではすでに自治体事務のアウトソーシングとして，公共施設の指定管理などを行っておりますが，施設の利用者が増大する一方で様々な課題も見られます。このような状況を踏まえ，自治体事務のアウトソーシングについて，特別区の職員としてどのように取り組むべきか，あなたの考えを論じなさい。

《執筆の方針》

　住民のニーズが高度化・多様化する一方，行政改革の面からは，職員数の削減が求められ，高度な専門的知識・技能を有した職員を採用することは困難になっている。その対策として取り上げられるようになったのがアウトソーシングである。

　アウトソーシングのメリットとしては，①市民のニーズに応えられる，②自治体の弊害である横並び的発想から脱却できる等が挙げられる。一方，デメリットとしては，①住民サービスの質が低下する，②苦情が増大する，③責任の所在が不透明になる等が挙げられる。重要なことは，行政が政策立案機能を発揮し，あらゆる業務に公平性，中立性，透明性及び守秘義務を確保した上で，アウトソーシングを取り入れ，そのメリットを生かし，デメリットを排除するシステムを確立することが重要である。

　現在，多くの自治体では，保育所の民営化や公立図書館の民間委託等を進めているが，自治体が業務を丸投げしてしまったのでは，サービスの質は低下し，住民の苦情は増すばかりである。

《課題の分析》

　アウトソーシングによって，住民サービスが向上し，高度で専門的な住

民のニーズに応えられ，かつ財政削減につながる方式が望まれる。そのためには，行政にできないことは，何でもアウトソーシングといった単純な考え方でなく，行政の方針と目標にそって，行政機能を維持しながら，効率的な業務の推進が求められる。行政には，それなりの基本認識とチェック機能が求められる。アウトソーシングによって，経費削減ができず，かえって経費負担増や住民からの不満が増大することになったのでは，意味がない。

《作成のポイント》

　論文の形式は，序論，本論1，本論2，結論の3段型構成が望ましい。

序論　アウトソーシングに対する考え方

本論1　アウトソーシングを推進する上での基本方針

本論2　アウトソーシングをした業務に関する区職員としてのチェック機能と指導機能

結論　効率的なアウトソーシングと区職員の関わり方

○課題　2

　人々の働き方に関する意識や環境が社会経済構造の変化に必ずしも適応しきれず，仕事と生活が両立しにくいという現実に直面しています。誰もがやりがいや充実感を感じながら働き，仕事上の責任を果たす一方で，子育て，介護の時間や，家庭，地域，自己啓発等にかかる個人の時間を持てる健康で豊かな生活ができるよう仕事と生活の調和が求められています。このような状況を踏まえ，ワークライフバランスの実現に向け，特別区の職員としてどのように取り組むべきか，あなたの考えを述べなさい。

《執筆の方針》

　大手広告会社の新入社員が，過労から自殺に追い込まれた事件は，社会に大きな衝撃を与えた。仕事と生活のバランスを図るワークライフバランス（WLB）の重要性が，改めて認識された。

　ワークライフバランスによって，人々は，生活の充実を図り，健康で，豊かな生活，子育て，介護などの多様な生き方が可能になり，企業にとってもメリハリのある効率的な業務の達成につながる。その意味で，ワークライフバランスは，未来への投資と言われる。

　ワークライフバランスのために，行政の果たす役割は大きい。ワークライフバランスは，労働関係の法規・法令の遵守の必要からコンプライアンスの問題でもある。

　行政は，各企業等にコンプライアンス遵守の指導・啓発に努める必要がある。同時に，そのための条件整備として保育所や介護施設の整備，相談窓口，関係法令の徹底，情報公開等の充実に努めなければならない。

《課題の分析》

　ワークライフバランスの実現を図るためには，第一に，人々の意識改革を図る必要がある。これまでの「猛烈・残業」のもつ価値観を「ゆとり」の価値観に変えなければならない。これは，コペルニクス的変革でもある。その上で，人々がワークライフバランスについて共通理解を図り，価値観を共有し，それぞれの立場でその推進を図ることが求められる。そのために行政は，地域の実情に応じた対応を推進する必要がある。

《作成のポイント》

　目的を実現するためには，「隗より始めよ」で，自らが実践することが重要であるが，それには所属する部署内での意識改革と共通理解が必要である。自分一人だけで取り組むわけにはいかない。また行政は，ワークライフバランスを社会全般に普及させる役割を担っていることから，企業や区民に対する啓発・指導，講習会の開催等々の役割を果たさなければならない。

平成26年度

　▼論文（2題中1題を選択すること）

　○課題　1

　区民の健康志向や環境への配慮などにより，自転車の利用者が増えていますが，それに伴い，歩行者や自転車との接触事故や放置自転車の増加など，多くの問題が起きています。このような現状を踏まえ，特別区の職員として，地域社会において自転車を安全かつ安心して利用できるまちづくりについてどのように取り組むべきか，あなたの考えを述べなさい。

《執筆の方針》

　東京都には，「東京都自転車の安全で適正な利用の促進に関する条例」がある。

　自転車は，環境負荷がなく，健康増進に役立つ交通手段であるが，一部利用者による危険な運転，マナーやルール違反，放置自転車等が問題になっている。そのため都では，条令に従って「自転車安全利用推進計画」を立てて，①安全教育の推進，②広報活動，③路上での指導・助言，④違法自転車の販売禁止，⑤ヘルメット，反射鏡の利用，⑥保険加入の促進等の対応に当っている。そのための数値目標を，死者20人以下，事故件数

8,000件以下，放置自転車20,000台以下としている。

《課題の分析》

　自転車の安全・安心な利用のためには，ルール，マナーの遵守が不可欠である。特にスマホを利用しながらの，歩道の自転車走行は危険である。また，路上での違法駐輪も歩行者には大きな迷惑になっている。

　一方，自転車の運転者自身が事故から身を守るためには，ヘルメット着用が不可欠である。これまでの死亡事故の結果では，頭部損傷が73％，腰部が12％，胸部が6％である。このデータから，ヘルメットの重要性が伺われる。また，死亡事故のうち，特に高齢者が15人，重傷者が27人であることから，高齢者に重点をおいた対策が必要である。高齢者中心の講習会や学習会の開催も求められる。

《作成のポイント》

　区職員としては，自転車の安全な利用のために，住民に対して，都の条例に関する理解・啓発，自転車運転のルール，マナー及びヘルメット着用の徹底，そのための現場指導に取り組む。特に高齢者の自転車利用に関しては，ヘルメット着用の徹底に努める。住民に対する指導・啓発の結果，区内から自転車事故を「出さない，出させない，許さない」の運動を推進し，自転車の安全・安心な利用と自転車事故ゼロの達成に努める。

○課題　2

　政府は2030年までに訪日外国人旅行者を年間，3,000万人とする目標を定めており，外国人旅行者の誘致に取り組む自治体が増えています。また，我が国に居住する外国人には，地域活動への参加などが期待されています。一方，都内の中小企業は海外に販路を広げるなど，地域を取り巻くグローバル化の流れは一層加速しています。

　今後，オリンピック・パラリンピックの開催に向けて海外からの東京に対する注目度も一層高まっていく中で，グローバル化の流れを積極的に施策に反映していくために，特別区の職員としてどのように取り組むべきか，あなたの考えを述べなさい。

《執筆の方針》

　総務省では，地域の国際化を図る観点から，地方公務員の海外派遣，姉妹都市交流等を推進し，自治体間交流や異文化理解，グローバルの視点に立った連携・協力等を掲げている。我が国の場合，グローバル化に対する理解は浸透しているが，具体的な活動の面では，立ち遅れているのが現状

である。東京都の世界におけるプレゼンスは低く，日本全体が地盤沈下の傾向にある。都市ランキング（2017年現在）では，ロンドンが1位，ニューヨーク，シンガポール，トロント…，と続き，東京は13位である。しかも現在は，アジアの街が力をつけ，ソウルは14位で東京に迫っている。海外からの旅行者を増やすためには，日本のよさをアピールするとともに，日本でなければ得られない特性を発信し，日本ファンを生み出す必要がある。

《課題の分析》

　グローバル化の波に乗ることは，地盤沈下しつつある日本を再起させるきっかけになる。それには，国をあげて日本の歴史，文化，工業・技術，産業等々を発信し，海外の理解を深める必要がある。同時に，日本国民の心のグローバル化に努めなければならない。外国人に接し，抵抗なく交流し，互いに人としての結びつきを深めることができるような資質を身に付けなければならない。

　グローバル化の推進に当って，行政としては，英会話講習をはじめ，区内居住の外国人との交流会，困りごと相談，共同活動等の推進が求められる。グローバル化は，人を高め，地域を活性化させるツールでもある。

《作成のポイント》

　グローバル化は，口先だけで実現するものではない。グローバル化のための具体的な行動が重要である。区として取り組むべきこと，それは区の置かれた実情の上に行われるものである。住民のニーズ，外国人居住者の要望，区の立地等の上に，施策が講ぜられる必要がある。他の自治体との連携・協力も必要である。

第4部

面接試験対策

- 面接対策

人物試験　　面接対策

||||||||||||||||||||||||||| **P O I N T** |||||||||||||||||||||||||||

● Ⅰ. 面接の意義 ●

　筆記試験や論作文（論文）試験が，受験者の一般的な教養の知識や理解の程度および表現力やものの考え方・感じ方などを評価するものであるのに対し，面接試験は人物を総合的に評価しようというものだ。

　すなわち，面接担当者が直接本人に接触し，さまざまな質問とそれに対する応答の繰り返しのなかから，公務員としての適応能力，あるいは職務遂行能力に関する情報を，できるだけ正確に得ようとするのが面接試験である。豊かな人間性がより求められている現在，特に面接が重視されており，一般企業においても，面接試験は非常に重視されているが，公務員という職業も給与は税金から支払われており，その職務を完全にまっとうできる人間が望まれる。その意味で，より面接試験に重きがおかれるのは当然と言えよう。

● Ⅱ. 面接試験の目的 ●

　では，各都道府県市がこぞって面接試験を行う目的は，いったいどこにあるのだろうか。ごく一般的に言えば，面接試験の目的とは，おおよそ次のようなことである。

---

　①　人物の総合的な評価

　　試験官が実際に受験者と対面することによって，その人物の容姿や表情，態度をまとめて観察し，総合的な評価をくだすことができる。ただし，ある程度，直観的・第一印象ではある。

　②　性格や性向の判別

　　受験者の表情や動作を観察することにより性格や性向を判断するが，実際には短時間の面接であるので，面接官が社会的・人生的に豊かな経験の持ち主であることが必要とされよう。

---

③ 動機・意欲等の確認

　公務員を志望した動機や公務員としての意欲を知ることは，論作文試験等によっても可能だが，さらに面接試験により，採用側の事情や期待内容を逆に説明し，それへの反応の観察，また質疑応答によって，試験官はより明確に動機や熱意を知ろうとする。

　以上3点が，面接試験の最も基本的な目的であり，試験官はこれにそってさまざまな問題を用意することになる。さらに次の諸点にも，試験官の観察の目が光っていることを忘れてはならない。

④ 質疑応答によって知識・教養の程度を知る

　筆記試験によって，すでに一応の知識・教養は確認しているが，面接試験においてはさらに付加質問を次々と行うことができ，その応答過程と内容から，受験者の知識教養の程度をより正確に判断しようとする。

⑤ 言語能力や頭脳の回転の速さの観察

　言語による応答のなかで，相手方の意志の理解，自分の意志の伝達のスピードと要領の良さなど，受験者の頭脳の回転の速さや言語表現の諸能力を観察する。

⑥ 思想・人生観などを知る

　これも論作文試験等によって知ることは可能だが，面接試験によりさらに詳しく聞いていくことができる。

⑦ 協調性・指導性などの社会的性格を知る

　前述した面接試験の種類のうち，グルーブ・ディスカッションなどはこれを知るために考え出された。公務員という職業の場合，これらの資質を知ることは面接試験の大きな目的の一つとなる。

●● Ⅲ．面接試験の問題点 ●●

　これまで述べてきたように，公務員試験における面接試験の役割は大きいが，問題点もないわけではない。

　というのも，面接試験の場合，学校の試験のように"正答"というものがないからである。例えば，ある試験官は受験者の「自己PR＝売り込み」を意欲があると高く評価したとしても，別の試験官はこれを自信過剰と受け取り，公務員に適さないと判断するかもしれない。あるいは模範的な回答をしても，「マニュアル的だ」と受け取られることもある。

　もっとも，このような主観の相違によって評価が左右されないように，試験官を複数にしたり評価の基準が定められたりしているわけだが，それでもやはり，面接試験自体には次に述べるような一般的な問題点もあるのである。

---

　① 　短時間の面接で受験者の全体像を評価するのは容易でない

　　面接試験は受験者にとってみれば，その人の生涯を決定するほど重要な場であるのだが，その緊張した短時間の間に日頃の人格と実力のすべてが発揮できるとは限らない。そのため第一印象だけで，その全体像も評価されてしまう危険性がある。

　② 　評価判断が試験官の主観で左右されやすい

　　面接試験に現れるものは，そのほとんどが性格・性向などの人格的なもので，これは数値で示されるようなものではない。したがってその評価に客観性を明確に付与することは困難で，試験官の主観によって評価に大変な差が生じることがある。

　③ 　試験官の質問の巧拙などの技術が判定に影響する

　　試験官の質問が拙劣なため，受験者の正しく明確な反応を得ることができず，そのため評価を誤ることがある。

　④ 　試験官の好悪の感情が判定を左右する場合がある

　　これも面接が「人間 対 人間」によって行われる以上，多かれ少なかれ避けられないことである。この弊害を避けるため，前述したように試験官を複数にしたり複数回の面接を行ったりなどの工夫がされている。

　⑤ 　試験官の先入観や信念などで判定がゆがむことがある

　　人は他人に接するとき無意識的な人物評価を行っており，この経験の積

み重ねで，人物評価に対してある程度の紋切り型の判断基準を持つように
なっている。例えば，「額の広い人は頭がよい」とか「耳たぶが大きい
人は人格円満」などというようなことで，試験官が高年齢者であるほど
この種の信念が強固であり，それが無意識的に評価をゆがめる場合も時
としてある。

　面接試験には，このように多くの問題点と危険性が存在する。それらのほ
とんどが「対人間」の面接である以上，必然的に起こる本質的なものであれば，
万全に解決されることを期待するのは難しい。しかし，だからといって面接
試験の役割や重要性が，それで減少することは少しもないのであり，各市の
面接担当者はこうした面接試験の役割と問題点の間で，どうしたらより客観
的で公平な判定を下すことができるかを考え，さまざまな工夫をしているの
である。最近の面接試験の形態が多様化しているのも，こうした採用側の努
力の表れといえよう。

● Ⅳ．面接の質問内容 ●

　ひとくちに面接試験といっても，果たしてどんなことを聞かれるのか，不
安な人もいるはずだ。ここでは志望動機から日常生活にかかわることまで，
それぞれ気に留めておきたい重要ポイントを交えて，予想される質問内容を
一挙に列記しておく。当日になって慌てないように，「こんなことを聞かれた
ら（大体）こう答えよう」という自分なりの回答を頭の中で整理しておこう。

■志望動機編■

（1）　受験先の概要を把握して自分との接点を明確に

　公務員を受験した動機，理由については，就職試験の成否をも決めかね
ない重要な応答になる。また，どんな面接試験でも，避けて通ることので
きない質問事項である。なぜなら志望動機は，就職先にとって最大の関心
事のひとつであるからだ。受験者が，どれだけ公務員についての知識や情
報をもったうえで受験をしているのかを調べようとする。

(2)　質問に対しては臨機応変の対応を

　受験者の立場でいえば，複数の受験をすることは常識である。もちろん「当職員以外に受験した県や一般企業がありますか」と聞く面接官も，それは承知している。したがって，同じ職種，同じ業種で何箇所かかけもちしている場合，正直に答えてもかまわない。しかし，「第一志望は何ですか」というような質問に対して，正直に答えるべきかどうかというと，やはりこれは疑問がある。一般的にはどんな企業や役所でも，ほかを第一志望にあげられれば，やはり愉快には思わない。

(3)　志望の理由は情熱をもって述べる

　志望動機を述べるときは，自分がどうして公務員を選んだのか，どこに大きな魅力を感じたのかを，できるだけ具体的に，しかも情熱をもって語ることが重要である。

　たとえば，「人の役に立つ仕事がしたい」と言っても，特に公務員でなければならない理由が浮かんでこない。

①　例題Q＆A

Q.　あなたが公務員を志望した理由，または動機を述べてください。
A.　私は子どもの頃，周りの方にとても親切にしていただきました。それ以来，人に親切にして，人のために何かをすることが生きがいとなっておりました。ですから，一般の市民の方のために役立つことができ，奉仕していくことが夢でしたし，私の天職だと強く思い，志望させていただきました。

Q.　もし公務員として採用されなかったら，どのようにするつもりですか。
A.　もし不合格になった場合でも，私は何年かかってでも公務員になりたいという意志をもっています。しかし，一緒に暮らしている家族の意向などもありますので，相談いたしまして一般企業に就職するかもしれません。

②予想される質問内容

> ○ 公務員について知っていること，または印象などを述べてください。
>
> ○ 職業として公務員を選ぶときの基準として，あなたは何を重要視しましたか。
>
> ○ いつごろから公務員を受けようと思いましたか。
>
> ○ ほかには，どのような業種や会社を受験しているのですか。
>
> ○ 教職の資格を取得しているようですが，そちらに進むつもりはないのですか。
>
> ○ 志望先を決めるにあたり，どなたかに相談しましたか。
>
> ○ もし公務員と他の一般企業に，同時に合格したらどうするつもりですか。

■仕事に対する意識・動機編■

1　採用後の希望はその役所の方針を考慮して

採用後の希望や抱負などは，志望動機さえ明確になっていれば，この種の質問に答えるのは，それほど難しいことではない。ただし，希望職種や希望部署など，採用後の待遇にも直接関係する質問である場合は，注意が必要だろう。また，勤続予定年数などについては，特に男性の場合，定年まで働くというのが一般的である。

2　勤務条件についての質問には柔軟な姿勢を見せる

勤務の条件や内容などは，職種研究の対象であるから，当然，前もって下調べが必要なことはいうまでもない。

「残業で遅くなっても大丈夫ですか」という質問は，女性の受験者によく出される。職業への熱意や意欲を問われているのだから，「残業は一切できません！」という柔軟性のない姿勢は論外だ。通勤方法や時間など，具体的な材料をあげて説明すれば，相手も納得するだろう。

そのほか初任給など，採用後の待遇についての質問には，基本的に規定に

従うと答えるべき。新卒の場合，たとえ「給料の希望額は？」と聞かれても，「規定通りいただければ結構です」と答えるのが無難だ。間違っても，他業種との比較を口にするようなことをしてはいけない。

3　自分自身の言葉で職業観を表現する

就職や職業というものを，自分自身の生き方の中にどう位置づけるか，また，自分の生活の中で仕事とはどういう役割を果たすのかを考えてみることが重要だ。つまり，自分の能力を生かしたい，社会に貢献したい，自分の存在価値を社会的に実現してみたい，ある分野で何か自分の力を試してみたい……などを考えれば，おのずと就職するに当たっての心構えや意義は見えてくるはずである。

あとは，それを自分自身の人生観，志望職種や業種などとの関係を考えて組み立ててみれば，明確な答えが浮かび上がってくるだろう。

①例題Q＆A

Q.　公務員の採用が決まった場合の抱負を述べてください。
A.　まず配属された部署の仕事に精通するよう努め，自分を一人前の公務員として，そして社会人として鍛えていきたいと思います。また，公務員の全体像を把握し，仕事の流れを一日も早くつかみたいと考えています。

Q.　公務員に採用されたら，定年まで勤めたいと思いますか。
A.　もちろんそのつもりです。公務員という職業は，私自身が一生の仕事として選んだものです。特別の事情が起こらない限り，中途退職したり，転職することは考えられません。

②予想される質問内容

○ 公務員になったら，どのような仕事をしたいと思いますか。

○ 残業や休日出勤を命じられたようなとき，どのように対応しますか。

○ 公務員の仕事というのは苛酷なところもありますが，耐えていけ
ますか。

○ 転勤については大丈夫ですか。

○ 公務員の初任給は○○円ですが，これで生活していけますか。

○ 学生生活と職場の生活との違いについては，どのように考えてい
ますか。

○ 職場で仕事をしていく場合，どのような心構えが必要だと思いま
すか。

○ 公務員という言葉から，あなたはどういうものを連想しますか。

○ あなたにとって，就職とはどのような意味をもつものですか。

■自己紹介・自己PR編■

1　長所や短所をバランスよくとりあげて自己分析を

　人間には，それぞれ長所や短所が表裏一体としてあるものだから，性格に
ついての質問には，率直に答えればよい。短所については素直に認め，長所
については謙虚さを失わずに語るというのが基本だが，職種によっては決定
的にマイナスととられる性格というのがあるから，その点だけは十分に配慮
して応答しなければならない。

　「物事に熱しやすく冷めやすい」といえば短所だが，「好奇心旺盛」といえば
長所だ。こうした質問に対する有効な応答は，恩師や級友などによる評価，
交友関係から見た自己分析など具体的な例を交えて話すようにすれば，より
説得力が増すであろう。

2　履歴書の内容を覚えておき，よどみなく答える

　履歴書などにどんなことを書いて提出したかを，きちんと覚えておく。重
要な応募書類は，コピーを取って，手元に控えを保管しておくと安心だ。

3 志望職決定の際，両親の意向を問われることも

面接の席で両親の同意をとりつけているかどうか問われることもある。家族関係がうまくいっているかどうかの判断材料にもなるので，親の考えも伝えながら，明確に答える必要がある。この際，あまり家族への依存心が強いと思われるような発言は控えよう。

①例題Q＆A

> **Q. あなたのセールスポイントをあげて，自己PRをしてください。**
>
> A. 性格は陽気で，バイタリティーと体力には自信があります。高校時代は山岳部に属し，休日ごとに山歩きをしていました。3年間鍛えた体力と精神力をフルに生かして，ばりばり仕事をしたいと思います。

> **Q. あなたは人と話すのが好きですか，それとも苦手なほうですか。**
>
> A. はい，大好きです。高校ではサッカー部のマネージャーをやっておりましたし，大学に入ってからも，同好会でしたがサッカー部の渉外担当をつとめました。試合のスケジュールなど，外部の人と接する機会も多かったため，初対面の人とでもあまり緊張しないで話せるようになりました。

②予想される質問内容

> ○ あなたは自分をどういう性格だと思っていますか。
>
> ○ あなたの性格で，長所と短所を挙げてみてください。
>
> ○ あなたは，友人の間でリーダーシップをとるほうですか。
>
> ○ あなたは他の人と協調して行動することができますか。
>
> ○ たとえば，仕事上のことで上司と意見が対立したようなとき，どう対処しますか。
>
> ○ あなたは何か資格をもっていますか。また，それを取得したのはどうしてですか。

○ これまでに何か大きな病気をしたり，入院した経験がありますか。

○ あなたが公務員を志望したことについて，ご両親はどうおっしゃっていますか。

■日常生活・人生観編■

1 趣味はその楽しさや面白さを分かりやすく語ろう

余暇をどのように楽しんでいるかは，その人の人柄を知るための大きな手がかりになる。趣味は"人間の魅力"を形作るのに重要な要素となっているという側面があり，面接官は，受験者の趣味や娯楽などを通して，その人物の人柄を知ろうとする。

2 健全な生活習慣を実践している様子を伝える

休日や余暇の使い方は，本来は勤労者の自由な裁量に任されているもの。とはいっても，健全な生活習慣なしに，創造的で建設的な職場の生活は営めないと，採用側は考えている。日常の生活をどのように律しているか，この点から，受験者の社会人・公務員としての自覚と適性を見極めようというものである。

3 生活信条やモットーなどは自分自身の言葉で

生活信条とかモットーといったものは，個人的なテーマであるため，答えは千差万別である。受験者それぞれによって応答が異なるから，面接官も興味を抱いて，話が次々に発展するケースも多い。それだけに，嘘や見栄は禁物で，話を続けるうちに，矛盾や身についていない考えはすぐ見破られてしまう。自分の信念をしっかり持って，臨機応変に進めていく修練が必要となる。

①例題Q & A

> **Q. スポーツは好きですか。また，どんな種目が好きですか。**
>
> **A.** はい。手軽に誰にでもできるというのが魅力ではじめたランニングですが，毎朝家の近くを走っています。体力増強という面もありますが，ランニングを終わってシャワーを浴びると，今日も一日が始まるという感じがして，生活のけじめをつけるのにも大変よいものです。目標は秋に行われる●●マラソンに出ることです。

> **Q. 日常の健康管理に，どのようなことを心がけていますか。**
>
> **A.** 私の場合，とにかく規則的な生活をするよう心がけています。それとあまり車を使わず，できるだけ歩くようにしていることなどです。

②予想される質問内容

- あなたはどのような趣味をもっているか，話してみてください。
- あなたはギャンブルについて，どのように考えていますか。
- お酒は飲みますか。飲むとしたらどの程度飲めますか。
- ふだんの生活は朝型ですか，それとも夜型ですか。
- あなたの生き方に影響を及ぼした人，尊敬する人などがいたら話してください。
- あなたにとっての生きがいは何か，述べてみてください。
- 現代の若者について，同世代としてあなたはどう思いますか。

■一般常識・時事問題編■

1　新聞には必ず目を通し，重要な記事は他紙と併読

　一般常識・時事問題については筆記試験の分野に属するが，面接でこうしたテーマがもち出されることも珍しくない。受験者がどれだけ社会問題に関

心をもっているか，一般常識をもっているか，また物事の見方・考え方に偏りがないかなどを判定しようというものである。知識や教養だけではなく，一問一答の応答を通じて，その人の性格や適応能力まで判断されることになると考えておくほうがよいだろう。

2　社会に目を向け，健全な批判精神を示す

思想の傾向や政治・経済などについて細かい質問をされることが稀にあるが，それは誰でも少しは緊張するのはやむをえない。

考えてみれば思想の自由は憲法にも保証された権利であるし，支持政党や選挙の際の投票基準についても，本来，他人からどうこう言われる筋合いのものではない。そんなことは採用する側も認識していることであり，政治思想そのものを採用・不採用の主材料にすることはない。むしろ関心をもっているのは，受験者が，社会的現実にどの程度目を向け，どのように判断しているかということなのだ。

①例題Q & A

Q. 今日の朝刊で，特に印象に残っている記事について述べてください。
A. △△市の市長のリコールが成立した記事が印象に残っています。違法な専決処分を繰り返した事に対しての批判などが原因でリコールされたわけですが，市民運動の大きな力を感じさせられました。

Q. これからの高齢化社会に向けて，あなたの意見を述べてください。
A. やはり行政の立場から高齢者サービスのネットワークを推進し，老人が安心して暮らせるような社会を作っていくのが基本だと思います。それと，誰もがやがて迎える老年期に向けて，心の準備をしていくような生活態度が必要だと思います。

347

②予想される質問内容

○ あなたがいつも読んでいる新聞や雑誌を言ってください。

○ あなたは，政治や経済についてどのくらい関心をもっていますか。

○ 最近テレビで話題の××事件の犯人逮捕についてどう思いますか。

○ △△事件の被告人が勝訴の判決を得ましたがこれについてどう思いますか。

③面接の方法

（1） 一問一答法

面接官の質問が具体的で，受験者が応答しやすい最も一般的な方法である。例えば，「学生時代にクラブ活動をやりましたか」「何をやっていましたか」「クラブ活動は何を指導できますか」というように，それぞれの質問に対し受験者が端的に応答できる形式である。この方法では，質問の応答も具体的なため評価がしやすく，短時間に多くの情報を得ることができる。

（2） 供述法

受験者の考え方，理解力，表現力などを見る方法で，面接官の質問は総括的である。例えば，「愛読書のどういう点が好きなのですか」「○○事件の問題点はどこにあると思いますか」といったように，一問一答ではなく，受験者が自分の考えを論じなければならない。面接官は，質問に対し，受験者がどのような角度から応答し，どの点を重視するか，いかに要領よく自分の考えを披露できるかなどを観察・評価している。

（3） 非指示的方法

受験者に自由に発言させ，面接官は話題を引き出した論旨の不明瞭な点を明らかにするなどの場合に限って，最小限度の質問をするだけという方法で。

（4） 圧迫面接法

意識的に受験者の神経を圧迫して精神状態を緊張させ，それに対する受験者の応答や全体的な反応を観察する方法である。例えば「そんな安易な考えで，職務が務まると思っているんですか？」などと，受験者の応答をあまり考慮せずに，語調を強めて論議を仕掛けたり，枝葉末節を捉えて揚げ足取り

をする，受験者の弱点を大げさに捉えた言葉を頻発する，質問責めにするといった具合で，受験者にとっては好ましくない面接法といえる。そのような不快な緊張状況が続く環境の中での受験者の自制心や忍耐力，判断力の変化などを観察するのが，この面接法の目的だ。

● Ⅴ．面接Ｑ＆Ａ ●

★社会人になるにあたって大切なことは？★

〈良い例①〉

　責任を持って物事にあたることだと考えます。学生時代は多少の失敗をしても，許してくれました。しかし，社会人となったら，この学生気分の甘えを完全にぬぐい去らなければいけないと思います。

〈良い例②〉

　気分次第な行動を慎み，常に，安定した精神状態を維持することだと考えています。気持ちのムラは仕事のミスにつながってしまいます。そのために社会人になったら，精神と肉体の健康の安定を維持して，仕事をしたいのです。

〈悪い例①〉

　社会人としての自覚を持ち，社会人として恥ずかしくない人間になることだと思います。

〈悪い例②〉

　よりよい社会を作るために，政治，経済の動向に気を配り，国家的見地に立って物事を見るようにすることが大切だと思います。

●コメント

　この質問に対しては，社会人としての自覚を持つんだという点を強調すべきである。〈良い例〉では，学生時代を反省し，社会へ出ていくのだという意欲が感じられる。

　一方〈悪い例①〉では，あまりにも漠然としていて，具体性に欠けている。また〈悪い例②〉のような，背のびした回答は避ける方が無難だ。

★簡単な自己PRをして下さい。★

〈良い例①〉

　体力には自信があります。学生時代，山岳部に所属していました。登頂した山が増えるにつれて，私の体力も向上してきました。それに度胸というようなものがついてきたようです。

〈良い例②〉

　私のセールスポイントは，頑張り屋ということです。高校時代では部活動のキャプテンをやっていましたので，まとめ役としてチームを引っ張り，県大会出場を果たしました。

〈悪い例①〉

　セールスポイントは，3点あります。性格が明るいこと，体が丈夫なこと，スポーツが好きなことです。

〈悪い例②〉

　自己PRですか……エピソードは……ちょっと突然すぎて，それに一言では……。

〈悪い例③〉

　私は自分に絶対の自信があり，なんでもやりこなせると信じています。これまでも，たいていのことは人に負けませんでした。公務員になりましたら，どんな仕事でもこなせる自信があります。

●コメント

　自己PRのコツは，具体的なエピソード，体験をおりまぜて，誇張しすぎず説得力を持たせることである。

　〈悪い例①〉は具体性がなく迫力に欠ける。②はなんとも歯ぎれが悪く，とっさの場合の判断力のなさを印象づける。③は抽象的すぎるし，自信過剰で嫌味さえ感じられる。

★健康状態はいかがですか？★

〈良い例①〉

　健康なほうです。以前は冬になるとよくカゼをひきましたが，4年くらい前にジョギングを始めてから，風邪をひかなくなりました。

〈良い例②〉

　いたって健康です。中学生のときからテニスで体をきたえているせいか，寝こむような病気にかかったことはありません。

〈悪い例①〉

　寝こむほどの病気はしません。ただ，少々貧血気味で，たまに気分が悪くなることがありますが，あまり心配はしていません。勤務には十分耐えられる健康状態だと思います。

〈悪い例②〉

　まあ，健康なほうです。ときどき頭痛がすることがありますが，睡眠不足や疲れのせいでしょう。社会人として規則正しい生活をするようになれば，たぶん治ると思います。

● コメント

　多少，健康に不安があっても，とりたててそのことを言わないほうがいい。〈悪い例②〉のように健康維持の心がけを欠いているような発言は避けるべきだ。まず健康状態は良好であると述べ，日頃の健康管理について付け加える。スポーツばかりではなく，早寝早起き，十分な睡眠，精神衛生などに触れるのも悪くない。

★どんなスポーツをしていますか？★

〈良い例①〉

　毎日しているスポーツはありませんが，週末によく卓球をします。他のスポーツに比べると，どうも地味なスポーツに見られがちなのですが，皆さんが思うよりかなり激しいスポーツで，全身の運動になります。

〈良い例②〉

　私はあまり運動が得意なほうではありませんので，小さいころから自主的にスポーツをしたことがありませんでした。でも，去年テレビでジャズダンスを見ているうちにあれならば私にもできそうだという気がして，ここ半年余り週１回のペースで習っています。

〈悪い例①〉

　スポーツはどちらかといえば見る方が好きです。よくテレビでプロ野球中継を見ます。

● コメント

　スポーツをしている人は，健康・行動力・協調性・明朗さなどに富んでいるというのが一般の（試験官の）イメージだ。〈悪い例①〉のように見る方が好きだというのは個人の趣向なので構わないが，それで終わってしまうのは好ましくない。

★クラブ・サークル活動の経験はありますか？★

〈良い例①〉

　剣道をやっていました。剣道を通じて，自分との戦いに勝つことを学び，また心身ともに鍛えられました。それから横のつながりだけでなく先輩，後輩との縦のつながりができたことも収穫の一つでした。

〈良い例②〉

　バスケット部に入っておりました。私は，中学生のときからバスケットをやっていましたから，もう６年やったことになります。高校までは正選手で，大きな試合にも出ていました。授業終了後，２時間の練習があります。また，休暇時期には，合宿練習がありまして，これには，ＯＢも参加し，かなりハードです。

〈悪い例①〉

　私は社会心理研究会という同好会に所属していました。マスコミからの情報が，大衆心理にどのような影響をおよぼしているのかを研究していました。大学に入ったら，サークル活動をしようと思っていました。それが，いろいろな部にあたったのですが，迷ってなかなか決まらなかったのです。そんなとき，友人がこの同好会に入ったので，それでは私も，ということで入りました。

〈悪い例②〉

　何もしていませんでした。どうしてもやりたいものもなかったし，通学に2時間半ほどかかり，クラブ活動をしていると帰宅が遅くなってしまいますので，結局クラブには入りませんでした。

● コメント

　クラブ・サークル活動の所属の有無は，協調性とか本人の特技を知るためのものであり，どこの採用試験でも必ず質問される。クラブ活動の内容，本人の役割分担，そこから何を学んだかがポイントとなる。具体的な経験を加えて話すのがよい。ただ，「サークル活動で●●を学んだ」という話は試験官にはやや食傷気味でもあるので，内容の練り方は十分に行いたい。

　〈悪い例①〉は入部した動機がはっきりしていない。〈悪い例②〉では，クラブ活動をやっていなかった場合，必ず別のセールスポイントを用意しておきたい。例えば，ボランティア活動をしていたとか，体力なら自信がある，などだ。それに「何も夢中になることがなかった」では人間としての積極性に欠けてしまう。

★新聞は読んでいますか？★

〈良い例①〉

　毎日，読んでおります。朝日新聞をとっていますが，朝刊では"天声人語"や"ひと"そして政治・経済・国際欄を念入りに読みます。夕刊では，"窓"を必ず読むようにしています。

〈良い例②〉

　読売新聞を読んでいます。高校のころから，政治，経済面を必ず読むよう，自分に義務づけています。最初は味気なく，つまらないと思ったのですが，このごろは興味深く読んでいます。

〈悪い例①〉

　定期購読している新聞はありません。ニュースはほとんどテレビやインターネットで見られますので。たまに駅の売店などでスポーツ新聞や夕刊紙などを買って読んでいます。主にどこを読むかというと，これらの新聞の芸能・レジャー情報などです。

〈悪い例②〉

　毎日新聞を読んでいますが，特にどこを読むということはなく，全体に目を通します。毎日新聞は，私が決めたわけではなく，実家の両親が購読していたので，私も習慣としてそれを読んでいます。

●コメント

　この質問は，あなたの社会的関心度をみるためのものである。毎日，目を通すかどうかで日々の生活規律やパターンを知ろうとするねらいもある。具体的には，夕刊紙ではなく朝日，読売，毎日などの全国紙を挙げるのが無難であり，読むページも，政治・経済面を中心とするのが望ましい。

　〈良い例①〉は，購読している新聞，記事の題名などが具体的であり，真剣に読んでいるという真実味がある。直近の記憶に残った記事について感想を述べるとなお印象は良くなるだろう。〈悪い例①〉は，「たまに読んでいる」ということで×。それに読む記事の内容からも社会的関心の低さが感じられる。〈悪い例②〉は〈良い例①〉にくらべ，具体的な記事が挙げられておらず，かなりラフな読み方をしていると思われても仕方がない。

●書籍内容の訂正等について

　弊社では教員採用試験対策シリーズ（参考書，過去問，全国まるごと過去問題集），公務員採用試験対策シリーズ，公立幼稚園・保育士試験対策シリーズ，会社別就職試験対策シリーズについて，正誤表をホームページ（https://www.kyodo-s.jp）に掲載いたします。内容に訂正等，疑問点がございましたら，まずホームページをご確認ください。もし，正誤表に掲載されていない訂正等，疑問点がございましたら，下記項目をご記入の上，以下の送付先までお送りいただくようお願いいたします。

> ①　**書籍名，都道府県・市町村名，区分，年度**
> 　（例：公務員採用試験対策シリーズ　北海道のA区分　2025年度版）
> ②　**ページ数**（書籍に記載されているページ数をご記入ください。）
> ③　**訂正等，疑問点**（内容は具体的にご記入ください。）
> 　（例：問題文では"ア〜オの中から選べ"とあるが，選択肢はエまでしかない）

〔ご注意〕
○ 電話での質問や相談等につきましては，受付けておりません。ご注意ください。
○ 正誤表の更新は適宜行います。
○ いただいた疑問点につきましては，当社編集制作部で検討の上，正誤表への反映を決定させていただきます（個別回答は，原則行いませんのであしからずご了承ください）。

●情報提供のお願い

　公務員試験研究会では，これから公務員試験を受験される方々に，より正確な問題を，より多くご提供できるよう情報の収集を行っております。つきましては，公務員試験に関する次の項目の情報を，以下の送付先までお送りいただけますと幸いでございます。お送りいただきました方には謝礼を差し上げます。
（情報量があまりに少ない場合は，謝礼をご用意できかねる場合があります。）
◆あなたの受験された教養試験，面接試験，論作文試験の実施方法や試験内容
◆公務員試験の受験体験記

- -

| 送付先 | ○電子メール：edit@kyodo-s.jp
○FAX：03-3233-1233（協同出版株式会社　編集制作部 行）
○郵送：〒101-0054　東京都千代田区神田錦町2-5
　　　　　　協同出版株式会社　編集制作部 行
○HP：https://kyodo-s.jp/provision（右記のQRコードからもアクセスできます） | |

※謝礼をお送りする関係から，いずれの方法でお送りいただく際にも，「お名前」「ご住所」は，必ず明記いただきますよう，よろしくお願い申し上げます。

23特別区のⅠ類
（過去問題集）

編　者	公務員試験研究会
発　行	令和 5 年 10 月 25 日
発行者	小貫輝雄
発行所	協同出版株式会社

〒 101 − 0054
東京都千代田区神田錦町 2 − 5
電話　03 − 3295 − 1341
振替　東京00190 − 4 − 94061